ANNO 3
Ausgabe Sachsen

Band 3
Vom Mittelalter bis zu den Glaubenskämpfen

Herausgegeben von
Bernhard Askani und Elmar Wagener

Erarbeitet von
Dr. Bernhard Askani, Werner Hamann,
Jürgen Klöckner, Hubertus Schrapps,
Dr. Ingeborg Seltmann, Dr. Amrei Stupperich,
Dr. Martin Stupperich, Elmar Wagener, Klaus Wohlt

westermann

Die Autoren und ihre Beiträge:

Dr. Bernhard Askani: Herrschaft und Kirche im Mittelalter; Spottbilder als Waffen
Werner Hamann: Die Reformation und ihre Folgen
Jürgen Klöckner: Europa im späten Mittelalter
Hubertus Schrapps: Der Aufstieg Sachsens
Dr. Ingeborg Seltmann: Die Stadt im Mittelalter
Dr. Amrei Stupperich, Dr. Martin Stupperich: Europa im Glaubensstreit
Elmar Wagener: Herbst des Mittelalters
Klaus Wohlt: Das Zeitalter des Umbruchs

1. Auflage Druck   5   4   3   2   1
Herstellungsjahr   2001 2000 1999 1998 1997
Alle Drucke dieser Auflage können im Unterricht
parallel verwendet werden.

© Westermann Schulbuchverlag GmbH, Braunschweig 1997

Verlagslektorat: Dieter J. Bode, Angelika Blümel
Typografie: Eilert Focken
Lay-out und Herstellung: Sandra Grünberg
Druck und Bindung: westermann druck GmbH, Braunschweig

ISBN 3-14-11 0947-8

Inhalt

Herrschaft und Kirche im Mittelalter ... 6
Der Streit zwischen Kaiser und Papst ... 9
Der Papst und die Normannen ... 9
Die Salier und ihr Reich ... 10
Investiturstreit: Wer setzt die Bischöfe ein? ... 12
Die Kreuzzüge – Krieg im Namen Gottes ... 18
Aufbruch zur Befreiung der Heiligen Stätten ... 18
Begegnung von Abend- und Morgenland ... 22
Die Herrschaft der Staufer ... 24
Kaiser Friedrich I. Barbarossa ... 24
Friedrich II. – Weltwunder oder Antichrist? ... 30
Zusammenfassung ... 35
Geschichtslabor: Die Gotik – ein Baustil des Mittelalters ... 36

Die Stadt im Mittelalter ... 38
Das Leben der Bürger ... 41
Städte entstehen ... 41
Freiheit hinter Mauern ... 42
Leben und Arbeiten in der Stadt ... 46
Die Städte gewinnen Macht ... 53
Politische Veränderungen in der Stadt ... 53
Der Städtebund der Hanse ... 56
Zusammenfassung ... 59
Geschichtslabor: Was fand sich im Klo? ... 60

Europa im späten Mittelalter ... 62
Von einem Reich zu vielen Ländern ... 65
Die Macht im Reich verlagert sich ... 65
Brandenburg – Beispiel einer Landesherrschaft ... 68
Kirche und Reich in der Krise ... 70
Die Ostsiedlung ... 72
Deutsche siedeln im Osten ... 72
Der Aufstieg Sachsens ... 76
Von der Markgrafschaft zum Kurfürstentum ... 76
Bäuerlicher Landesausbau ... 80
Der Bergbau – Reichtum des Landes ... 82
Die Bedeutung der Städte ... 84
Nationalstaaten in Westeuropa ... 86
England und Frankreich ... 86
Spanien – Nation aus drei Kulturen ... 88
Osteuropa im späten Mittelalter ... 90
Die Entwicklung Polens ... 90
Der Aufstieg Russlands ... 92
Herbst des Mittelalters ... 94
Die Pest entvölkert Europa ... 94
Wissen und Bildung ... 95
Pracht und Wohlstand in Burgund ... 96
Zusammenfassung ... 97
Geschichtslabor: Nation – Nationalstaat – Nationalismus ... 98

Inhalt

Das Zeitalter des Umbruchs ... 100
Renaissance und Humanismus ... 103
Mit anderen Augen ... 103
Florenz – Wiege von Renaissance und Humanismus ... 104
Künstler, Forscher und Erfinder ... 106
Kolumbus und die Folgen ... 110
Alte Ziele – neue Wege ... 110
Alte Kulturen – neue Herren ... 116
Die Weltwirtschaft ... 122
Europa beherrscht den Welthandel ... 122
Die Fugger ... 125
Zusammenfassung ... 129
Geschichtslabor: Der Prozess des Galilei ... 130

Die Reformation und ihre Folgen ... 134
Luthers Angriff auf die Kirche ... 137
Kirche und Volksfrömmigkeit ... 137
Luthers Bruch mit der Kirche ... 140
Reformation und Politik ... 143
Luther vor Kaiser und Reich ... 143
Soziale Unruhen ... 146
Das Ende der Glaubenseinheit ... 152
Die lutherischen Landeskirchen ... 152
Die Glaubensspaltung im Deutschen Reich ... 153
Zusammenfassung ... 157
Geschichtslabor: Spottbilder als Waffen ... 158

Europa im Glaubensstreit ... 160
Das Erstarken der alten Kirche ... 163
Die Jesuiten ... 163
Das Konzil von Trient ... 165
Konfessionen in Europa ... 166
Calvin und die Reformierten ... 166
Protestanten in Westeuropa ... 169
Der Dreißigjährige Krieg ... 173
Hintergründe und Kriegsursachen ... 173
Der Krieg und die europäischen Mächte ... 174
Der Westfälische Friede ... 178
Zusammenfassung ... 179
Geschichtslabor: Johann Comenius – Toleranz und Glaubensstreit ... 180

Daten der Geschichte ... 182
Minilexikon ... 183
Register ... 187

Arbeiten und Lernen mit ANNO

Anno ist ein lateinisches Wort und bedeutet „Im Jahre …". Denn euer Buch berichtet davon, was vor Jahren, Jahrhunderten, ja sogar vor Jahrtausenden geschehen ist.
In ANNO findet ihr, was die Menschen früherer Zeiten dachten und empfanden, worunter sie litten und worüber sie sich freuten. Viele Bilder erzählen, wie Frauen, Männer und Kinder ihren Alltag verbrachten, wie sie arbeiteten und wohnten, wie sie sich kleideten und was sie aßen.

Ihr erfahrt auch, in welchen Gemeinschaften, Völkern und Staaten die Menschen lebten, warum sie miteinander kämpften und Frieden schlossen, wie sie Handel trieben und miteinander Geschäfte machten. ANNO enthält Interessantes über Erfindungen, Entdeckungen und die Leistungen vergangener Kulturen.

Nicht nur als Blickfang dienen die ERÖFFNUNGSSEITEN zu jedem der sechs Hauptkapitel. Ein großformatiges Bild enthält für die jeweilige Epoche Typisches. Ein Bildtext hilft zentrale Aussagen des Bildes zu entschlüsseln. Den ersten Einblick in das neue Kapitel vertieft die nachfolgende EINFÜHRUNGSSEITE. Sie weist auf wichtige Entwicklungen und Ereignisse in jedem Kapitel hin. Ein ZEITSTRAHL macht es euch leichter die Kapitel in den geschichtlichen Verlauf zeitlich einzuordnen. Eine historische Karte stellt den Lebensraum der Menschen vor und beschließt die Einführungsseite.

Nach diesem Vorspann beginnt der DARSTELLUNGS- UND ARBEITSTEIL des Kapitels. Die Autoren haben sich bemüht Geschichte anschaulich und verständlich darzustellen. Zahlreiche Abbildungen, Rekonstruktionen, Schaubilder, Karten und Tabellen erweitern die Geschichtsdarstellung. Damit ihr sofort erkennen könnt, wann Menschen vergangener Zeiten selbst zu Wort kommen, sind diese QUELLENTEXTE schwarz umrahmt.

ARBEITSVORSCHLÄGE leiten euch an, Abbildungen und Quellen zu befragen, bestimmte Zusammenhänge genauer zu betrachten und Karten oder Schaubilder auszuwerten. Über manches, was ihr in ANNO selbstständig lesen und erarbeiten könnt, werdet ihr vielleicht mehr erfahren wollen. Eure Lehrerin oder euer Lehrer wissen von dem, was wir für euch ausgewählt haben, noch mehr und können davon berichten.

Ob ihr Begriffe, Personen oder Ereignisse rasch auffinden wollt, ihr findet alles im MINILEXIKON, in der DATENTABELLE oder im REGISTER am Ende des Buches.
Am Schluss eines jeden Kapitels könnt ihr überprüfen, was ihr bisher gelernt und behalten habt. Der GESCHICHTSFRIES gibt noch einmal die Zeitspanne des vorangegangenen Kapitels an. Seine Bildsymbole erinnern an bestimmte Ereignisse. Wichtige BEGRIFFE, deren Bedeutung ihr nachschlagen sollt, stehen am Ende dieser ZUSAMMENFASSUNGSSEITEN.

Besondere Anregungen für Projekte, freie Unterrichtsarbeit und eigenes Experimentieren und Erforschen findet ihr im Anschluss an fast jedes Hauptkapitel im GESCHICHTSLABOR. Nachdenken und Kombinieren sind hier ebenso gefragt wie Geschicklichkeit und Fantasie.

Herrschaft und Kirche im Mittelalter

Wen hat Gott eigentlich an die Spitze der Christenheit gestellt, den *Kaiser* oder den *Papst*? Über diese Frage entbrannte im 11. Jahrhundert ein erbitterter Streit zwischen den Päpsten in Rom und den deutschen Königen und Kaisern. Erst nach über fünfzig Jahren legten sie ihn bei. Gesiegt hatte keiner. Die Frage des Vorrangs blieb unentschieden, wie man auch an diesem Bild sehen kann, das um 1365 in FLORENZ entstand.

Es stellt die Rangordnung der von Gott eingesetzten „Hirten" der Christenheit dar. In der Mitte thronen Papst und Kaiser scheinbar gleichberechtigt nebeneinander, doch sie unterscheiden sich durch ihre Kronen und die anderen Herrschaftszeichen. Auf der linken Seite, vom Papst gesehen rechts, folgen die geistlichen Würdenträger vom Kardinal über Erzbischöfe und Bischöfe bis zu Mönchen. Auf der rechten Seite sitzen neben dem Kaiser Könige und Fürsten, davor stehen reiche Bürger und ganz unten knien die „Kleinen Leute". Darunter ganz vorn einer mit einer Muschel am Hut, die ihn als Pilger zum Heiligen Jakob in SPANIEN ausweist. Unter diesen einfachen Leuten befinden sich auch Frauen.

Zwei schwarzweiße Hunde – lateinisch „domini canes", also Dominikanermönche – bewachen zu Füßen von Kaiser und Papst Schafe, die die Christenheit symbolisieren. Nicht zufällig befindet sich das Bild in einer Kirche und benutzt auch eine gotische Kathedrale als Kulisse. Wenn es im Auftrag des Kaisers oder eines Fürsten gemalt worden wäre, hätte es wohl anders ausgesehen.

Herrschaft und Kirche im Mittelalter

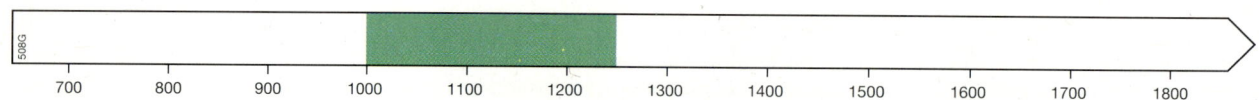

Kaiser, Könige und Kirche

Dieses Kapitel beschäftigt sich mit den zweieinhalb Jahrhunderten zwischen 1000 und 1250, in denen die Herrscherfamilien der *Salier* und *Staufer* im Reich regierten. Politisch war das christliche Abendland in dieser Zeit in mehrere Königreiche gegliedert. Die deutschen Könige herrschten auch über *Burgund* und *Italien*. Sie wurden seit 962 vom Papst in Rom zu *Kaisern* gekrönt. Mit ihm gerieten sie im 11. Jahrhundert in den *Investiturstreit*, eine schwere Auseinandersetzung über das Recht die Bischöfe einzusetzen.

Während des Streits mit dem deutschen König rief der *Papst* als oberster Herr der Christenheit zur „Befreiung" der Heiligen Stätten auf, wo Jesus gelebt hatte. Er setzte sich damit an die Spitze der *Kreuzzugsbewegung*, die vor allem von französischen Rittern getragen wurde.

Nachdem der Investiturstreit 1122 beigelegt war, flammte der Kampf zwischen Kaiser und Papst unter dem Staufer FRIEDRICH I. BARBAROSSA (1152–1190) erneut auf. Und er verschärfte sich noch, als die beiden letzten Stauferkaiser HEINRICH VI. und FRIEDRICH II. ihre Herrschaft über das Reich auch auf das *Königreich Sizilien* ausdehnten.

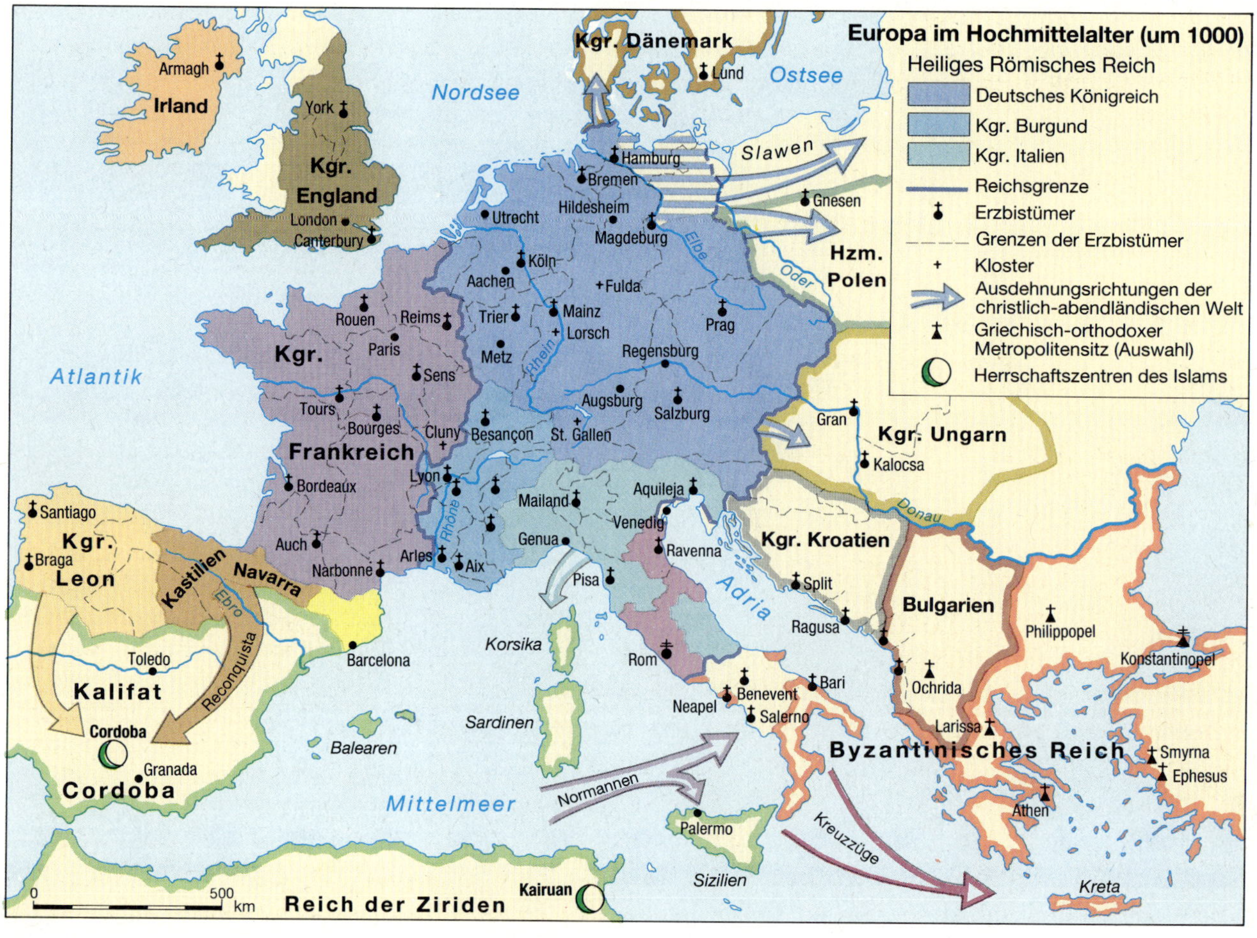

Europa im Hochmittelalter (um 1000)

Der Streit zwischen Kaiser und Papst 9

Der Papst und die Normannen

Unter der Petersfahne

Wie die Päpste im 11. Jahrhundert ihre Führungsstellung auch politisch auszubauen suchten kann man an ihrem Verhalten gegenüber den *Normannen* erkennen. Die Normannen, als *Wikinger* oder „Nordmänner" jahrhundertelang der Schrecken aller christlichen Staaten Europas, siedelten seit 911 in Nordfrankreich, wo sie Christen wurden und das Herzogtum *Normandie* errichteten.

Von dort drangen Anfang des 11. Jahrhunderts kleine Gruppen von Kriegern ins Mittelmeer nach *Süditalien* und *Sizilien* vor. Zunächst bekämpften Päpste und Kaiser gemeinsam diese Abenteurer. Aber im Jahr 1059 ging Papst NIKOLAUS II. zu einer neuen Politik über:

Noch heute ist auf Sizilien die Erinnerung an einstige Größe unter den Normannen lebendig: Bild der Krönung Rogers II. durch den Papst an einem sizilianischen Eselskarren.

> Der hochehrwürdige und von Gott geschützte Papst eilte nach Apulien und erlöste die Normannen von dem Bannfluche. Er belehnte sie mit ganz Apulien und Kalabrien [Süditalien], in die sie früher eingefallen waren, nahm die Abgabenhoheit für sich in Anspruch und veranlasste sie ihm den Lehnseid zu schwören.
> (Bonizo von Sutri, nach: Geschichte in Quellen, Bd. 2, München 1975, S. 269)

Den Lehnseid des Normannenführers ROBERT GUISCARD wiederholte dessen Bruder ROGER I., als er 1061 anschickte *Sizilien* zu erobern. Für diesen „Heidenkrieg" gegen die moslemischen Sarazenen schickte ihm der Papst sogar eine Fahne des Heiligen Petrus und krönte schließlich seinen Sohn ROGER II. als päpstlichen Lehnsmann 1130 zum König von Sizilien.

Um eine Petersfahne bat auch Herzog WILHELM von der *Normandie*, als er 1066 die Eroberung *Englands* vorbereitete. Nach einigem Zögern schickte ihm der Papst die Fahne, weil Wilhelm versprochen hatte, für England den Peterspfennig als Steuer an den Papst zu zahlen. Nach dem Sieg Wilhelms des Eroberers bei HASTINGS blieb England jedoch politisch völlig unabhängig. Mit den deutschen Königen und Kaisern dagegen begannen die Päpste einen langen Streit.

Szene aus dem Teppich von Bayeux: Herzog Wilhelm unter der Petersfahne während der Schlacht bei Hastings 1066.

Der Streit zwischen Kaiser und Papst

Die Salier und ihr Reich

Eine neue Kaiserdynastie

Mit Otto III., der die Idee des römischen Kaisertums erneuern wollte, und seinem kinderlosen Nachfolger HEINRICH II. starben 1024 die *Ottonen* aus. Wie 911 und 919 wählten jetzt die Reichsfürsten einen neuen König. Sie einigten sich auf KONRAD II., einen Urenkel Ottos I. und Enkel Konrads des Roten. Die neue Kaiserfamilie nennen wir die *Salier*; bei den Zeitgenossen hießen sie die „Heinriche", weil auf Konrad II. drei Kaiser mit dem Namen Heinrich folgten. Ihre größten Besitzungen hatte die neue Dynastie im *Herzogtum Franken* westlich des Rheins. Als Grafen saßen sie in der Bischofsstadt Worms. Erst Konrad II. errichtete in SPEYER als neuen Mittelpunkt eine große Kirche, wo er und seine Nachfolger beigesetzt wurden.

Konrad kümmerte sich energisch um die Wiederherstellung seiner Herrschaftsrechte in Italien und gewann außerdem 1033 die Herrschaft über das Königreich *Burgund*, so dass er seinem Sohn HEINRICH III. das Reich vergrößert und gefestigt hinterlassen konnte.

Der Kaiser auf dem Höhepunkt der Macht

In die Karte des Salierreichs ist der Reiseweg Heinrichs III. im Jahr seines ersten Italienzugs 1046/1047 eingetragen. Sie verdeutlicht, welch ungeheure Reiseleistung die Regierung eines so großen Reiches erzwang, welche Rolle Kaiserpfalzen und Bischofssitze spielten und wie wichtig es war die Alpenpässe zu kontrollieren.

1046 stand Heinrich III. auf dem Höhepunkt seiner Macht. In Rom waren gleichzeitig drei Päpste gewählt worden, die sich gegenseitig bekämpften. Deshalb berief Heinrich in SUTRI eine Kirchenversammlung ein und ließ kurzerhand alle drei Päpste absetzen. Dann erst zog er in Rom ein. Dort wählten die Römer auf seinen Vorschlag den Bischof von Bamberg als CLEMENS II. zum neuen Papst. Und dieser vollzog am Weihnachtsfest – wie einst bei Karl dem Großen – an Heinrich und seiner Gemahlin Agnes die Kaiserkrönung. Dann schickte Heinrich die schwangere Kaiserin zur Entbindung nach Ravenna, während er selbst die unsicheren Gebiete an der Südgrenze des Reiches ordnete. Er wird wohl enttäuscht gewesen sein, als er ein Vierteljahr später auf dem Rückweg wieder mit Agnes zusammentraf und sah, dass auch ihr zweites Kind „nur" eine Tochter war.

Auf die Geburt des als Nachfolger ersehnten Sohnes musste Heinrich III. noch bis 1050 warten. Als Taufpaten für das Kind wählte der fromme Kaiser den Abt des weltberühmten Klosters CLUNY. Bereits 1053 ließ er den jungen Heinrich von den Fürsten zum König wählen und in Aachen krönen. Das fünfjährige Kind verlobte er mit Berta von Turin, deren Vater als zuverlässiger Gefolgsmann die Alpenpässe zwischen Burgund und Italien beherrschte. Als Heinrich III. bereits 1056 starb, hatte er seinem kleinen Sohn die Nachfolge gesichert. Gemäß dem Wunsch des Kaisers wurde sein Herz in seiner Lieblingspfalz Goslar, der Körper in Speyer beigesetzt.

Die vier Salier-Kaiser (nach einer Zeichnung von 1106/1107):
Konrad II. (1024 bis 1039)
Heinrich III. (1039 bis 1056)
Heinrich IV. (1056/65 bis 1106)
Heinrich V. (1106 bis 1125)

1 Vergleiche das Reich der Salier mit dem der Ottonen hinsichtlich seiner Größe und Schwerpunkte.
2 Errechne die Gesamtstrecke des Reisewegs Heinrichs III. im Jahr 1046/47. Warum nahm er mit seiner Familie diese Strapazen auf sich?

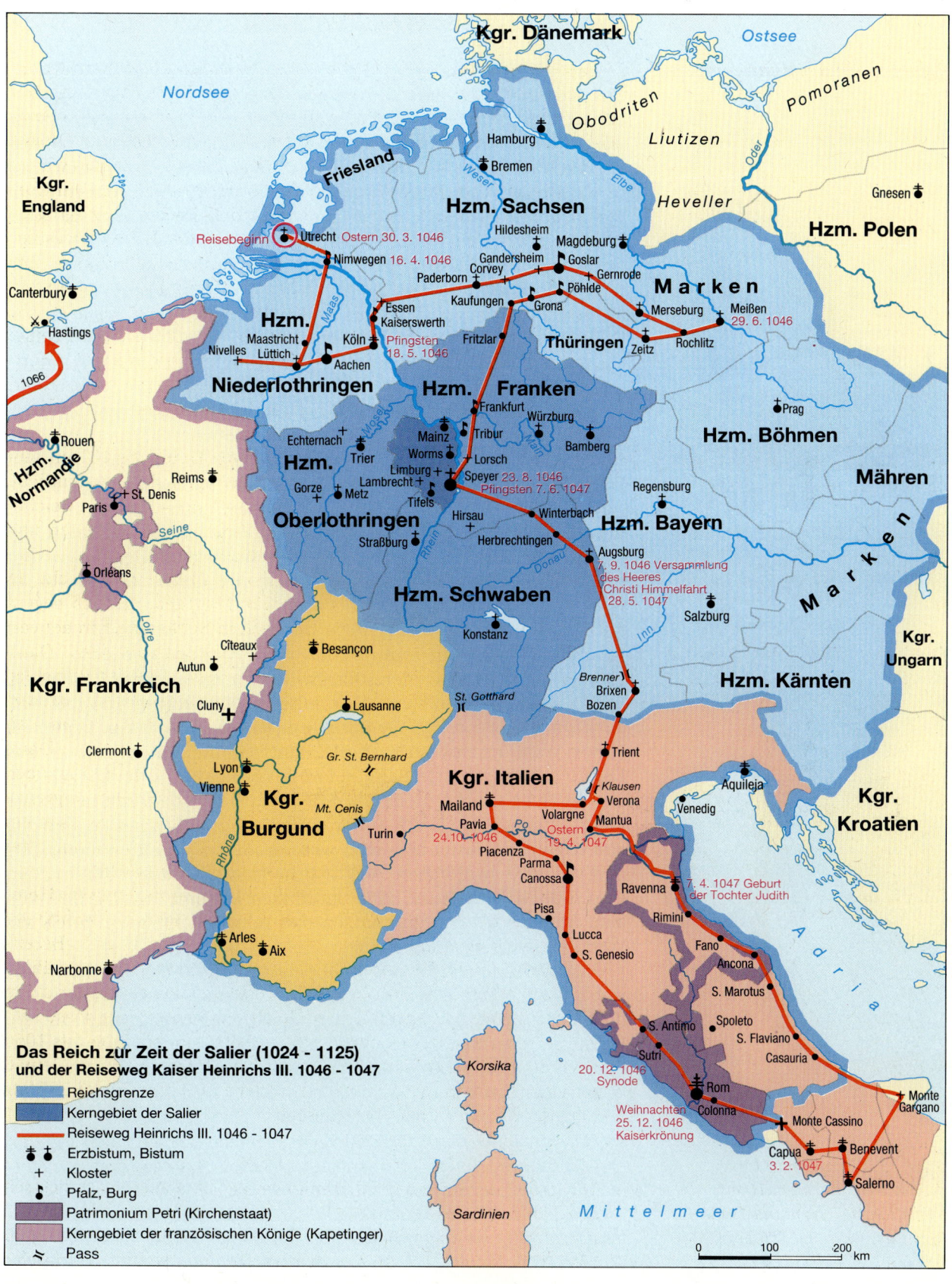

Der Streit zwischen Kaiser und Papst

Investiturstreit: Wer setzt die Bischöfe ein?

Genau wie Kaiser Heinrich III. und Agnes waren in dieser Zeit viele Menschen in West- und Mitteleuropa von einer tiefen Frömmigkeit erfasst. Sie wollten alles tun, was dem Heil ihrer Seelen diente. Reiche Adlige stifteten daher Kirchen und gründeten Klöster oder sie schenkten der Kirche von ihrem Grundbesitz. Dabei dachten sie daran, dass in den Gotteshäusern für sie und die Seelen ihrer verstorbenen Familienangehörigen unablässig gebetet wurde. Und sie meinten, das wäre besonders wirksam, wenn die Beter ein heiliges, nicht auf die Freuden der Welt gerichtetes Leben führten.

Im Ruf eines besonders strengen, gottgefälligen Lebens standen die Mönche des Klosters CLUNY im französischen Burgund. Viele andere Klöster in ganz Europa holten sich dort Rat und Hilfe für eine *Reform* des Klosterlebens. Und das wirkte sich schließlich auch auf die anderen Kirchen aus, da viele Geistliche aus den Reformklöstern kamen.

Vor allem drei Forderungen der *Cluniazenser* – so nennen wir die Klosterreformer – betrafen nicht nur die Mönche: Sie verlangten die Ehelosigkeit aller Priester, sie forderten die freie Wahl der Äbte und Bischöfe ohne Mitspracherecht der adligen Kirchenherrn. Und sie verboten den Kauf und Verkauf kirchlicher Ämter; das nannten die Reformer *Simonie* nach einer Bibelerzählung von einem Simon, der den Aposteln die Gabe des Heilens hatte abkaufen wollen. Überhaupt sollte der Einfluss der Nichtgeistlichen, der *Laien*, auf die Kirche zurückgedrängt werden.

Klosterreform – Kirchenreform

Mit dem Kloster Cluny bauten die Mönche die größte Kirche der Christenheit. Sie war 187 m lang (Rekonstruktion).

Die Päpste und die Reform der Kirche

Als Bischof Brun von Toul in Lothringen 1048 auf Vorschlag Kaiser Heinrichs III. Papst werden sollte, willigte er ein unter der Bedingung, dass er ordnungsgemäß von der römischen Geistlichkeit gewählt würde. Zum Zeichen seiner Demut zog er barfuß in Rom ein. Und nach seiner Wahl machte sich LEO IX. mit den Reformern, die er aus Lothringen mitgebracht hatte, sofort an die Reinigung der ganzen Kirche im Geist Clunys. Bereits auf der ersten Synode forderte er, dass alle Geistlichen, die durch Simonie ihr Amt erworben hatten, und alle verheirateten Priester abgesetzt werden sollten. Das konnte er allerdings nicht verwirklichen, weil sich herausstellte, dass dann in Rom kein Gottesdienst mehr hätte stattfinden können. Leo IX. ließ sich jedoch dadurch nicht entmutigen und seine Nachfolger führten das Werk der Kirchenreform weiter.

Papst NIKOLAUS II. erließ 1059 eine neue Ordnung für die Papstwahl: Wahlberechtigt waren in Zukunft nur noch die römischen Kardinäle. So sollte der Einfluss der römischen Adelsfamilien auf die Papstwahl beseitigt werden. Und Nikolaus II. machte auch aus den Päpsten politische Lehnsherren, indem er sich von den beiden normannischen Eroberern RICHARD VON CAPUA und ROBERT GUISCARD huldigen ließ und sie mit Süditalien und Sizilien belehnte. ALEXANDER II. versuchte dann die päpstliche Lehnsherrschaft auch auf den Norden auszudehnen. Er übersandte Herzog Wilhelm von der Normandie eine Lehnsfahne, als dieser 1066 England eroberte.

Wirklich radikale Vorstellungen von der Oberherrschaft des Papstes über alle weltlichen Fürsten aber entwickelte GREGOR VII. (1073–1085). Wir kennen sie aus einem Programm von 27 Leitsätzen,

Papst Leo IX. segnet den Abt Warinus von Metz als Kirchenstifter.

die er 1075 unter der Überschrift „Dictatus Papae" in sein Briefregister aufnehmen ließ:

> 3. Der römische Papst ganz allein kann Bischöfe absetzen und auch wieder einsetzen.
> 8. Nur er verfügt über die kaiserlichen Insignien [Abzeichen].
> 9. Alle Fürsten haben die Füße einzig und allein des Papstes zu küssen.
> 12. Der Papst kann Kaiser absetzen.
> 19. Über ihn besitzt niemand richterliche Gewalt.
> 27. Er kann Untertanen vom Treueid gegen unbillige [Herrscher] entbinden.
>
> (nach: Geschichte in Quellen, Band 2, München 1975, S. 291 f.)

Der König – ein Kind

Während die Päpste immer stärker wurden, war der deutsche König HEINRICH IV. ein unmündiges Kind, für das seine Mutter Agnes die Regentschaft führte. Resigniert ging sie ins Kloster, als ihr der zwölfjährige König von dem ehrgeizigen Kölner Erzbischof ANNO entrissen wurde. Über die Vorgänge in der Pfalz von KAISERSWERTH bei Düsseldorf berichtet ein Mönch aus Hersfeld:

> Als der junge König eines Tages nach einem festlichen Mahl besonders heiter war, redete ihm der Bischof zu, ein Schiff, das er zu diesem Zweck überaus prächtig hatte herrichten lassen, zu besichtigen. Dazu ließ sich der arglose Knabe leicht überreden. Kaum hatte er das Schiff betreten, da umringten ihn die vom Erzbischof angestellten Helfershelfer seines Anschlags; rasch stemmen sich die Ruderer hoch, werfen sich mit aller Kraft in die Riemen und treiben das Schiff blitzschnell in die Mitte des Stroms. Der König dachte nichts anderes, als dass man ihm Gewalt antun und ihn ermorden wolle, und stürzte sich kopfüber in den Fluss; und er wäre in den reißenden Fluten ertrunken, wäre dem Gefährdeten nicht Graf Ekbert trotz der großen Gefahr nachgesprungen und hätte er ihn nicht mit Mühe und Not vor dem Untergang gerettet und aufs Schiff zurückgebracht.
>
> (Lampert von Hersfeld, Annalen zu 1062, übers. v. A. Schmidt, Darmstadt 1957, S. 75)

Erzbischof Anno von Köln als Heiliger inmitten der von ihm gegründeten Kirchen. Im Kloster Siegburg befindet sich sein Grab.

Auf Druck der Fürsten gab Anno den jungen König später an Erzbischof ADALBERT von Bremen weiter. Und als Heinrich IV. 1065 endlich volljährig wurde und die Regierung übernahm, musste er versuchen die Rechte und Besitzungen des Königs im Reich zurückzugewinnen. In Deutschland führte das zu einem langen Krieg gegen den Bayernherzog und gegen die Sachsen, den Heinrich 1075 siegreich beenden konnte. In Italien geriet er wegen der Besetzung des Erzbistums Mailand in einen heftigen Streit mit dem Papst, der damit endete, dass Gregor VII. Heinrichs Berater *bannte*, d. h. aus der Kirche ausschloss und auch dem König selbst 1075 den Kirchenausschluss androhte. Die Auseinandersetzung zwischen König und Papst um die Einsetzung der Bischöfe, der sogenannte *Investiturstreit*, war unausweichlich geworden.

Der Streit zwischen Kaiser und Papst

Die heiße Phase des Streits

Heinrich IV. war empört über die Drohung des Papstes, ihn – den Gesalbten des Herrn – aus der Kirche ausstoßen zu wollen und rief die deutschen Bischöfe nach Worms zusammen. Von 39 kamen 26 und stellten sich hinter den König. Sie kündigten dem Papst den Gehorsam auf und ermutigten den König zu einem Brief nach Rom. Darin redete er Gregor VII. nicht mehr als Papst, sondern als „falschen Mönch Hildebrand" an, beschuldigte ihn, auf unrechtmäßige Weise Papst geworden zu sein und seine Treuepflicht gegenüber dem König gebrochen zu haben.

Schließlich erklärte er ihn kurzerhand für abgesetzt und forderte ihn auf: „Steige herab vom Stuhle des Petrus!" Und mit einer Kurzfassung dieses Absetzungsschreibens, das er an die deutschen und italienischen Fürsten schickte, eröffnete Heinrich IV. einen Propagandafeldzug gegen den Papst.

Als der Brief in Rom verlesen wurde, wären die Boten Heinrichs beinahe erschlagen worden. Am nächsten Tag, dem 15. Februar 1076, antwortete Gregor öffentlich in einem Gebet an den heiligen Petrus. Kraft der dem Petrus und seinen Nachfolgern von Christus verliehenen Gewalt stieß er den König aus der Kirche aus, verbot ihm die Regierung über das Reich und löste alle Christen vom Treueid.

Zuerst versuchte Heinrich IV. so zu tun, als sei nichts geschehen. In Utrecht feierte er mit großem Pomp das Osterfest; aber verschweigen konnte er nicht, dass der Papst ihn gebannt, d. h. verflucht hatte. Aus der Sicht eines Gegners sah das so aus:

Monogramm und Siegel Heinrichs IV. Ein solches Siegel war sicher auch auf dem Absetzungsschreiben Heinrichs an Papst Gregor VII. befestigt. Es bestand aus Wachs oder Blei und sollte die Echtheit des königlichen Schreibens beweisen.

> Auch der Bischof von Utrecht fürchtete, das Volk könnte sich vom König als einem Gebannten abwenden. Er machte, als er während der Messe zum Volk redete, diesem mit ganz spöttischen Worten bekannt, dass der König in den Bann getan sei, setzte aber zugleich mit aller Kunst der Rede auseinander, dass jener Bannfluch keine Kraft habe. Und doch hat er selber nachher anerkennen müssen, wie groß die Kraft desselben war. Denn an demselben Orte, wo er dem römischen Bischof zu nahe trat und dessen Macht mit einem Wortschwall zu vernichten suchte, wurde er selbst von einer Krankheit ergriffen, die ihn bis an das erbärmliche Ende seines Lebens nicht losließ. [Als er starb, sagte er angeblich zu den Umstehenden:] „Die Teufel umstehen mein Bett, um mich davonzutragen, wenn ich verschieden bin."
>
> *(Brunos Buch vom Sachsenkrieg, Kap. 74, nach der Übers. von W. Wattenbach)*

Der König in Bedrängnis

Solche Geschichten kamen der päpstlichen Propaganda gerade recht. Bald flohen viele Bischöfe vom Hof des gebannten Königs. Auch die Fürsten, an ihrer Spitze die Herzöge von Schwaben, Bayern und Kärnten, schlugen sich auf die Seite der papsttreuen Bischöfe. Denn sie hofften, an Stelle des gebannten einen neuen König wählen zu können. Deswegen beriefen sie eine Versammlung der deutschen Fürsten in den Ort TRIBUR am Rhein. Heinrich IV. erschien mit einem Heer auf der gegenüberliegenden Rheinseite bei der Stadt Oppenheim. Da seine Truppen jedoch auch zu den Gegnern überliefen, musste er notgedrungen nachgeben. Indem er den päpstlichen Gesandten reumütig

So stellten sich die Reformer einen König vor. Es handelt sich um ein Bild aus der Bibelhandschrift, die Heinrich IV. kurz vor Ausbruch des Investiturstreits dem Abt Wilhelm des süddeutschen Reformklosters Hirsau geschenkt hat.

Gehorsam und Buße versprach, konnte er wenigstens das Schlimmste verhindern. Die Fürsten erklärten jedoch, sie würden einen neuen König wählen, wenn sich Heinrich nicht bis zum Jahrestag seiner Exkommunikation vom Bann gelöst hätte. Gleichzeitig luden sie den Papst als Schiedsrichter zu einem Treffen im nächsten Frühjahr nach Augsburg ein.

Für den König schien damit alles verloren, denn vom Bann lösen konnte ihn nur der Papst. Der aber residierte in Rom. Zudem war Herbst, ein Heer stand nicht zur Verfügung, und Heinrichs Gegner sperrten die Alpenpässe. In dieser verzweifelten Lage entschloss sich der König, mitten im Winter mit seiner Familie und wenigen Getreuen von Burgund aus über den 2098 m hohen Pass des MONT CENIS zu steigen. LAMPERT VON HERSFELD schildert, wie es dabei zuging:

> Die Nähe des Jahrestages, an dem der König in den Bann getan worden war, duldete keine Verzögerung der Reise ... Daher mietete er um Lohn einige ortskundige, mit den schroffen Alpengipfeln vertraute Einheimische, die vor seinem Gefolge über das steile Gebirge und die Schneemassen hergehen und den Nachfolgenden auf jede mögliche Weise die Unebenheiten des Weges glätten sollten.
>
> Als sie unter deren Führung mit größter Schwierigkeit bis auf die Scheitelhöhe des Berges vorgedrungen waren, gab es keine Möglichkeit weiterzukommen, denn der schroffe Abhang des Berges war, wie gesagt, durch die eisige Kälte so glatt geworden, dass ein Abstieg hier völlig unmöglich erschien. Da versuchten die Männer, alle Gefahren durch ihre Körperkraft zu überwinden: Sie krochen bald auf Händen und Füßen vorwärts, bald stützten sie sich auf die Schultern ihrer Führer, manchmal auch, wenn ihr Fuß auf dem glatten Boden ausglitt, fielen sie hin und rutschten ein ganzes Stück hinunter, schließlich aber langten sie doch unter großer Lebensgefahr endlich in der Ebene an.
>
> Die Königin und die anderen Frauen ihres Gefolges setzte man auf Rinderhäute, und die dem Zug vorausgehenden Führer zogen sie darauf hinab. Die Pferde ließen sie teils mit Hilfe gewisser Vorrichtungen hinunter, teils schleiften sie sie mit zusammengebundenen Beinen hinab.
> *(Lampert von Hersfeld, Annalen zu 1077, übers. von A. Schmidt, Darmstadt 1957, S. 397 ff.)*

1 Welche Leitsätze des „Dictatus Papae" hat Gregor VII. in der Auseinandersetzung mit Heinrich IV. verwirklicht?
2 Mit welchen Mitteln versuchten Kaiser und Papst ihre jeweiligen Ansprüche durchzusetzen?
3 Ihr könntet versuchen eine der folgenden Szenen zu spielen:
  a) Die Herzöge Rudolf von Schwaben und Welf von Bayern schmieden das Komplott gegen den gebannten König.
  b) Zwei Reichsbischöfe streiten darüber, ob sie zum König oder zum Papst halten sollen.
  c) Heinrich IV. berät mit seiner Frau Berta und ein paar Freunden, ob sie auf die Bedingung der Fürsten eingehen sollen.

Der Streit zwischen Kaiser und Papst

Canossa – ein Erfolg des Papstes oder des Königs?

Als Heinrich IV. in Oberitalien ankam, durchquerte der Papst gerade die Lombardei um rechtzeitig zum Gerichtstag in Deutschland zu sein. Aus Furcht vor den Anhängern des Königs zog er sich nach CANOSSA – einer Burg der Markgräfin MATHILDE von Tuszien – zurück und begann zu verhandeln. Auf Vermittlung Mathildes und des Abtes Hugo von Cluny trafen Papst und König folgende Vereinbarung: Der König musste im Büßergewand dreimal vor dem Burgtor erscheinen und schriftlich die Unterwerfung unter den Schiedsspruch des Papstes versprechen. Danach löste ihn Gregor VII. vom Bann.

Für den einst so mächtigen König war das zwar eine unerhörte Demütigung. Aber den Plan seiner Gegner hatte er dadurch zunächst vereitelt; Gregor setzte seine Reise nach Deutschland nicht fort. Die deutschen Fürsten wählten trotzdem ohne sein Beisein Heinrichs Schwager, den Schwabenherzog RUDOLF VON RHEINFELDEN, zum Gegenkönig. Nach Deutschland zurückgekehrt sammelte Heinrich IV. ein Heer und eröffnete sofort den Kampf gegen Rudolf. Diesem wurde in einer Schlacht 1080 die rechte Hand abgehauen, mit der er dem König einst Treue geschworen hatte. Das betrachteten die Zeitgenossen als Gottesurteil zu Gunsten des Königs.

Ein erneuter Bannfluch Gregors VII. blieb ohne Wirkung. Heinrich konnte jetzt zum Gegenangriff übergehen, den Papst auf einer Synode in Brixen absetzen und den Erzbischof Wibert von Ravenna zum Gegenpapst wählen lassen. Zusammen mit diesem zog er allerdings erst 1084 an der Spitze eines Heeres in Rom ein und ließ sich zum Kaiser krönen. Gregor VII. floh zu den Normannen nach Salerno, wo er bei seinem Tod 1085 gesagt haben soll: „Ich habe die Gerechtigkeit geliebt und gottloses Wesen gehasst. Darum sterbe ich im Exil!"

Canossa: Der gebannte König bittet die Markgräfin Mathilde und den Abt Hugo von Cluny um Fürsprache.

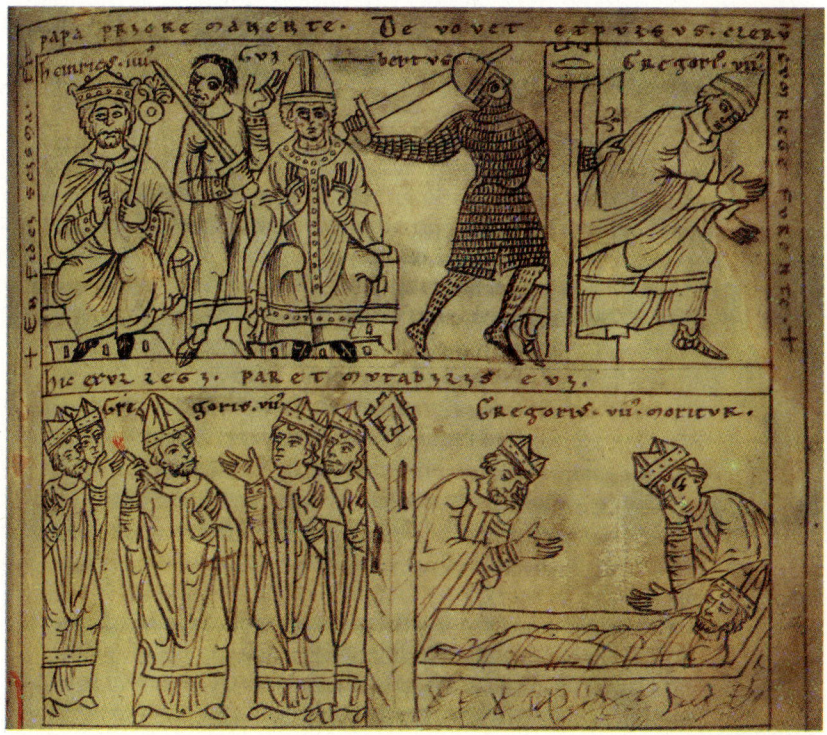

Die Vertreibung Gregors VII. aus Rom und sein Tod im Exil in Salerno.

Das Ende Heinrichs IV.

Kupferne Grabkrone und Bischofsring aus dem Grab Heinrichs IV. im Speyerer Dom.

Aber der Streit war damit nicht beendet. Von nun an gab es ein *Schisma*, d. h. eine Spaltung der Kirche in Anhänger des Reformpapsttums und der vom König unterstützten Gegenpäpste. Und beide Seiten setzten ihre Kandidaten als Bischöfe – manchmal am gleichen Ort – ein.

Das gab der Fürstenopposition im Reich wieder Auftrieb und auch in der eigenen Familie erwuchs dem Kaiser neuer Widerstand. Seine zweite Gemahlin Praxedis ging zur päpstlichen Partei über und seine beiden Söhne unternahmen nacheinander Aufstände. Dem jüngeren, HEINRICH V., gelang es Ende 1105 sogar, den Vater gefangenzunehmen und ihn zur Herausgabe der Königsabzeichen zu zwingen. Heinrich IV. konnte zwar noch einmal fliehen, starb aber schon 1106. Sein Leichnam wurde nach Speyer überführt und zunächst, weil er noch im Bann war, in eine ungeweihte Kapelle gebracht. Erst 1111 durfte der Kaiser neben seinen Vorfahren im Speyerer Dom beerdigt werden, den er selbst prachtvoll erweitert und vollendet hatte.

Das Wormser Konkordat – ein Kompromiss

Mit den Königen von England und Frankreich hatte sich der Papst längst über die Einsetzung der Bischöfe verständigt. Im Reich ging dagegen auch unter HEINRICH V. (1106–1125) der Streit weiter. Mit Gewalt erzwang dieser vom Papst die Kaiserkrönung. Erst 1122 waren beide Seiten, Kaiser und Papst, zu einer vertraglichen Lösung im sogenannten *Wormser Konkordat* bereit. Darin hieß es:
- Heinrich V. gewährt die freie Wahl der Bischöfe.
- Er verzichtet auf die Einsetzung in die geistlichen Amtsbefugnisse *(Spiritualien)* mit Bischofsstab und Bischofsring.
- Er behält aber das Recht, die Bischöfe in ihre weltlichen Amtsbefugnisse *(Regalien)* mit dem Zepter einzusetzen.

Für den Einfluss von Papst und Kaiser war es entscheidend, dass die Bischofsinvestitur im deutschen Königreich und im Königreich Italien verschieden geordnet wurde:
- In Deutschland durfte der König oder sein Vertreter bei der Wahl anwesend sein und in Streitfällen die Wahl entscheiden.
- Hier durfte er auch als Erster die Investitur mit dem Zepter vornehmen; erst danach durfte der Bischof geweiht werden.
- In Italien dagegen wurde der frei gewählte Bischof sofort geweiht und der König musste ihn dann mit den Regalien belehnen.

So hatte Heinrich V. wenigstens einen Teil seiner Rechte retten können. Aber die Vorstellung von der Rolle des christlichen Herrschers hat sich in den fünfzig Jahren des Investiturstreits völlig verändert. Verändert hat sich in dieser Zeit aber auch die Stellung der Päpste in der Kirche und der christlichen Welt des Abendlandes. Ein erster Schritt auf dem Weg zur Trennung von *geistlicher* und *weltlicher* Gewalt, von Kirche und Staat, war getan.

Heinrich IV. übergibt seinem Sohn Heinrich V. die Reichsinsignien.

1 Kann man die Vorgänge in Canossa auch als Erfolg Heinrichs IV. sehen? Was spricht für diese Ansicht?
2 Warum kämpften die mittelalterlichen Herrscher so entschlossen um ihre Mitwirkung bei der Einsetzung von Bischöfen?
3 Vergleiche das Verhältnis von Papst und Kaiser nach dem Investiturstreit mit dem zur Zeit der Ottonen.

Die Kreuzzüge – Krieg im Namen Gottes

Aufbruch zur Befreiung der Heiligen Stätten

Deus lo volt – Gott will es!

In diesem Jahrhundert religiöser Begeisterung, während Kaiser und Papst um die Einsetzung der Bischöfe stritten, hatten die *Normannen* den Sarazenen SIZILIEN entrissen und dem Papst unterstellt; und in Spanien waren die christlichen Könige dabei, von Norden aus die ganze Halbinsel von den muslimischen Mauren wieder zurückzuerobern. Da ergriff im Jahre 1095 Papst URBAN II. auf einer Versammlung im südfranzösischen CLERMONT die Gelegenheit, die Christen des Westens zu einem noch gewaltigeren Unternehmen aufzurufen:

> Ihr Volk der Franken, ihr Volk nördlich der Alpen, ihr seid Gottes geliebtes und auserwähltes Volk, herausgehoben aus allen Völkern durch die Lage des Landes, den katholischen Glauben und die Hochschätzung für die heilige Kirche.
>
> Aus dem Land Jerusalem und der Stadt Konstantinopel kam schlimme Nachricht: Ein fremdes, ganz gottesfernes Volk hat die Länder der dortigen Christen besetzt, durch Mord, Raub und Brand entvölkert und die Gefangenen teils in sein Land abgeführt, teils elend umgebracht; es hat die Kirchen Gottes gründlich zerstört oder für seinen Kult beschlagnahmt. Sie beflecken die Altäre mit ihren Abscheulichkeiten und stürzen sie um; sie beschneiden die Christen und gießen das Blut der Beschneidung auf die Altäre oder in die Taufbecken ...
>
> Euch verlieh Gott mehr als den übrigen Völkern ausgezeichneten Waffenruhm, hohen Mut, körperliche Gewandtheit und die Kraft, den Scheitel eurer Widersacher zu beugen. Bewegen und zu mannhaftem Entschluss aufstacheln mögen euch die Taten eurer Vorgänger, die Heldengröße König Karls des Großen, seines Sohnes Ludwig und eurer anderen Könige. Sie haben die Heidenreiche zerstört und dort das Gebiet der heiligen Kirche weit ausgedehnt.
>
> Kein Besitz, keine Haussorge soll euch fesseln. Denn dieses Land, in dem ihr wohnt, ist überall von Meeren und Gebirgszügen umschlossen und von euch beängstigend dicht bevölkert. Es fließt nicht vor Fülle und Wohlstand über und liefert seinen Bauern kaum die bloße Nahrung ... Tretet den Weg zum Heiligen Grab an, nehmt das Land dem gottlosen Volk, macht es euch untertan!
>
> Jerusalem ist der Mittelpunkt der Erde, das fruchtbarste aller Länder, als wäre es ein zweites Paradies der Wonne. Der Erlöser der Menschheit hat es durch seine Ankunft verherrlicht, durch seinen Lebenswandel geschmückt, durch sein Leiden geweiht, durch sein Sterben erlöst, durch sein Grab ausgezeichnet. Diese Königsstadt erbittet und ersehnt Befreiung, sie erfleht unablässig eure Hilfe. Schlagt also diesen Weg ein zur Vergebung eurer Sünden; nie verwelkender Ruhm ist euch im Himmelreich gewiss.
> (Robertus monachus, Historia Iherosolimitana I, 1/2, übers. v. Arno Borst, in: Lebensformen im Mittelalter, Frankfurt 1973, S. 318 ff.)

Der Graf von Vendôme trägt noch das Kreuz der Kreuzfahrer auf dem Mantel, als er nach fünfzehnjähriger muslimischer Gefangenschaft zu seiner Frau zurückkehrt (Statue aus dem Franziskanerkloster in Nancy in Lothringen).

Deus lo volt! – Gott will es!, rief die begeisterte Menge und die Ritter hefteten Kreuze aus Stoff auf die Schultern ihrer Mäntel zum Zeichen, dass sie die Kreuzfahrt gelobt hatten.

Judenverfolgungen in den Städten am Rhein

Die Begeisterung erfasste auch die einfachen Leute. Angeführt von einzelnen Fanatikern strömten sie von Frankreich und Lothringen aus 1096 in Speyer, Worms und Mainz zusammen. Dort gab es reiche Judengemeinden, die bisher im Frieden mit den christlichen Bürgern gelebt hatten und den Schutz der Kaiser und Bischöfe genossen.

Die Kreuzfahrer dagegen sahen in den Juden die Mörder des Heilandes Jesus. Sie überfielen sie auf offener Straße und schlugen sie tot, wenn sie sich nicht taufen ließen. In Mainz raubten sie das Judenviertel aus und zündeten es an. Die Juden, die in die Bischofsburg geflohen waren, hatten gegen die Menge der Angreifer keine Chance. Nachdem die Verteidiger gefallen waren, töteten sich die alten Männer, Frauen und Kinder gegenseitig.

Die Kreuzfahrerscharen zogen weiter die Donau entlang nach Osten, gingen aber zu Grunde, ehe sie das Heilige Land erreichten.

Die Eroberung Jerusalems im ersten Kreuzzug

Die ritterlichen Kreuzfahrerheere dagegen, angeführt von Graf Raimund von Toulouse, Herzog Gottfried von Bouillon und dem Normannenfürsten Boemund von Tarent, standen nach drei Jahren endlich vor den Mauern JERUSALEMS. In der Hitze des Juli 1099 belagerten sie fast sechs Wochen die Stadt, ehe sie sie im Sturm nahmen:

> Der größte Teil der Bevölkerung hatte sich nach dem Tempelhof geflüchtet, weil dieser mit einer Mauer, mit Türmen und starken Toren verwahrt war. Sogleich begab sich Herr Tankred mit dem größten Teil des Heeres dorthin. Er brach mit Gewalt in den Tempel ein und machte Unzählige nieder ... Der übrige Teil des Heeres zerstreute sich in der Stadt, zog diejenigen, die sich in engen Gassen versteckt hatten, wie das Vieh hervor und stieß sie nieder. Andere gingen in die Häuser, wo sie die Familienväter mit Frauen und Kindern und dem ganzen Gesinde herausrissen und entweder mit den Schwertern durchbohrten oder von den Dächern herabstürzten.
>
> Als endlich auf diese Weise Ordnung in der Stadt hergestellt war, legten sie die Waffen nieder, wuschen sich die Hände, zogen reine Kleider an und gingen dann demütigen und zerknirschten Herzens, unter Seufzen und Weinen, mit bloßen Füßen, an den ehrwürdigen Orten umher, welche der Erlöser durch seine Gegenwart heiligen und verherrlichen mochte, und küssten sie mit größter Andacht. Bei der Kirche zu den Leiden und der Auferstehung des Herrn kamen ihnen sodann das gläubige Volk der Stadt und der Klerus entgegen und geleiteten sie unter Lobliedern und geistlichen Gesängen zu der vorgenannten Kirche.
> (Wilhelm von Tyrus, übers. v. E. und R. Kausler, in: Geschichte in Quellen, Bd. 2, München 1975, S. 370)

Kreuzfahrer beschießen 1097 das belagerte Nikäa mit abgeschlagenen Köpfen von Feinden, um die Verteidiger zu demoralisieren.

1 Entspricht das Vorgehen der Kreuzritter christlichen Grundsätzen? Diskutiert über die Verrohung der Menschen im Krieg und die Gefahren des Fanatismus. Nennt Beispiele aus unserer Zeit.
2 Die Menschen entschlossen sich nicht nur aus religiösen Gründen für den Kreuzzug. Welche anderen Motive kannst du aus der Rede des Papstes und aus den Judenverfolgungen erschließen?

Die Kreuzzüge – Krieg im Namen Gottes

Europa und der Orient zur Zeit der ersten Kreuzzüge (Ende des 12. Jh.)

Religionen:
- Katholische Christen
- Orthodoxe Christen
- Muslime

3. Kreuzzug (1189 – 92):
- Friedrich I. Barbarossa
- Philipp II. August
- Richard Löwenherz

Kreuzfahrerstaaten (z.Zt. der größten Ausdehnung)

Kaiser Friedrich I. Barbarossa ertrinkt auf dem dritten Kreuzzug 1190 in dem Flüsschen Saleph in Kleinasien. Ein Engel übergibt seine Seele dem Himmel (Handschrift um 1195/96).

Kreuzzüge und Kreuzfahrerstaaten

Die Eroberung Jerusalems und der Küstenregion des Vorderen Orients im ersten Kreuzzug war vor allem das Werk der französischen Ritter, der „Franken", wie sie von den Muslimen genannt wurden. Ihre Anführer gründeten auf dem eroberten Land eigene Staaten und befestigten sie mit Burgen. Der wichtigste Kreuzfahrerstaat war *Jerusalem*, wo Gottfried von Bouillon König wurde.

Kreuzritter besteigen die Schiffe. Neben Proviant und Waffen mussten sie auch Pferde mitnehmen. Sie wurden unter Deck in hölzernen Gestellen wegen des Seegangs angegurtet.

Wenn diese christlichen Staaten sich in einer islamischen Welt halten wollten, brauchten sie dringend weitere Verstärkung aus Europa. Deshalb rief der wortgewaltige Prediger BERNHARD VON CLAIRVAUX 1146 zu einem neuen Kreuzzug auf. Jetzt stellten sich die Könige von Frankreich und Deutschland an die Spitze, aber die Erfolge blieben aus. Ähnlich war es auch, nachdem Sultan SALADIN 1187 Jerusalem erstürmt hatte. Die Herrscher der drei größten Reiche des Westens brachen danach mit ihren Rittern zum dritten Kreuzzug auf: der deutsche Kaiser FRIEDRICH I. BARBAROSSA, der französische König PHILIPP II. AUGUST und der englische König RICHARD LÖWENHERZ. Doch ihr Erfolg war gering: Der Kaiser ertrank unterwegs in Kleinasien, ehe er das Heilige Land erreicht hatte. Franzosen und Engländer konnten zwar die Hafenstadt AKKON erobern, aber Richard Löwenherz geriet auf dem Rückweg in Gefangenschaft.

Die Kreuzzugsbewegung war damit zwar nicht erloschen, aber nur weniges gelang noch. Der Marsch von 7000 Kindern aus dem Rheinland endete z. B. in Italien mit einer Katastrophe: Die meisten starben oder wurden als Sklaven verkauft. Auch die beiden letzten Kreuzzüge, die der französische König LUDWIG IX. der Heilige 1248 und 1270 unternahm, scheiterten, obwohl er sie gründlich vorbereitet und sogar extra einen Hafen in AIGUES-MORTES hatte bauen lassen. Schließlich ging als letzter Stützpunkt 1291 die Stadt Akkon verloren.

Das Siegel des Königs von Jerusalem.

1 Beschreibe an Hand der Karte die Reisewege der am 3. Kreuzzug beteiligten Herrscher. Wie verteilen sich die einzelnen Religionen?

Die Kreuzzüge – Krieg im Namen Gottes

Begegnung von Abend- und Morgenland

Rückwirkungen auf den Westen

Fast 200 Jahre lang lebten abendländische Christen im Orient in direktem Kontakt mit den Muslimen. Sie staunten nicht nur über deren Luxus, sondern auch über die Schönheit ihrer Bauten und über den Stand ihrer Wissenschaften. Der anfängliche Hass auf die verfluchten Heiden wich der Achtung vor den vornehmen Gegnern.

Manche Christen kehrten auch wieder in ihre europäischen Heimatländer zurück und berichteten von dem märchenhaften Leben im Orient. Sie brachten manche orientalische Wörter und Bezeichnungen mit wie z.B. Algebra, Alkohol, Baldachin, Chemie, Damast, Diwan, Jacke (= arab. Panzerhemd), Kaffee, Karaffe, Matratze, Musselin, Orange, Pantoffel, Schach, Satin, Sofa, Sirup, Tasse, Ziffer oder Zucker. Sicher ist auch der Kontakt mit dem Osten ein Anstoß dazu gewesen, dass die Ritter in den Ländern des Westens anfingen Romane zu schreiben und Liebeslieder zu dichten. Zugleich blühte der Handel mit dem Orient auf und arabische Technik und Naturwissenschaften wirkten auf die abendländische Kultur ein.

Die Muslime dagegen schauten verachtungsvoll auf die unzivilisierten „Franken" herab, wie z.B. der Verfasser des folgenden Berichts. Im gleichen Buch berichtet er mit Schaudern, wie christliche Ärzte auf blutige Weise ein Bein amputieren, das mit den Mitteln arabischer Medizin hätte gerettet werden können.

Ein Mameluckenbrunnen in Jerusalem, geschmückt mit der Rosette einer Kreuzfahrerkirche und einer arabischen Inschrift.

1 Auf welchen Gebieten war der Orient dem Abendland überlegen? Untersuche hierzu die oben aufgeführten deutschen Lehnwörter.
2 Was erschien einem Orientalen an der christlichen Essensszene (unten) fremd, was einem Christen an der orientalischen (rechte Seite)?

Die Turmhelme der Pauluskirche in Worms aus dem 12. Jahrhundert haben wahrscheinlich Minarette orientalischer Moscheen zum Vorbild.

Eine Kreuzfahrerfamilie bei Tisch (Illustration aus einer Bilderhandschrift des Buches Ruth).

Ein Muslim unter Christen

Es gibt unter den Franken einige, die sich im Lande angesiedelt und begonnen haben, auf vertrautem Fuße mit den Muslimen zu leben. Sie sind besser als die anderen, die gerade neu aus ihren Heimatländern gekommen sind.

Einmal schickte ich einen Gefährten zu einem Geschäft nach Antiochia, dessen Oberhaupt Todros ibn as-Safi [der Grieche Theodor Sophianos] war. Er sagte eines Tages zu meinem Gefährten: „Ein fränkischer Freund hat mich eingeladen. Komm doch mit, dann siehst du ihre Gebräuche." – „Ich ging mit", erzählte mein Freund, „und wir kamen zum Hause eines der alten Ritter, die mit dem ersten Zug der Franken gekommen waren. Er hatte sich von seinem Amt und Dienst zurückgezogen und lebte von den Einkünften seines Besitzes in Antiochia.

Er ließ einen schönen Tisch bringen mit ganz reinlichen und vorzüglichen Speisen. Als er sah, dass ich nicht zulangte, sagte er: ‚Iss getrost, denn ich habe ägyptische Köchinnen und esse nur, was sie zubereiten; Schweinefleisch kommt mir nicht ins Haus.'

Später überquerte ich den Markt, als eine fränkische Frau mich belästigte und in ihrer barbarischen Sprache mir unverständliche Worte hervorstieß. Eine Menge Franken sammelte sich um mich und ich war schon meines Todes sicher: da erschien der Ritter und sagte zu der Frau: ‚Was hast du mit diesem Muslim?' – ‚Er hat meinen Bruder Urso getötet!' erwiderte sie. Er fuhr sie an: ‚Das hier ist ein Bürger, ein Kaufmann, der nicht in den Krieg zieht und sich nicht aufhält, wo man kämpft.'"
(Usama ibn Munqid, Buch der Belehrung, übers. v. F. Gabrieli, in: F. Gabrieli, Die Kreuzzüge aus arabischer Sicht, München 1973, S. 121 f.)

Schlanke Türme wie dieser von einer Moschee in Jiblah im Jemen und Kuppeln wie die des Felsendoms in Jerusalem haben die Kreuzfahrer gewiss beeindruckt.

Ein Festmahl unter Muslimen (Miniatur-Malerei aus einer orientalischen Handschrift).

Die Herrschaft der Staufer

Kaiser Friedrich I. Barbarossa

Der Übergang der Herrschaft im Reich an die Staufer

Mit Kaiser HEINRICH V. starb die Familie der Salier aus. Der nächste Verwandte war der Schwabenherzog Friedrich aus der Familie der *Staufer*, genannt nach ihrer Burg Hohenstaufen. Trotzdem wählten die Fürsten nicht ihn, sondern den Sachsenherzog LOTHAR VON SUPPLINBURG zum neuen König. Als dieser starb, war der nächste Thronanwärter sein Schwiegersohn Heinrich der Stolze, Herzog von Bayern und Sachsen, aus der Familie der *Welfen*. Und wieder wählten die Fürsten einen anderen, diesmal den Staufer KONRAD III.; der versuchte erfolglos, die Welfen zu bezwingen. Nach seinem Tod fiel die Wahl der Fürsten daher 1152 auf seinen Neffen FRIEDRICH I., den die Italiener BARBAROSSA nannten. Da seine Mutter Welfin war, schien er eine Aussöhnung zwischen den beiden mächtigsten Adelsfamilien im Reich, den Staufern und den Welfen, zu ermöglichen.

Der Herrscher und seine Helfer

Während des Investiturstreits veränderte sich die Stellung des Königs grundsätzlich: Die Möglichkeit, mit königstreuen Bischöfen zu regieren, bestand nicht mehr und die Fürsten waren selbstständiger und selbstbewusster geworden. So mussten sich die Herrscher nach neuen Helfern umsehen.

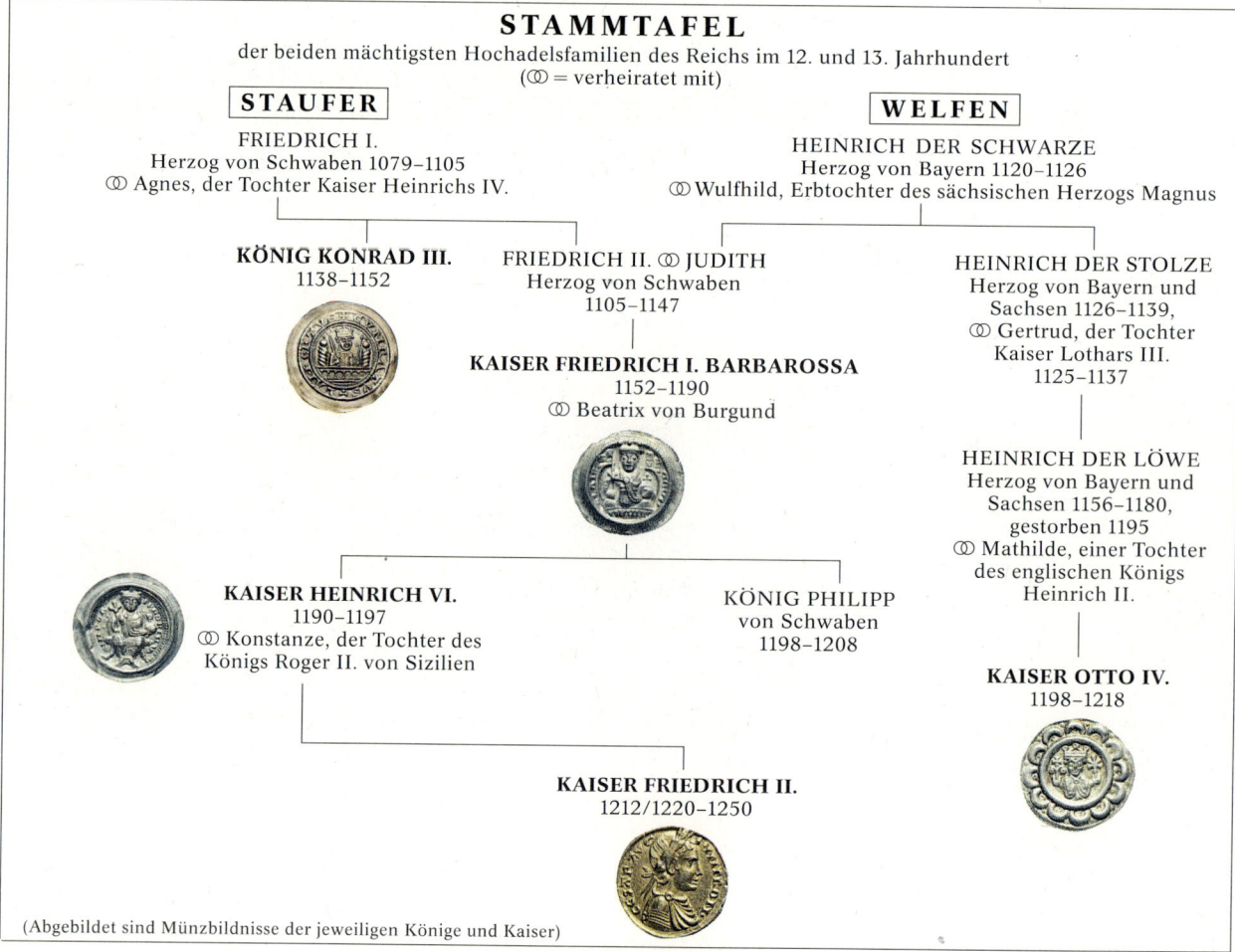

STAMMTAFEL
der beiden mächtigsten Hochadelsfamilien des Reichs im 12. und 13. Jahrhundert
(⚭ = verheiratet mit)

STAUFER
FRIEDRICH I.
Herzog von Schwaben 1079–1105
⚭ Agnes, der Tochter Kaiser Heinrichs IV.

WELFEN
HEINRICH DER SCHWARZE
Herzog von Bayern 1120–1126
⚭ Wulfhild, Erbtochter des sächsischen Herzogs Magnus

KÖNIG KONRAD III.
1138–1152

FRIEDRICH II. ⚭ JUDITH
Herzog von Schwaben
1105–1147

HEINRICH DER STOLZE
Herzog von Bayern und Sachsen 1126–1139,
⚭ Gertrud, der Tochter Kaiser Lothars III.
1125–1137

KAISER FRIEDRICH I. BARBAROSSA
1152–1190
⚭ Beatrix von Burgund

HEINRICH DER LÖWE
Herzog von Bayern und Sachsen 1156–1180,
gestorben 1195
⚭ Mathilde, einer Tochter des englischen Königs Heinrich II.

KAISER HEINRICH VI.
1190–1197
⚭ Konstanze, der Tochter des Königs Roger II. von Sizilien

KÖNIG PHILIPP
von Schwaben
1198–1208

KAISER OTTO IV.
1198–1218

KAISER FRIEDRICH II.
1212/1220–1250

(Abgebildet sind Münzbildnisse der jeweiligen Könige und Kaiser)

Der gerechte König und sein Volk: Bischof, Fürst, Ritter, Geistlicher, Frau, Jude (zweite Hälfte des 12. Jh.).

Sie fanden sie in den Dienstmannen oder *Ministerialen*, wie sie lateinisch hießen. Diese ursprünglich unfreien Leute dienten den Königen vor allem als Besatzung von Burgen, die das Königsland und die Straßen schützten. Wenn sie vom König Lehen erhielten, stiegen sie auf in den niederen Adel.

Seit Friedrich I. betonten die Herrscher besonders ihre Würde als oberste Richter und Garanten von Frieden und Recht, wie es das Bild vom „gerechten König" zeigt, das aus der Zeit Barbarossas stammt.

1 Versuche zu erklären, warum die Fürsten zweimal nicht den nächsten Verwandten der Königsfamilie zum neuen König wählten.
2 Betrachte das Königsbild oben. Welches Bilddetail soll zeigen, dass es sich um einen „gerechten" König handelt?

Die Herrschaft der Staufer

Friedrich Barbarossa und Heinrich der Löwe

Als FRIEDRICH I. BARBAROSSA 1152 König wurde, schien der alte Streit zwischen Staufern und Welfen beendet. HEINRICH DER LÖWE, der Sachsenherzog aus der Welfenfamilie, unterstützte mit seinen Kriegern seinen Vetter Friedrich bereits bei dessen ersten Italienzug 1154, auf dem er sich die Kaiserkrone holte. Dafür belehnte der Kaiser den Sachsenherzog mit dem Herzogtum BAYERN.

Danach wendeten sich Kaiser und Herzog verschiedenen Aufgaben zu: Heinrich der Löwe erweiterte seinen Herrschaftsbereich von Sachsen aus nach Osten weit in das Slawenland hinein, während Friedrich Barbarossa die Reichsrechte in Italien wiederzugewinnen suchte. Seit dem Investiturstreit hatten die Städte in der LOMBARDEI die Königsrechte (Regalien) wie z. B. das Recht, Steuern zu erheben oder Gericht zu halten, unrechtmäßig selbst ausgeübt. Nun begann Barbarossa diese Rechte und damit auch die Einkünfte von den wohlhabenden Städten zurückzufordern. Das schien ihm auch gelungen zu sein, nachdem er MAILAND, die größte und reichste der Städte Oberitaliens, zur bedingungslosen Kapitulation gezwungen und zerstört hatte.

Es blieb jedoch nicht bei diesem Triumph des Kaisers. Schon 1159 hatten nämlich die Kardinäle gleichzeitig zwei Päpste gewählt, einen von der kaiserlichen und einen von der antikaiserlichen Partei. Der antikaiserliche nannte sich ALEXANDER III. und verbündete sich mit den lombardischen Städten. Sie bauten eine Festung und nannten sie nach dem Papst ALESSANDRIA. Bei seinem fünften Italienzug belagerte der Kaiser diese Stadt, konnte sie aber nicht einnehmen. Da sein Heer zu schwach war, um den Krieg gegen die Städte fortzusetzen, bat er 1176 Heinrich den Löwen um Hilfe:

Portrait Kaiser Friedrichs I. Die vergoldete Bronzebüste ist ein Geschenk des Kaisers an seinen Taufpaten Otto von Cappenberg. Die Mauerzinnen am unteren Rand symbolisieren Rom.

> Der Kaiser sandte nun dringende Boten nach Deutschland, um das Heer zu verstärken, und vor allem an seinen Vetter Heinrich, den Herzog von Sachsen und Bayern, um ihn zu einer Aussprache in Chiavenna zu laden. Er kam ihm bis hier entgegen und bat ihn dringender, als es der kaiserlichen Majestät ansteht, dem Reiche in seiner gefährlichen Lage zu Hilfe zu kommen. Man sagt sogar, er habe sich ihm zu Füßen geworfen. Aber Herzog Heinrich, der allein die Macht und die Mittel besaß, damals dem Reiche einen wirklichen Dienst zu leisten, forderte dafür Goslar, die reichste Stadt in ganz Sachsen, zum Lehen. Der Kaiser aber hielt es für eine Schande, sich gegen seinen Willen um ein solches Lehen erpressen zu lassen, und stimmte nicht zu, worauf Heinrich ihn in hellem Zorn in der Gefahr verließ und heimkehrte.
>
> (aus der Chronik Ottos von St. Blasien, übers. v. W. Lautemann, in: Geschichte in Quellen, Band 2, München 1975, S. 426)

Die Folge von Heinrichs Weigerung war, dass der Kaiser eine vernichtende Niederlage durch die lombardischen Städte erlitt.

Warum ließ Heinrich der Löwe den Kaiser im Stich, obwohl Friedrich ihn bisher gegen seine Gegner in Sachsen stets unterstützt hatte? Inzwischen hatte der Herzog die Slawenfürsten in MECKLENBURG und POMMERN unterworfen und sich in Norddeutschland eine königsähnliche Stellung verschafft. Nach dem Vorbild der Kaiserpfalz Goslar ließ er BRAUNSCHWEIG zur Residenz ausbauen; zwischen Burg und Dom stellte er als stolzes Zeichen seiner Herrschaft einen bronzenen Löwen auf. Und der Kaiser selbst hatte die Heirat zwischen Heinrich und MATHILDE, einer Tochter des englischen Königs, vermittelt. So konnte sich der Welfe seinem staufischen Vetter mindestens für ebenbürtig halten, wie es in dem Bild aus seinem Evangeliar auch zum Ausdruck kommt.

Bronzenes Löwenstandbild Heinrichs des Löwen vor seiner Burg Dankwarderode in Braunschweig.

Christus krönt Heinrich den Löwen und seine Frau Mathilde. Links hinter Heinrich: seine Eltern Heinrich der Stolze und Gertrud sowie deren Eltern Kaiser Lothar III. und Richenza. Rechts hinter Mathilde ihr Vater, König Heinrich II. von England, und dessen Mutter Mathilde, englische Königin und Witwe Kaiser Heinrichs V. (Buchmalerei aus dem Evangeliar Heinrichs des Löwen).

Aber die Rechnung Heinrichs des Löwen ging nicht auf. Seine sächsischen Gegner verklagten ihn beim Kaiser. Und als der Herzog trotz mehrfacher Vorladung nicht vor dem Fürstengericht erschien, verlor er 1180 seine Herzogtümer und wurde geächtet. In einem Krieg zwang ihn der Kaiser sich zu unterwerfen. Er musste ins Exil zu seinem Schwiegervater nach England gehen und behielt nur seinen Besitz um Braunschweig und Lüneburg. Seine Herzogtümer wurden an andere Adlige vergeben. Von Bayern, das schon 1156 ÖSTERREICH hatte hergeben müssen, wurde nun die STEIERMARK als eigenes Herzogtum abgetrennt. Der Rest kam an die Familie der *Wittelsbacher*. Sachsen wurde ganz aufgelöst: Westfalen als größter Teil fiel an das Erzbistum Köln; den Osten erhielt der Sohn von Heinrichs erbittertem Gegner ALBRECHT DEM BÄREN aus der Familie der Askanier.

1 Heinrich der Löwe hat alles in das Bild aufnehmen lassen, was ihn als „königlich" ausweist. Beschreibe deine Beobachtungen.
2 Während des Kampfes zwischen Kaiser und Herzog hat sich das Reich verändert. Wer erzielte den größten Machtzuwachs? Vergleiche das Reich der Stauferzeit mit dem der Ottonen.

Die Herrschaft der Staufer

Der Friede mit dem Papst

Über Heinrich den Löwen konnte Barbarossa nur triumphieren, weil er zuvor mit dem Papst Frieden geschlossen hatte. 1177 traf er sich mit Papst ALEXANDER III. zur Versöhnung auf neutralem Boden in VENEDIG. Ein Augenzeuge berichtet:

> Als der Papst nach der Messe in seinen Palast zurückkehrte, ergriff der Kaiser dessen Rechte und geleitete ihn ehrenvoll bis zur Kirchentüre und als hier der Papst wie üblich seinen Schimmel besteigen wollte, trat der Kaiser von der anderen Seite herzu und hielt den Steigbügel. Nachdem der Papst auf seinem Pferde saß, führte es der Kaiser wie ein Marschall ein Stück Weges. [Am nächsten Tag erkannte der Kaiser Alexander III. als rechtmäßigen Papst an.] Alle Anwesenden brachen in laute Lobrufe auf ihn aus. Als wieder Stille eingekehrt war, brachte man die heiligen Evangelien Gottes mit Heiligenreliquien und einem Kreuz vom Holz des Kreuzes Christi mitten in die Versammlung. Im Auftrag des Kaisers schwur dann der Graf Heinrich von Diez auf die Seele des Kaisers, dass dieser zwischen Reich und Kirche und dem König von Sizilien fünfzehn Jahre Frieden und mit den lombardischen Städten einen Waffenstillstand von sechs Jahren halten werde.
> (aus den Annalen des Romoald von Salerno, nach der Übersetzung von J. Bühler, Die Hohenstaufen, Leipzig 1925, S. 236, 238)

Friedrich Barbarossa und der Doge von Venedig führen das Pferd Papst Alexanders III.

Friedrich Barbarossa auf dem Höhepunkt der Macht

Danach konnte der Kaiser auch mit den lombardischen Städten verhandeln. Im *Frieden von Konstanz* (1183) behielten sie zwar die Regalien, mussten sich aber zu Steuerzahlungen verpflichten. Die antikaiserliche Festung Alessandria wurde umgetauft in Caesarea, die „Kaiserliche".

Nun erst herrschte Barbarossa ganz unangefochten im Reich und konnte an Pfingsten 1184 Fürsten und Ritter zum Fest der Volljährigkeit seiner beiden Söhne nach Mainz einladen. ARNOLD VON LÜBECK berichtet:

> Zahllose, in den verschiedensten Farben erglänzende Zelte bedeckten die weite Ebene, auf ihren Spitzen mit Fahnen und Bannern mannigfach geschmückt. Mehr noch staunte man die Vorräte von Lebensmitteln an, die auf des Kaisers Befehl von allen Seiten her, zu Land und zu Wasser, herbeigebracht wurden.
> Und welche Menschenmassen waren außer den geladenen Gästen noch zu erwarten! Fahrende Sänger und Dichter, Spielleute und Gaukler wurden durch die Festlichkeiten aus weiter Ferne herbeigelockt, in der Hoffnung, von der Freigebigkeit des Kaisers und der Fürsten reichen Gewinn zu haben. Auf siebzigtausend schätzte man die Zahl der Ritter und Krieger und dazu kam noch das Heer der Geistlichen und der Leute niederen Standes. Am ersten Pfingstfeiertag schritt Kaiser Friedrich mit seiner Gemahlin Beatrix im Schmuck des kaiserlichen Stirnreifs in feierlicher Prozession und geleitet von einem glänzenden Gefolge zu der in der Mitte des Lagers errichteten Kirche.
> (nach: E. Orthbandt, Die Staufer, 1977, S. 190 f.)

Staufische „Weltpolitik"

Im selben Jahr 1184 vereinbarte der Kaiser die Verlobung seines 19-jährigen Sohnes Heinrich mit der 30-jährigen KONSTANZE VON SIZILIEN. Und 1187 schloss er ein Bündnis mit dem französischen König PHILIPP II. AUGUST gegen England, das die Welfenpartei unterstützte. Und als Sultan SALADIN Jerusalem eroberte, stellte sich Friedrich Barbarossa als Kaiser sofort an die Spitze eines Kreuzzugs, der 1189 von Deutschland aus aufbrach. Seinem Sohn Heinrich übertrug er während seiner Abwesenheit die Regentschaft.

So ging die Herrschaft im Reich bei der Nachricht vom Tod Barbarossas 1190 reibungslos auf HEINRICH VI. über. Fast gleichzeitig war Wilhelm II. von Sizilien gestorben und Heinrich VI. erhob daher für seine Frau Konstanze Erbansprüche auf dieses Königreich. Er konnte sie aber nicht gleich durchsetzen; auf seinem Italienzug gelang es ihm 1191 nur, die Kaiserkrönung vom Papst zu erzwingen. Danach kehrte er nach Deutschland zurück um einem Fürstenaufstand entgegenzutreten.

Die Opposition verlor jedoch ihre wichtigste Stütze, als 1193 der englische König RICHARD LÖWENHERZ bei der Rückkehr vom Kreuzzug gefangengenommen und an Heinrich VI. ausgeliefert wurde. Dieser erpresste nicht nur eine ungeheure Summe Lösegeld von ihm, sondern zwang ihn auch, für England den Lehnseid zu leisten.

Nun konnte Heinrich Sizilien erobern und sich am Weihnachtstag 1194 in PALERMO zum König krönen lassen. Einen Tag später gebar Konstanze einen Sohn, der den Namen des Großvaters FRIEDRICH erhielt. Heinrich VI. stand an der Spitze einer Herrschaft, die europäische Dimensionen anzunehmen schien. Da starb er 1197 an Malaria und hinterließ als Nachfolger ein nicht ganz dreijähriges Kind.

Friedrich Barbarossa mit seinen Söhnen König Heinrich und Herzog Friedrich von Schwaben.

1 Betrachte noch einmal den Lebensweg Friedrich Barbarossas. Welche Ziele verfolgte er und wie festigte er seine Macht?

Kaiserin Konstanze übergibt den neugeborenen Friedrich (II.) an die Gemahlin Konrads von Urslingen, des Herzogs von Spoleto (1195).

Die Herrschaft der Staufer

Friedrich II. – Weltwunder oder Antichrist?

Auf dem Weg zur Kaiserkrone

Schon ein Jahr nach dem Vater starb 1198 auch KONSTANZE, die Mutter des jungen Kaisersohnes FRIEDRICH II. Um das Königreich SIZILIEN für ihn zu retten, hatte sie zuvor den Papst als Lehnsherrn von Sizilien zum Vormund des Kindes bestimmt.

Im gleichen Jahr wählte ein Teil der deutschen Fürsten dessen Onkel PHILIPP VON SCHWABEN zum König. Die meisten norddeutschen Fürsten aber hoben den Welfen OTTO IV., einen Sohn Heinrichs des Löwen, auf den Thron. Mit ihm verband sich Papst INNOZENZ III. und krönte ihn zum Kaiser, weil er so die Verbindung des Reichs mit Sizilien für immer zu verhindern hoffte. Otto IV. kehrte jedoch bald zur alten Italienpolitik der deutschen Könige zurück, so dass der Papst erneut die Staufer unterstützte. Da Philipp von Schwaben 1209 ermordet wurde, schickte er 1212 den 17-jährigen Friedrich nach Deutschland und ließ ihn vom Mainzer Erzbischof zum König krönen. Otto IV. hingegen bot ein Heer gegen den stauferfreundlichen König von Frankreich auf um den Thronstreit für sich zu entscheiden. In der Schlacht bei BOUVINES (1214) erlitt er jedoch mit den verbündeten Engländern eine vernichtende Niederlage. Alle Fürsten fielen von Otto ab und er starb wenig später völlig vereinsamt. Friedrich II. aber kehrte als unbestrittener Herrscher nach Italien zurück und ließ sich 1220 zum Kaiser krönen. Dafür musste er dem Papst versprechen Sizilien niemals mit dem Reich zu vereinen.

Geschnittener Edelstein (Kamee): Zwei antike Siegesgöttinnen (Viktorien) halten einen Kranz oder Kronreif über Kaiser Friedrich II. Die Viktorien sind griechisch beschriftet mit „Michael" und „Gabriel". Kannst du dir denken warum?

Das Jagdschloss Castel del Monte in Apulien. Friedrich II. errichtete den achteckigen Bau um 1240–50.

Friedrich II. – das Staunen der Welt

Nachdem Friedrich Kaiser war, begann er sofort, das Königreich Sizilien zu einem ganz modernen Staat umzugestalten. Er gründete 1224 in NEAPEL die erste Universität zur Ausbildung von Staatsbeamten. Diese Juristen wurden in allen Provinzen als höchste Richter eingesetzt um die Macht des normannischen Adels einzuschränken. Die letzten Sarazenen Siziliens unterwarf er und siedelte sie in der Stadt LUCERA in Apulien an, wo sie ihren Glauben beibehalten durften. Auch eine sarazenische Truppe stellte er auf und umgab sich mit einer Leibgarde aus Sarazenen. Die wichtigsten Städte des Königreichs ließ er durch Kastelle sichern und entwarf selbst die Pläne für die schönsten dieser Schlösser wie z. B. das oben abgebildete *Castel del Monte*. Das Geld dafür gewann er aus der Kontrolle des Handels zwischen Europa und dem Orient, aus Staatsmonopolen auf Salz, Eisen, Kupfer, Seide, Hanf und Färbemittel sowie aus Steuern, die auch die Kirchen zahlen mussten. Da er eine stabile Währung brauchte, ließ er Goldmünzen mit seinem Kaiserbild prägen.

Er kümmerte sich auch persönlich um die Wissenschaft und hielt Kontakt mit arabischen, griechischen und italienischen Gelehrten, was ihm nicht schwer fiel, da er neben Italienisch auch Latein, Arabisch, Griechisch, Hebräisch und Französisch fließend sprach. Er selbst verfasste ein Buch über die Jagd mit Falken, das auf genauesten Beobachtungen beruhte.

Schon 1215 hatte er ein Kreuzzugsgelübde ausgesprochen. Dieses Vorhaben schob er jedoch so lange hinaus, bis der Papst ihn schließlich bannte. Trotzdem konnte er im Heiligen Land 1229 durch persönliche Gespräche mit dem Sultan mehr erreichen als die drei vorhergegangenen Kreuzzüge: JERUSALEM und das umliegende Land wurden den Christen kampflos zurückgegeben! Danach krönte er sich selbst zum *König von Jerusalem* und betrachtete sich von da an als Nachfolger des *Königs David*, von Gott eingesetzt als Herrscher über das ganze Gottesvolk.

Bild aus dem Falkenbuch Friedrichs II.: Ein Mann holt junge Falken aus Nestern in einer Felswand. Die Jungvögel sollen für die Jagd abgerichtet werden.

Die Herrschaft der Staufer

Friedrich II. – der Hammer der Welt

Zwar wurde der Kaiser nach dem Kreuzzugserfolg wieder vom Bann gelöst. Aber als er anfing die aufständischen Städte in Oberitalien niederzuwerfen, brach der Konflikt mit dem Papst erneut aus. Die religiös aufgewühlten Menschen meinten, das Weltende stehe unmittelbar bevor. So glaubten viele, was die Bettelmönche im Auftrag des Papstes predigten: Der Kaiser ist der Antichrist. In ganz Europa wuchs die Empörung über Friedrich II., als er etwa hundert Bischöfe auf der Reise nach Rom gefangen nahm. Um nicht selbst in seine Hände zu fallen entzog sich der Papst schließlich der Gefahr, indem er nach LYON in Südfrankreich floh. Dort rief er ein *Konzil* zusammen und setzte Friedrich als Kaiser, deutschen König und König von Sizilien ab. Die Konzilsteilnehmer verfluchten ihn und löschten feierlich ihre Fackeln.

Trotz militärischer Erfolge konnte sich Friedrich II. bis zu seinem Tod (1250) von diesem schweren politischen Schlag nicht mehr erholen. Die Zeitgenossen haben ihn ganz verschieden beurteilt:

> *Friedrichs Kanzler Petrus von Vinea über den Kaiser (um 1239):*
> Wahrhaftig, ihn verehren Land und Meer, ihm jubeln laut die Lüfte zu; denn er, der der Welt als wahrer Kaiser von der göttlichen Macht beschieden wurde, lenkt als Freund des Friedens, als Schützer der Liebe, als Begründer des Rechts, als Hüter der Gerechtigkeit und Sohn der Geduld die Welt mit unendlicher Weisheit. Er ist es, von dem die Worte des Propheten Hesekiel verkünden: ein großer Adler mit gewaltigen Fittichen.
> (nach: Horst Stern, Mann aus Apulien, München 1988, S. 292)
>
> *Albert von Beham, päpstlicher Agent, über Friedrich (1245):*
> Fürst der Tyrannei, Zerstörer der kirchlichen Lehre und Verderber der Geistlichkeit, Umstürzer des Glaubens, Lehrer der Grausamkeit, Erneuerer der Zeiten, Zersplitterer des Erdkreises und Hammer der ganzen Welt!
>
> *Papst Innozenz IV. zur Begründung des Bannspruchs (1245):*
> Friedrich, der die Kirche und Uns mehr verspottete als anhörte, war ferner in verabscheuungswürdiger Freundschaft mit den Sarazenen verbunden, sandte ihnen mehrfach Boten und Geschenke, nahm ihre Sitten an und hält sie zu seinen täglichen Diensten bei sich ... Weder Kirchen noch Klöster oder andere fromme Gebäude sah man ihn bauen. Außerdem hat er es in seinem Königreich Sizilien, das der besondere Besitz des heiligen Petrus ist und das dieser Fürst vom Apostolischen Stuhl zu Lehen hatte, bereits zu solcher Verarmung und Verknechtung der Geistlichen und Laien gebracht, dass sie fast nichts mehr besitzen ...
> (nach: Kaiser Friedrich II. in Briefen und Berichten seiner Zeit, hg. u. übers. v. K. J. Heinisch, Darmstadt 1968, S. 525, 599f.)

Kaiseradler Friedrichs II. vom Kastell Rocca Ursino in Catania (nach 1239).

1. Erkläre den Konflikt zwischen Friedrich II. und den Päpsten mit Hilfe der Karte (S. 30).
2. Versucht ein Streitgespräch zwischen zwei Sizilianern, von denen der eine auf der Seite des Kaisers, der andere auf der Seite der Kirche steht.

Das Ende der Staufer

Selbst beim Tod Friedrichs II. im Jahre 1250 blieb der Widerspruch unaufgelöst: Zum Sterben ließ er sich in die Kutte eines Zisterziensermönchs kleiden und empfing die kirchlichen Sterbesakramente. Bestattet wurde er wie ein heidnischer römischer Kaiser in einem Sarg aus Porphyr ohne christliche Symbole, der jedoch im Dom von Palermo aufgestellt wurde.

Sein Sohn und Nachfolger KONRAD IV. starb bereits vier Jahre nach ihm. Gegen die weiteren Nachkommen verbündete sich der Papst mit KARL VON ANJOU, dem Bruder des französischen Königs. Dieser eroberte das Königreich Sizilien und ließ den erst sechzehnjährigen KONRADIN, den Enkel Friedrichs II. und letzten Staufer, 1268 in Neapel öffentlich hinrichten.

Die Sage vom schlafenden Kaiser

Viele Zeitgenossen glaubten nicht an den plötzlichen Tod Friedrichs II.; sie erzählten sich Geschichten vom schlafenden Kaiser, der wiederkommen und ein Reich des ewigen Friedens errichten werde. Die Sage wurde später auf Friedrich Barbarossa übertragen und in eine Höhle des KYFFHÄUSER-BERGES in Thüringen verlegt. In dieser Form ist sie in die Deutschen Sagen der BRÜDER GRIMM gelangt:

> *Friedrich Rotbart auf dem Kyffhäuser*
> Von diesem Kaiser gehen viele Sagen im Schwange. Er soll nicht tot sein, sondern bis zum Jüngsten Tage leben, auch kein rechter Kaiser nach ihm mehr aufkommen. Bis dahin sitzt er verhohlen in dem Berg Kyffhausen und wann er hervorkommt, wird er seinen Schild hängen an einen dürren Baum, davon wird der Baum grünen und eine bessere Zeit werden. Zuweilen redet er mit den Leuten, die in den Berg kommen, zuweilen lässt er sich auswärts sehen. Gewöhnlich sitzt er auf der Bank an dem runden steinernen Tisch, hält den Kopf in der Hand und schläft, mit dem Haupt nickt er stetig und zwinkert mit den Augen. Der Bart ist ihm groß gewachsen, nach einigen durch den steinernen Tisch, nach andern um den Tisch herum, dergestalt, dass er dreimal um die Rundung reichen muss bis zu seinem Aufwachen, jetzt aber geht er erst zweimal darum.

Der siegreiche Barbarossa, Glasfenster vom Hotel „Barbarossa" in Konstanz, um 1890.

Die Herrschaft der Staufer

Verklärung und Missbrauch der Kaiserzeit des Mittelalters

Der Konstanzer Hotelbesitzer wollte mit dem Glasbild nicht nur sein Haus verschönern, sondern auch seine politische Meinung zeigen: So mächtig und stark wie das Reich Barbarossas wünschte er sich das damals gerade erst gegründete deutsche Kaiserreich. Er hatte offensichtlich ein ebenso falsches Bild vom Mittelalter wie die Leute, die 1896 auf dem KYFFHÄUSER ein 80 m hohes Denkmal errichteten, auf dem BARBAROSSA und Kaiser WILHELM I. (1871–1888) zusammen dargestellt sind. Die meisten Touristen genießen den herrlichen Ausblick ohne über die Bedeutung des Monuments groß nachzudenken.

Schon vor der Gründung des Kaiserreichs im 19. Jahrhundert hatten sich viele deutsche Dichter für das Mittelalter begeistert und die vermeintlich so glückliche Zeit der mittelalterlichen Kaiser zurückersehnt wie EMANUEL GEIBEL in dem unten abgedruckten Gedicht. In unserem Jahrhundert nannten die *Nationalsozialisten* die Diktatur Hitlers das „Dritte Reich" und sie missbrauchten den Namen des Stauferkaisers, indem sie den Krieg gegen die Sowjetunion „Unternehmen Barbarossa" nannten.

Heute erinnern wir uns gern an Karl den Großen als „Vater Europas"; das Reich der deutschen Kaiser aber ist uns fremd geworden. Geblieben sind nur die stolzen Dome und Burgen sowie der staufische Kaiseradler als deutsches Staatssymbol.

1 Erkläre einem Touristen, der das Kyffhäuser-Denkmal besuchen will, warum sich Barbarossa nicht als Symbolfigur für ein mächtiges Deutschland eignet.
2 Warum lässt sich das Reich des Mittelalters überhaupt nicht mit einem modernen Staat vergleichen?

Friedrich Rotbart
Tief im Schlosse des Kyffhäusers bei der Ampel rotem Schein
Sitzt der alte Kaiser Friedrich an dem Tisch von Marmorstein.
Ihn umwallt der Purpurmantel, ihn umfängt der Rüstung Pracht,
Doch auf seinen Augenwimpern liegt des Schlafes tiefe Nacht.
Vorgesunken ruht das Antlitz, drin sich Ernst und Milde paart,
Durch den Marmortisch gewachsen ist sein langer, goldner Bart.
Rings wie eh'rne Bilder stehen seine Ritter um ihn her,
Harnischglänzend, schwertumgürtet, aber tief im Schlaf, wie er.
Alles schweigt, nur hin und wieder fällt ein Tropfen vom Gestein,
Bis der große Morgen plötzlich bricht mit Feuerglut herein;
Bis der Adler stolzen Fluges um des Berges Gipfel zieht,
Dass vor seines Fittichs Rauschen dort der Rabenschwarm entflieht.
Aber dann wie ferner Donner rollt es durch den Berg herauf,
Und der Kaiser greift zum Schwerte, und die Ritter wachen auf.
Laut in seinen Angeln tönend, springet auf das eh'rne Tor,
Barbarossa mit den Seinen steigt im Waffenschmuck empor.
Auf dem Helm trägt er die Krone und den Sieg in seiner Hand,
Schwerter blitzen, Harfen klingen, wo er schreitet durch das Land.
Und dem alten Kaiser beugen sich die Völker allzugleich,
Und aufs neu zu Aachen gründet er das heil'ge deutsche Reich.
Emanuel Geibel

Zusammenfassung

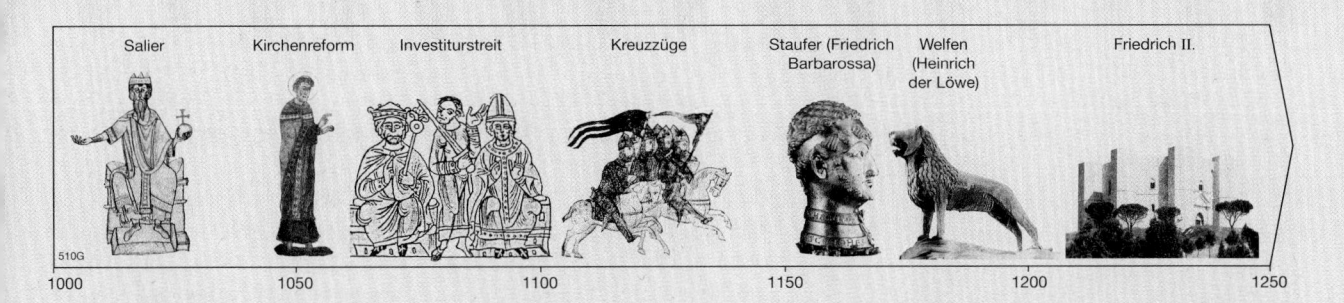

| Salier | Kirchenreform | Investiturstreit | Kreuzzüge | Staufer (Friedrich Barbarossa) | Welfen (Heinrich der Löwe) | Friedrich II. |

1000 — 1050 — 1100 — 1150 — 1200 — 1250

Entwicklungen im Hochmittelalter

Die deutschen Könige trugen zwar seit OTTO I. (962) die Kaiserkrone, konnten aber die Oberherrschaft über die anderen Königreiche des christlichen Abendlandes nicht erringen. Weil sie vom *Papst* in Rom zu Kaisern gekrönt wurden, gerieten sie im 11. Jahrhundert in einen schweren Konflikt mit dem Papsttum. In diesem *Investiturstreit* ging es zunächst um die Einsetzung der Bischöfe, letztlich aber um den Vorrang der geistlichen oder weltlichen Herrschaft. Auf dem Höhepunkt des Kampfes setzten sich Papst und König gegenseitig ab; König HEINRICH IV. wurde sogar aus der Kirche ausgeschlossen. Der Streit wurde schließlich beigelegt ohne die Frage des Vorrangs zu entscheiden. Das deutsche Königtum aber verlor viel von seinem Einfluss auf die Kirche und geriet in stärkere Abhängigkeit von den weltlichen *Fürsten*.

Während des Investiturstreits erfasste die *Kreuzzugsbewegung* ganz Europa. Die Sarazenen wurden aus Spanien, Sizilien und Unteritalien vertrieben und die Völker Nord- und Osteuropas teils friedlich, teils gewaltsam missioniert. In den Kreuzzügen eroberten Ritter aus den Ländern des Westens gemeinsam JERUSALEM und das Heilige Land, wo sie *Kreuzfahrerstaaten* errichteten. Der fast zweihundertjährige Kontakt mit der überlegenen Kultur des islamischen Orients wirkte befruchtend auf Wissenschaft und Kunst des christlichen Westens. Aber die Eroberungen im Orient gingen wieder verloren.

Nach dem Investiturstreit gelang es den deutschen Herrschern aus dem Haus der *Staufer* ihre Herrschaft über *Burgund* und *Italien* wiederherzustellen und die Opposition ihrer *welfischen* Gegner in Deutschland auszuschalten. Ende des 12. Jahrhunderts konnten sie sogar das *Königreich Sizilien* mit dem römisch-deutschen Kaiserreich verbinden. Obwohl Kaiser FRIEDRICH II. Sizilien zu einem modernen finanzkräftigen Staat umgestaltete, scheiterte er schließlich doch am Widerstand der deutschen Fürsten, der italienischen Städte und des Papsttums.

Wichtige Begriffe

- Abendland
- Cluniazensische Reform
- Gegenkönig – Gegenpapst
- Investiturstreit
- Judenverfolgung
- Kaisertum
- Kirchenbann
- Kirchenreform
- Konkordat
- Konzil
- Kreuzfahrerstaaten
- Kreuzzüge
- Laien
- Ministeriale
- Regalien
- Reichsfürsten
- Schisma
- Simonie
- Spiritualien
- Wikinger

Geschichtslabor

Die Gotik – ein Baustil des Mittelalters

Das Beispiel Reims

Das Innere des Meißner Doms aus dem 12./13. Jahrhundert. Was ist gleich, was ist anders als in der rechts abgebildeten Kathedrale von Reims?

Der neue *gotische Stil* wurde seit der Mitte des 12. Jahrhunderts in FRANKREICH entwickelt und verbreitete sich von dort aus über ganz Europa. Deshalb dient als Beispiel die Kathedrale von REIMS in der Champagne, die Krönungskirche der französischen Könige.

„Gotisch" ist ursprünglich abwertend gemeint. Nach dem Mittelalter empfanden die Menschen nämlich diese Kunst als barbarisch wie die der „unzivilisierten" Goten. Die Gotik ist jedoch alles andere als barbarisch. Die Kirchenbauten verwirklichen vielmehr ein großes theologisches Programm: Durch die bunten Glasfenster mit Szenen aus der Bibel und den Heiligenlegenden sollte den Menschen in der Kirche die Schönheit Gottes als Licht und Farbe vor Augen treten.

Technisch möglich wurde dieses Bauprogramm erst durch die Einführung des *spitzen Bogens*, an dem die gotischen Bauten leicht zu erkennen sind. Die Gewölbe mussten allerdings durch *Strebepfeiler* abgestützt werden. Und auch die Fenster erhielten zur Verstärkung dünne steinerne Stege, das sogenannte *Maßwerk*. Aber sogar diese technischen Elemente nutzten die Baumeister zu religiösen Aussagen. Hoch auf den Strebepfeilern brachten sie kreuzförmige Blüten an. Und die Formen des Maßwerks nutzten sie als Symbole: zweiteilige Formen symbolisierten die beiden Bücher der Bibel, das ALTE und das NEUE TESTAMENT, dreiteilige die Dreifaltigkeit, vierteilige die vier Evangelisten oder die christlichen Haupttugenden; sechsteilige Fenster symbolisierten die sechs Tage der Schöpfung und zwölfteilige *Rosetten* waren Sinnbild für die Jünger Jesu oder die zwölf Stämme des Gottesvolkes. Was die große Rosette der Westfassade von Reims sagen will, kannst du selbst untersuchen:

Großes Rosenfenster der Kathedrale von Reims

Maßwerkformen

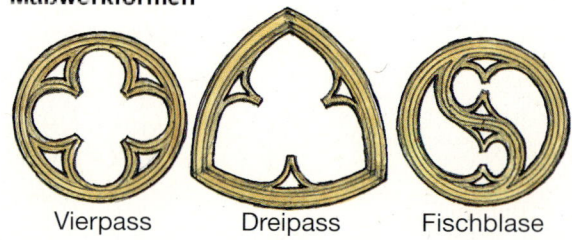

Vierpass   Dreipass   Fischblase

- **G** Gott
- **E** Zwei Engel, die Kronen in den Händen tragen
- **P** Vier Propheten: Jesaja, Jeremia, Hesekiel, Daniel
- **K** Sechs Könige Israels
- **A** Zwölf Apostel
- **M** Tod der Maria, der die Kathedrale geweiht ist (Notre Dame)
- **W** Zwei Engel mit Weihrauchgefäßen

In den 24 freien Feldern sind musizierende Engel dargestellt.

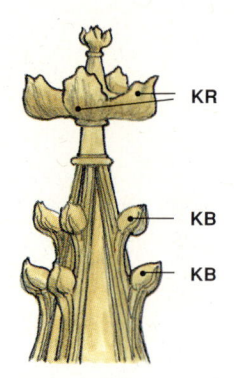

Türmchen (Fiale) mit Krabben (**KB**) und Kreuzblume (**KR**)

Der Blick auf die Wand von Haupt- und Nebenschiff zeigt, dass die Fenster die größte Fläche einnehmen. Der Skelettbau ist rotbraun hervorgehoben.

So sieht die Fassade der Kathedrale von Reims von außen aus. Die großen Figuren in der obersten Reihe sind Könige.

Das Hauptschiff der Kathedrale von Reims mit Blick auf die beiden Rosettenfenster, dazwischen neun Fenster mit Königsdarstellungen.

Die Stadt im Mittelalter

Ein klarer, kalter Wintertag um das Jahr 1530 in AUGSBURG. Auf dem *Marktplatz* der großen Fernhandelsstadt, die zu diesem Zeitpunkt etwa 25 000 Einwohner zählt, pulsiert das Leben.

In einer Markthalle liegt Geflügel zum Verkauf. Davor bietet ein Mann auf einem Holztisch Teile eines Schweins an, während ein Junge gerade einen Schweinskopf fortträgt. Auf dem Boden hockt eine Frau und verkauft Gänse. Bürgersfrauen streben zum Einkauf. Ein Mann ist mit einer Fuhre Holz gekommen, das er verkaufen möchte. In der Mitte des Platzes quiekt eine Schweineherde, während ein Metzger bereits an Ort und Stelle ein Tier zerlegt. Auf einem pferdegezogenen Schlitten gleitet eine vornehme Dame vorbei, vielleicht die Frau eines Ratsherrn. Verkaufsbuden reihen sich dicht an dicht um den Platz, dessen steinerne Häuser vom Perlachturm mit dem Reichswappen überragt werden. Denn Augsburg ist eine freie *Reichsstadt* und nur dem *Kaiser* untertan! Aus dem Rathaus strebt rechts eine Gruppe würdiger Ratsherren in pelzbesetzten Mänteln, denen zwei Ratsdiener den Weg freimachen.

Hier auf dem Marktplatz schlägt das Herz der Stadt. Dicht drängen sich die Menschen, denn Geschäftigkeit, Handel, Kaufen und Verkaufen – das bestimmt ihr Leben. Wohlhabend und selbstbewusst hat der Maler JÖRG BREU D. Ä. (um 1475–1537) die Bürger dargestellt. Seine Botschaft scheint zu lauten: Gibt es etwas Besseres, als in so einer Stadt zu leben?

Die Stadt im Mittelalter

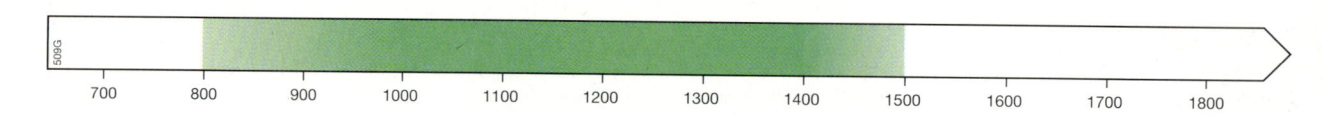

Die Stadt – eine neue Lebensform entwickelt sich

Mit der Blüte der *Städte* entstand seit der Stauferzeit eine neue Lebensform, die sich von der Welt des Adels und der Bauern grundsätzlich unterschied.

Allein in Deutschland wurden im Hoch- und Spätmittelalter 4000 Städte gegründet. Darunter gab es Orte mit nur wenigen hundert Einwohnern, aber auch Zentren wie KÖLN, AUGSBURG oder NÜRNBERG, in denen 25 000 bis 40 000 Menschen lebten. Diese Entwicklung wurde möglich, weil es durch verbesserte Anbaumethoden ausreichend Nahrung für immer mehr Menschen gab. Die Bevölkerung wuchs und viele Menschen zog es in die Städte, weil sie dem unfreien Leben als *Bauern* auf dem Land entfliehen wollten. So lebte schließlich am Ende des Mittelalters jeder Fünfte in einer Stadt.

Da die meisten Städte Zentren von Handel und Handwerk waren, entwickelten sie neue Formen des Lebens und Zusammenlebens. Sie gewährten ihren Bürgern *Frieden*, *Rechtssicherheit* und *Mitsprache*, eröffneten die Möglichkeit des sozialen Aufstiegs aus der Unfreiheit und versprachen Wohlstand. Freilich waren auch in der mittelalterlichen Stadt nicht alle gleich, auch hier gab es große Armut und schwere Konflikte zwischen den verschiedenen Bevölkerungsgruppen. Von der Teilhabe am Stadtregiment waren z. B. *Frauen* ebenso ausgeschlossen wie die städtischen *Unterschichten*, und die *Handwerker* konnten sie erst allmählich von den mächtigen *Patriziern* erstreiten. Doch sind viele der neuen Formen richtungweisend gewesen. So bezeichnen wir uns heute mit dem Namen, den die Einwohner der Städte des Mittelalters trugen: als *Bürger*.

Schüler besichtigen das Heiliggeist-Spital in Nürnberg, das um 1350 zur Pflege Alter und Kranker gegründet wurde. Wie mögen die Menschen hier im Mittelalter gewohnt haben?

Das Leben der Bürger 41

Bautzen, 1002 als Budusin erstmals urkundlich erwähnt, mit dem seit dem 13. Jh. entstandenen Befestigungsring. Links die mächtige Alte Wasserkunst, dahinter die Michaeliskirche, rechts im Bild der Dom.

Städte entstehen

Die Entwicklung in Sachsen

Auf dem Plateau eines Granitfelsens hoch über der SPREE liegt die sächsische Stadt BAUTZEN, umschlossen von Mauern und Wehranlagen. Im frühen Mittelalter existierte auf dem Bergsporn über dem Fluss nur eine Burganlage. Um sie herum entwickelte sich im 13. Jahrhundert eine *Stadt*, die wie viele andere Städte dieser Zeit rasch wuchs. Die Lage Bautzens an einem Flusslauf und am Schnittpunkt zweier wichtiger Verkehrswege, die von Prag an die Ostsee und von Meißen nach Polen führten, begünstigte diese Entwicklung. Die böhmischen Könige förderten die Stadt. Noch heute lässt sich der Wohlstand des mittelalterlichen Bautzen an den Kirchen, Stadttoren und Bürgerhäusern ablesen.

Auch andere sächsische Städte wie Leipzig, Meißen, Görlitz, Löbau, Chemnitz oder Freiberg zeugen mit ihren Baudenkmälern bis heute davon, dass ihre Entstehungsgeschichte weit ins Mittelalter zurückreicht. Der Metallreichtum des ERZGEBIRGES und die Wasserkraft der Flüsse waren dabei die wichtigsten Quellen des Wohlstands.

Das Aufblühen der sächsischen Städte ist jedoch nur ein kleiner Ausschnitt aus einer Entwicklung, die seit dem Hochmittelalter ganz Europa erfasste. In den Städten entstanden neue Lebens-, Wirtschafts- und Rechtsformen, deren Wirkungen bis heute reichen.

1 Stelle am Beispiel Bautzens zusammen, welche Faktoren die Entwicklung einer mittelalterlichen Stadt fördern konnten.

Das Leben der Bürger

Freiheit hinter Mauern

Luftbild der ehemaligen Reichsstadt Nördlingen, die 898 erstmals urkundlich erwähnt wurde. Das innere Oval markiert den Kernbereich der Stadt um 1200, damals lediglich vom „Alten Graben" umflossen. Nach 1327 errichtete die sich ausweitende Stadt einen Mauerring mit 11 Türmen.

Stadtplan von Nördlingen
① Rathaus
② Stadtkirche St. Georg
③ Brot- und Tanzhaus
④ Leihhaus
⑤ Klöster
⑥ Gerberhäuser
⑦ Spital
⑧ Pferdetränke
⑨ Kornspeicher
⑩ Münzhaus
⑪ Mühle
⑫ Salz- und Weinspeicher
⑬ Haus des Deutschen Ordens
⑭ Stadtmauer mit 5 Toren, 11 Türmen und 2 Bastionen

Ein Gang durch die Stadt

Auf dem Luftbild von NÖRDLINGEN sehen wir auf den ersten Blick das wichtigste Kennzeichen der mittelalterlichen Stadt: Es sind die hohen Mauern, die die Stadt wie eine riesige befestigte Burg erscheinen lassen. Zunächst aus Holz, bald jedoch aus Stein errichtet, waren die Mauern oft meterdick und mit Wehrgängen und Türmen versehen. Denn gleich einer Burg musste auch die Stadt sich verteidigen können. Jeder *Bürger* war verpflichtet mit der Waffe in der Hand sein Leben für seine Stadt einzusetzen.

Ließ der Torwächter jemanden ins Stadtinnere, so führte der Weg zunächst durch die Wohnviertel der ärmeren Bürger. Im Erdgeschoss der Fachwerkhäuser arbeiteten die zahllosen Handwerker in ihren Werkstätten und verkauften auf herunterklappbaren Fensterläden ihre Ware. Im ersten Stock wohnten die Familien, im Hinterhof waren die Behausungen der Handwerksgesellen und die Ställe für Schweine und Kleinvieh. Gänse, Hühner und Schweine tummelten sich auch auf den Straßen der Stadt, die meist ungepflastert waren. Bei schlechtem Wetter verwandelten sie sich in einen Morast und man zog am besten Holzpantinen mit hohen Absätzen an, um trockenen Fußes über die Straße zu kommen. Da viele Dächer mit Holzschindeln oder Stroh gedeckt waren, fand jedes Feuer leichte Nahrung. Immer wieder brachen daher verheerende Brände aus und das Feuerlöschen gehörte zu den wichtigsten Bürgerpflichten.

Auf dem Weg durch die Stadt stieß man immer wieder auf Gassen oder Viertel, in denen Handwerker eines Berufszweiges beieinander lebten. Mancherorts erinnern heute noch die Straßennamen daran. So gingen die Gerber am Ende der Stadt möglichst in Flussnähe ihrer Arbeit nach, da sie Wasser zur Reinigung der Tierhäute brauchten und ihre Arbeit für die übrigen Einwohner eine arge Geruchsbelästigung war. Was an unverwertbaren Abfällen übrig blieb, landete im Fluss, denn eine Müllabfuhr gab es ebensowenig wie eine Kanalisation. Davon zeugen die vielen öffentlichen Brunnen. Zahlreiche Häuser hatten aber auch private Brunnen im Hinterhof. Diese befanden sich oft in unmittelbarer Nähe der Latrinen- und Abfallgruben, wodurch das Trinkwasser verschmutzt wurde. Das führte dazu, dass immer wieder verheerende Seuchen ausbrechen konnten.

Auf dem Weg zur Stadtmitte kam man nun an den großen steinernen Häusern der reichen Bürger vorbei. Und dann öffneten sich die schmalen Gassen zum Marktplatz, dem Herz der Stadt. Vor dem steinernen Rathaus herrschte geschäftiges Treiben. In Buden und Ständen lagen die Dinge des täglichen Bedarfs, aber auch Tuche und wertvollere Waren zum Verkauf. Über allem erhob sich die Kirche der Stadt, an der oft jahrhundertelang mit großem finanziellem Aufwand gebaut wurde. Ihre hoch aufragenden Türme sollten schon von weitem vom Ruhm Gottes, dem Reichtum der Bürger und der Kunst der Baumeister künden.

Nördlinger Stadtmauer mit Wehrgang und Turm.

1 Betrachte den Stadtplan. Welche Namen von Gassen und Plätzen könnten aus dem Mittelalter stammen? Versuche ihre Bedeutung zu erklären.
2 Erkundige dich nach dem Alter der Stadt, in der du zur Schule gehst. Erinnern noch Gebäude oder Straßennamen an das Mittelalter?

Das Leben der Bürger

Die Wurzeln der mittelalterlichen Stadt

Auf Gründungen der *Römer* gehen die ältesten deutschen Städte entlang von Rhein, Mosel und Donau zurück. Dort regte sich nach den Stürmen der Völkerwanderungszeit am frühesten wieder städtisches Leben. Oft baute ein Bischof hier seine *Pfalz* und zog damit Kaufleute und Handwerker an, die sich gerne in der Nähe ihrer zahlungskräftigen Kunden niederließen. Ähnliches geschah in der Umgebung von *Burgen* oder bedeutenden *Klöstern* und Wallfahrtskirchen, besonders wenn sie verkehrsgünstig lagen. Dennoch blieben die Städte vereinzelte Inseln in einer ländlichen Welt. Als jedoch um 1200 die Bevölkerung stark anwuchs, vermehrte sich auch die Zahl der Städte rasch. Zu den alten Städten trat eine Vielzahl neuer Orte, die vom König oder von geistlichen und weltlichen Fürsten planmäßig gegründet wurden. Dazu gehören zum Beispiel Freiburg, Lübeck oder München. Wo lagen die Ursachen für diese große Zahl der Neugründungen? Warum wurden die Menschen von den aufstrebenden Städten magisch angezogen?

Die Stadt – Insel mit neuen Rechten und Freiheiten

Dem Herrn, der eine Stadt gegründet und mit *Privilegien* ausgestattet hatte, winkte dafür reicher Lohn. Er verdiente an den Gerichtsgebühren, an den Münzen, die in der Stadt geschlagen wurden, und an den Zöllen, die durchreisende Kaufleute entrichten mussten. Voraussetzung war, dass die Gründung gut geplant war: am Schnittpunkt wichtiger *Handelsstraßen*, an einem *Flussübergang* oder einem geschützten *Hafen*.

Zwar glich die Stadt von außen einer großen, befestigten Burg. Aber sie war eben keine Burg, sondern etwas völlig Neuartiges, das seinen Bewohnern bisher unbekannte *Rechte* und *Freiheiten* verhieß: Das wichtigste Recht der Stadt war es einen *Markt* abhalten zu dürfen. Hier konnten die Bauern Eier, Fleisch und Getreide an die Städter verkaufen, die Handwerker Messer, Kannen oder Handschuhe anbieten, die Fernhändler Gewürze oder teure Tuche absetzen. Möglich war das nur, weil in der Stadt *Friede* herrschte. Auf dem Land durfte jeder Freie mit der Waffe in der Hand sein Recht erstreiten. Alle Bemühungen dies „Fehderecht" einzuschränken änderten daran nichts. Anders sah es in den Städten aus. Hier waren Schlägereien verboten, ebenso das Tragen von Waffen und Rüstungen. Streitigkeiten durften nur durch die *Gerichte* entschieden werden. In einer Welt des Unfriedens erschienen den Menschen daher die Städte wie verlockende Inseln.

Den vielen Unfreien auf dem Land verhießen sie noch etwas Neues: *Freiheit!* „Stadtluft macht frei" hieß es – wer eine bestimmte Zeit, oft ein Jahr, unbehelligt in der Stadt gelebt hatte, durfte von seinem Herrn nicht mehr zurückgefordert werden. Er war nun frei von allen bisherigen Abhängigkeiten – ein Bürger unter Bürgern. In einer Welt, in der ein Mensch in seinen Stand hineingeboren wurde und in der Regel bis zu seinem Tod darin blieb, bot die Stadt eine der wenigen Möglichkeiten aus dieser festgefügten Ordnung auszubrechen. Ein Unfreier konnte hier zum Freien werden, konnte aus eigener Kraft zu Ansehen und einem gewissen Wohlstand kommen. Die Mauern um die Stadt waren daher weit mehr als ein äußeres Zeichen: Sie begrenzten einen neuen, freieren Lebensraum. Sie gewährten Rechte, die für die Menschen damals grundlegend neu waren.

Siegel der Stadt Braunschweig (um 1230). Es zeigt in der Mitte das Wappentier des Stadtherrn, den Löwen. Symbol der Stadt ist der Mauerkranz, der sie umgibt. Die Burg Dankwarderode und der welfische Löwe stehen noch heute im Stadtzentrum.

Die Gründung Freiburgs 1120 durch Herzog Konrad von Zähringen:

Allen lebenden und zukünftigen Geschlechtern sei bekannt, dass ich, Konrad, auf meinem eigenen Besitz Freiburg einen Markt errichtet habe im Jahre des Herrn 1120. Nachdem ich Kaufleute der Umgebung zusammengerufen habe, habe ich beschlossen diesen Markt zu begründen und einzurichten. Jedem Kaufmann habe ich ein Grundstück zum Bau eines eigenen Hauses gegeben und bestimmt, dass von jedem dieser Hausgrundstücke jährlich am St.-Martins-Tag mir und meinen Nachfolgern ein Schilling Zins gezahlt werden soll. Jedes Hausgrundstück soll eine Länge von etwa 100 Fuß und eine Breite von 50 Fuß haben. Es sei bekannt, was ich nach den Wünschen und Bitten der Kaufleute festgelegt habe:
1. Ich verspreche allen jenen, die zu meinem Markt kommen, Frieden und Schutz. Wenn einer in diesem Bereich beraubt worden ist und er nennt den Räuber, soll er den Schaden ersetzt bekommen.
2. Wenn einer meiner Bürger stirbt, soll seine Frau mit seinen Kindern alles besitzen ohne jeden Einspruch, was er hinterlassen hat.
3. Allen Kaufleuten der Stadt erlasse ich den Zoll.
4. Meinen Bürgern will ich keinen anderen Vogt und Priester geben, außer den, welchen sie selbst gewählt haben.
5. Wenn ein Streit unter den Bürgern entsteht, soll nicht von mir oder meinem Richter darüber entschieden werden, sondern nach Gewohnheit und Recht aller Kaufleute.
6. Jeder, der in diese Stadt kommt, darf sich hier frei niederlassen, wenn er nicht der Leibeigene irgendeines Herrn ist und diesen auch anerkennt als seinen Herrn. Der Herr aber kann seinen Leibeigenen in der Stadt wohnen lassen oder aus der Stadt wegholen lassen wie er will. Wenn aber ein Leibeigener seinen Herrn verleugnet, kann der Herr mit sieben Zeugen beweisen, dass der Leibeigene ihm gehört. Dann soll der Leibeigene ihm gehorchen.
Wer aber über Jahr und Tag in der Stadt gewohnt hat, ohne dass irgendein Herr ihn als Leibeigenen gefordert hat, der genießt von da an sicher die Freiheit.
(nach: H. de Buhr, Sozialgefüge und Wirtschaft des Mittelalters am Beispiel der Stadt, Frankfurt 1973, S. 17)

Zeichen des Marktfriedens waren das aufgestellte Gerichtsschwert, das Marktkreuz oder der Roland, jener sagenhafte Gefährte Karls des Großen, der Witwen und Kaufleute schützte. Das Bild zeigt den Roland der Reichsstadt Nordhausen.

1 Welches Interesse hat Konrad von Zähringen an der Stadtgründung?
2 Nenne die Rechte, die den Freiburger Bürgern zugesichert werden. Vergleiche sie mit der Stellung der hörigen Bauern der Umgebung und den Rechten des Bürgers von heute.
3 Wie mögen die Grundherren der Umgebung auf die Gründung reagiert haben?
4 Erkläre die große Attraktivität der mittelalterlichen Stadt.
5 Vielleicht kennst du eine Stadt mit mittelalterlichem Stadtbild. Vergleiche deine Eindrücke mit dem, was du in diesem Kapitel über die Stadt des Mittelalters gehört hast.
6 Das Leben in der mittelalterlichen Stadt bot nicht nur Annehmlichkeiten. Aber auch unser Leben in der Großstadt hat unangenehme Seiten. Vergleiche!

Das Leben der Bürger

Leben und Arbeiten in der Stadt

Die Einwohnerzahl

Im 14. Jahrhundert gab es in Deutschland rund 4000 Städte, in denen etwa 20 Prozent der Bevölkerung lebte. Die meisten Orte hatten freilich weniger als 2000 Einwohner. Als Großstadt galten Städte mit mehr als 10 000 Einwohnern.

Einwohnerzahlen europäischer Städte im 15. Jahrhundert					
Florenz	95 000	London	30 000	Augsburg	18 000
Venedig	90 000	Lübeck	25 000	Braunschweig	17 000
Paris	80 000	Nürnberg	23 000	Hamburg	14 000
Brügge	50 000	Danzig	20 000	Rostock	12 000
Köln	40 000	Breslau	20 000	Frankfurt/M.	10 000

1 Vergleiche die Einwohnerzahlen mit den heutigen Daten.
2 Beschreibe, was die Marktbesucher tun und wie sie gekleidet sind.

Straße einer Stadt im 15. Jahrhundert. In kleinen Läden bieten Handwerker und Kaufleute ihre Waren an. Zur Straße hin sind die Läden durch einen Verkaufstresen abgetrennt.

Die Patrizier

Zwar waren in der Stadt alle Bürger frei und vor Gericht gleich, doch im alltäglichen Zusammenleben herrschten große Unterschiede. Die städtische Oberschicht bildeten die *Patrizier*, eine Gruppe, die etwa den zehnten Teil der städtischen Bürger ausmachte. Die meisten von ihnen waren reiche Fernhandelskaufleute und sie zählten zu den vornehmen, alteingesessenen Geschlechtern der Stadt. Das Augsburger Bild zeigt, dass sie sich mit ihren pelzverbrämten Mänteln und Kappen schon rein äußerlich von den übrigen Bürgern unterschieden. Ihre Häuser standen in der Nähe des Marktplatzes oder an den großen Verbindungsstraßen zu den Stadttoren. Unübersehbar hoben sie sich von den anderen Häusern ab. Viele waren von Giebeln gekrönt, mit Glasfenstern und Bögen verziert und innen mit einem großen Festsaal ausgestattet.

Das Herz dieser Häuser war das Kontor, die „scrivekammer". Von hier aus dirigierten reiche und mächtige *Fernhandelskaufleute* den Transport, den Kauf und Verkauf der Waren: Tuchballen und Getreide, getrockneter Fisch und Salz, Metallwaren, Gläser, seltene Gewürze und Pelze. Quer durch Europa, von England über Flandern nach Russland, von Süddeutschland in den Vorderen Orient und über die Alpen nach Italien führten die großen Handelsstraßen.

Entscheidend für den Erfolg und Einfluss der Kaufleute war, dass sie untereinander einig waren. Zunächst schlossen sie sich zusammen um sich gegenseitig auf ihren Handelsreisen zu helfen. Man stattete gemeinsam Schiffe aus und stellte Wagenkonvois zusammen. Mit der Zeit wurden aus diesen zeitlich begrenzten und freiwilligen Fahrtgemeinschaften dauernde Vereinigungen, die *Kaufmannsgilden*. Wer nicht als Einzelgänger auf verlorenem Posten stehen wollte, musste der Gilde beitreten. Nur durch ihr geschlossenes Auftreten konnten die Kaufleute zu Hause und in der Fremde ihren Einfluss geltend machen.

Der Fernhandelskaufmann, der nicht mehr selbst mit seiner Ware unterwegs war, sondern von der heimischen „scrivekammer" aus die Geschäfte lenkte, brauchte besondere Kenntnisse: Er musste Briefe an seine Handelspartner schreiben und Bilanzen aufstellen können. In den Klosterschulen, wo in erster Linie Mönche und Pfarrer ausgebildet wurden, konnte man das nicht lernen. So entstanden in den Städten *Schulen*, die den neuen Bedürfnissen entsprachen: Auf Wachstäfelchen übten die Schüler das Abfassen von Geschäftsbriefen. Bald erschienen die ersten Rechenbücher, mit deren Hilfe die Schüler lernten, Maße, Gewichte und Münzwerte der einen Stadt in die einer anderen umzurechnen. Mit den römischen Zahlen, die in den Klöstern benutzt wurden, waren solche Rechenoperationen kaum möglich; so bürgerten sich die arabischen Ziffern ein. Auch auf kunstvoll gesetzte Buchstaben kam es nun nicht mehr an – schnell sollte es gehen! Also gewöhnten sich die Kaufleute eine unkomplizierte Schreibschrift an.

Durch die städtischen Schulen wuchs die Zahl der Lese- und Schreibkundigen rasch. War das im frühen Mittelalter eine Kunst, die nur wenige beherrschten, so konnte im 15. Jahrhundert etwa jeder dritte erwachsene Bürger in den Städten lesen und schreiben. Das waren nun längst nicht mehr nur die Patrizier, sondern auch ein großer Teil der Handwerker.

Ein Frankfurter Patrizier um 1504. Zeichen seiner Stellung und seines Wohlstands sind der pelzgefütterte Mantel, das mit Goldlitzen verzierte Barett und der Rosenkranz aus Korallenperlen mit einem goldziselierten Aromabehältnis in der Mitte.

Das Leben der Bürger

Die Handwerker

Böttcher bei der Arbeit (Gemälde um 1505).

Kettenhemdmacher.

Die meisten Bürger waren *Handwerker*: Schneider, Schuhmacher, Schmiede, Bäcker, Zimmerer, Gerber, Metzger und andere. Viele von ihnen waren ursprünglich als Unfreie in die Stadt gekommen, hatten die Freiheit erlangt und sich durch ihren Fleiß im Laufe der Zeit einen gewissen Wohlstand erworben. Als zahlenmäßig größte Gruppe trugen sie bei allen Gemeinschaftsaufgaben die Hauptlast, so etwa beim Bau der Kirchen, der Instandhaltung der Mauern, bei der Verteidigung der Stadt und beim Feuerlöschen.

Die Fachwerkhäuser der Handwerker umschlossen sowohl die Werkstatt als auch die Wohnung der Familie. Unter demselben Dach lebten auch die Gesellen und Lehrlinge. Gemeinsam arbeitete und aß man. Die Arbeit der Handwerker unterlag festen Regeln.

Jeder Handwerksmeister musste einer *Zunft* angehören, nur dann konnte er seinen Beruf ausüben. Fremde Handwerker, aber auch einheimische, die keine Zunftbrüder waren, durften nicht in der Stadt arbeiten. Die Zünfte übten eine strenge Kontrolle über ihre Mitglieder aus: Sie bestimmten, wie viele Meister, Gesellen und Lehrlinge in einem Gewerbe tätig sein durften um allen Zunftmitgliedern einen gleichmäßigen Wohlstand zu sichern. Deshalb setzte die Zunft auch einheitliche Verkaufspreise, Arbeitszeiten und Löhne fest und überwachte sie streng. Die Zünfte sorgten dafür, dass kein Handwerker dem anderen „ins Handwerk pfuschte" – etwa indem ein Helmschmied einen Harnisch herstellte –, sonst wurde ihm „das Handwerk gelegt". Man erreichte damit, dass keine unerwünschte Konkurrenz entstand, aber auch, dass die Ware immer die gleiche Qualität behielt, da sie ja von Spezialisten gefertigt wurde.

Die Zünfte waren jedoch noch weit mehr als Arbeitsorganisationen, sie waren Lebensgemeinschaften. Die Zunftgenossen berieten und feierten gemeinsam im Zunfthaus, dem Mittelpunkt des Zunftlebens. Sie gedachten ihrer verstorbenen Mitglieder am eigenen Zunftaltar in der Kirche. Sie verteidigten im Kriegsfall gemeinsam ein Stück der Stadtmauer und unterstützten in Not geratene Mitglieder oder deren Witwen und Waisen.

Grundbedingung für die Aufnahme in ein Handwerk war, dass der künftige Lehrling von ehelicher und „ehrlicher" Geburt war. Seine Lehrzeit, die er im Haus des Meisters verbrachte, umfasste etwa drei bis vier Jahre. Der Lehrherr war angehalten den Jungen zum regelmäßigen Kirchgang anzuhalten, ihn gründlich in seinem Handwerk zu unterweisen, ihm reichlich zu essen zu geben und ihn nicht über Gebühr zu schlagen. Am Ende der Lehrzeit wurde er „losgesprochen" und war nun Geselle. Für die nächsten Jahre begab er sich auf Wanderschaft um bei anderen Handwerksmeistern zu lernen. Schwer war der Schritt selbst Meister zu werden. Ihre Zahl war in jeder Stadt begrenzt und die beste Möglichkeit bestand darin die verwitwete Frau eines Meisters zu heiraten.

Entscheidend für die Aufnahme des künftigen Meisters in die Zunft war das „Meisterstück". So musste ein Tischler in Schwerin eine Pfeffermühle, ein Fass und eine kunstvolle Schale herstellen. Ein Metzger musste ein Schwein in vollem Lauf totschlagen, außerdem das Lebendgewicht eines Ochsen, eines Kalbs und eines Schweins genau schätzen können.

Holzschuhmacher.

Hamburger Berufsverzeichnis von 1376 (Auswahl)	
(Einwohnerzahl ca. 8000)	
Gewandschneider	19
Bierbrauer für Amsterdam	126
Metzger	57
Schuster	47
Schneider	28
Leinenweber	9
Bäcker	36
Fass- und Kistenmacher	104
Fischer	31
Heringswäscher	10
Bierbrauer für Friesland	55
Bierbrauer a. d. Rödingsmarkt	46
Bierbrauer a. d. Bäckerstr.	33
Bierbrauer bei St. Jakob	197

Nürnberger Berufsverzeichnis von 1363 (Auswahl)	
(Einwohnerzahl ca. 20 000)	
Schneider	76
Mantelschneider	30
Harnischmacher	12
Eisenhandschuhmacher	21
Kettenhemdmacher	4
Nadelmacher/Drahtzieher	22
Pfeil- und Bolzenschmiede	17
Fassmacher	34
Schuster	81
Messermacher	17
Kannengießer	14
Bäcker	75
Tuchweber	10
Metzger	71

1. Welche Handwerksberufe findest du in *beiden* Listen?
2. Welche Berufsgruppen arbeiten nicht für den innerstädtischen Bedarf, sondern für den Export? Nenne typische Wirtschaftszweige von Nürnberg und Hamburg.
3. Nenne Beispiele für die starke Spezialisierung der Handwerke.
4. Wer bestimmte im Mittelalter Arbeitszeiten und Löhne? Wer heute?
5. Vergleiche den Werdegang eines Handwerkers damals und heute.

Das Leben der Bürger

Die Frauen

Über die Stellung der Frauen gab es im Mittelalter ganz unterschiedliche Vorstellungen. Nach dem Bericht der Bibel war einerseits Eva, die erste Frau der Menschheitsgeschichte, aus der Rippe Adams geschaffen worden, sie hatte die Vertreibung aus dem Paradies verschuldet. Deshalb hatte die Frau für immer unter dem Mann zu stehen. Andererseits war auch Maria, die „Gottesmutter", eine Frau. Seit dem Hochmittelalter wandte man sich im Gebet an die Madonna, die die Menschen schützend unter ihrem Mantel barg. Und auf den Ritterburgen sangen Dichter das Lob der weltlichen „frouwen", zollten ihnen Achtung und Verehrung. So änderte sich langsam das Bild der Frau.

Eine Krämerin bietet in ihrem Laden Beutel und Gewürze zum Verkauf an. Ein Gaukler begutachtet die Ware (Miniatur um 1505).

Die mittelalterliche Stadt bot den Frauen neue berufliche Möglichkeiten. Sie arbeiteten im Handwerksbetrieb des Ehemannes mit und verkauften die Ware, die der Mann herstellte. Ein großer Teil des Kleinhandels auf dem Markt mit Eiern, Honig, Kerzen, Heringen oder Hafer wurde von Frauen betrieben. Sehr viel schwieriger war es für sie in den Zünften zugelassen zu werden. Doch gab es einige wenige Gewerbe, die allein den Frauen vorbehalten waren, so in Köln die Seiden- und Goldspinnerei. Allgemein üblich hingegen war es, dass die Handwerkerwitwe nach dem Tod des Ehemanns den Betrieb für eine bestimmte Zeit alleine weiterführen durfte und auch in der Zunft zugelassen war. Freilich sah man es gerne, wenn die Witwe sich wieder mit einem Gesellen verheiratete und dieser den Betrieb übernahm. In den reichen Kaufmannsfamilien war es nicht ungewöhnlich, dass die Ehefrau die Bücher führte, die Geschäftspost erledigte und den Ehemann in Zeiten seiner Abwesenheit vertrat. Versagt blieb den Frauen jedoch die Mitwirkung an politischen Entscheidungen.

Die Unterschichten

Am Rande der Städte, nahe den Mauern, war die Armut zu Hause. Hier lebten die städtischen *Unterschichten*, die kein Bürgerrecht genossen – durchschnittlich jeder fünfte Einwohner, in manchen Städten aber auch weit mehr. In primitiven Hütten, Kellern, Treppenverschlägen oder Mietshäusern hauste eine große Zahl von Handlangern und Tagelöhnern: die Fuhr- und Brauknechte, die Stein- und Kohlenträger, die Schiffsmannschaften, Wollarbeiter, die Abortreiniger und Hundefänger. Hier lebten die zahllosen armen Witwen, Krüppel und elternlosen Kinder, die Bettler und Dirnen und all diejenigen, die „unehrliche" Berufe ausübten. Dazu zählte man die Scharfrichter und Abdecker, die Totengräber und die fahrenden Spielleute. Sie alle lebten von der Hand in den Mund, waren in Hungers- und Teuerungszeiten der Not schutzlos ausgeliefert und mussten auf die Mildtätigkeit der wohlhabenden Bürger hoffen. In Scharen durchzogen dann Bettler die Stadt und lagerten vor den Kirchen und Stadttoren.

Fürsorge für Arme und Kranke

Die Städte mussten also mit einer großen Zahl von Hilfsbedürftigen fertig werden, zu denen auch viele Kranke gehörten. Oft gaben reiche Bürger den Anstoß zur Gründung eines *Spitals*. Sie wollten damit ein gottgefälliges Werk tun und hofften durch die Fürbitte der Armen und Kranken am Jüngsten Tag bestehen zu können. Die Spitäler waren zugleich Armenküchen, Altersheime und Krankenhäuser. Oft übernahm ein Klosterorden die Arbeit. Das Leben der Insassen verlief daher nach strengen Regeln. Das gemeinsame Gebet und der Gottesdienst spielten dabei eine wichtige Rolle. Da viele Bürger die Spitäler in ihren Testamenten bedachten, wurden diese oft sehr reich und besaßen großen Grundbesitz.

Krankenpflege in einem Spital gegen Ende des Mittelalters.

Bettler bitten um eine milde Gabe. Am Kopf des Mannes im Hintergrund sind Löffel und Muschel als Bettel- und Pilgerzeichen zu sehen (Altarbild um 1480).

Besondere Spitäler lagen am Rande der Städte. Hier wurden die Kranken betreut, die an einer ansteckenden, unheilbaren Krankheit litten, zum Beispiel an der *Lepra*. Sie ließ die Gliedmaßen eitern und verkrüppeln und führte nach jahrelangem Leiden unweigerlich zum Tod. Leprakranke mussten immer eine Rassel oder Glocke bei sich tragen, damit ihnen die Gesunden aus dem Weg gehen konnten.

Das Leben der Bürger

Die Juden

Eine Sonderrolle spielten die *Juden* in den mittelalterlichen Städten. Im frühen Mittelalter waren sie als Händler unentbehrlich. Zunehmend wurden sie jedoch von christlichen Kaufleuten aus dem Warenhandel in das Geld- und Pfandleihgeschäft abgedrängt. Oft nahmen sie sehr hohe Zinsen um ihr Risiko abzusichern und die Steuern entrichten zu können, die Könige und Fürsten zu ihrem Schutz forderten. Für viele Christen waren ihre Schulden bei den Juden erdrückend. Der Reichtum weckte Neid und Hass. Auch verstand man die religiösen Gebräuche der Juden nicht, etwa die strengen Vorschriften für die Ernährung oder das Feiern das Sabbats. Man zwang die Juden in einem bestimmten Viertel, dem *Ghetto*, zusammenzuleben. Dies wurde durch Ketten oder Tore von der übrigen Stadt abgetrennt. Besonders in Krisenzeiten machte man die Juden, die „Christusmörder", als Sündenböcke für alles Unheil verantwortlich und verfolgte sie grausam.

Juden mussten ihre Religionszugehörigkeit durch einen hohen Hut und einen gelben Fleck an der Kleidung sichtbar machen.

> Im selben Jahr [1349] wurden die Juden in Erfurt entgegen dem Willen des Rates von der Bürgergemeinde erschlagen, hundert oder mehr. Die anderen aber haben sich, als sie sahen, dass sie den Händen der Christen nicht entkommen konnten, in ihren eigenen Häusern verbrannt. Mögen sie in der Hölle ruhn! Man sagt auch, sie hätten in Erfurt die Brunnen vergiftet und auch die Heringe, so dass niemand in den Fasten davon essen wollte. Ob sie Recht haben, weiß ich nicht. Eher glaube ich, der Anfang ihres Unglücks war das unendlich viele Geld, das Ritter, Bürger und Bauern ihnen schuldeten.
> *(aus: 3. Fortsetzung der Chronica St. Petri Erfordensis moderna, bearb. v. G. Möncke, Darmstadt 1982, S. 199, gekürzt)*

Bürger einer Stadt schauen in dieser mittelalterlichen Illustration hasserfüllt zu, wie Juden auf dem Scheiterhaufen lebendig verbrannt werden.

1 Wie steht der Autor zu den Ereignissen in Erfurt?
2 Gibt es auch heute noch Minderheiten, deren Auftreten und Gebräuche für uns unverständlich sind? Welche Folgen hat das heute?

Die Städte gewinnen Macht 53

Politische Veränderungen in der Stadt

Der Konflikt mit dem Stadtherrn

Bei einer Stadtgründung hatte der König, Bischof oder Herzog seiner Stadt eine ganze Reihe von Rechten eingeräumt. Doch der *Stadtherr* blieb oberster Gerichtsherr, bestimmte über das Abhalten des Marktes und verdiente an den städtischen Einnahmen.

Je mächtiger die Städte wurden, um so drückender erschien ihnen das Regiment ihres Stadtherrn. Der Widerstand flammte zuerst in den großen Bischofsstädten am Rhein auf, so in Speyer, Worms und Köln. Schritt für Schritt gelang es den Bürgern im 12. Jahrhundert das Stadtregiment zu übernehmen und die inneren Angelegenheiten der Stadt selbst zu regeln. Eine besondere Rolle spielten die *Reichsstädte*, die keinen anderen Herrn als den König hatten, diesem oft besonders eng verbunden waren und politisch über großen Einfluss verfügten.

Der Aufstand in Köln 1074

> Der Erzbischof von Köln feierte das Osterfest in der Stadt, bei ihm war der Bischof von Münster, sein vertrauter Freund. Als jener abreisen wollte, erhielten die Diener des Erzbischofs den Befehl ein geeignetes Schiff zu beschlagnahmen. Sie entschieden sich für eines, das einem sehr reichen Kaufmann gehörte, ließen die geladenen Waren herausschaffen und befahlen, es für den Erzbischof herzurichten. Als die Knechte des Kaufmanns dies verweigerten, drohten jene mit Gewalt. Darauf rannten die Knechte zum Schiffseigner. Der hatte einen Sohn und der lief mit vielen jungen Leuten zum Schiff und verjagte die Diener des Erzbischofs. Dann zog der junge Mann in der Stadt herum und streute Reden aus über die Überheblichkeit des Erzbischofs, der oft Widerrechtliches anordne, Unschuldigen ihre Habe wegnehme und die ehrenwertesten Bürger mit unverschämten Worten anfalle. Es fiel ihm nicht schwer die Menschen aufzuhetzen. Das Volk tobte umsturzlüstern und rief, von teuflischer Raserei hingerissen, die Stadt zu den Waffen. Als am späten Nachmittag zur Wut noch die Trunkenheit hinzukam, stürmten sie zum erzbischöflichen Palast, schleuderten Geschosse, warfen Steine und töteten einige Diener. Währenddessen haben viele den Anstifter dieses Wütens, den Teufel selber, gesehen, wie er mit feurigem Schwert vor dem Volk herlief. Das Volk plünderte die Schätze, zerschlug die Weinfässer und schleppte die Bischofsgewänder fort. [Der Erzbischof konnte nachts durch eine kleine Tür in der Stadtmauer fliehen.] Am vierten Tag nach seiner Flucht rückte der Erzbischof, umgeben von einer stattlichen Schar, vor die Stadt. Als die Kölner das sahen und erkannten, dass sie dem Angriff einer so großen Menge weder an der Mauer noch in einer Schlacht standhalten konnten, schickten sie Boten und baten um Frieden.
> (Lambert von Hersfeld, Annalen, übersetzt von A. Schmidt, Darmstadt 1962, S. 237 ff., überarbeitet und gekürzt)

1 Wie beurteilst du den Anlass für den Aufruhr?
2 Zu welcher Bevölkerungsgruppe gehört der Anführer?
3 Auf welcher Seite steht Lambert von Hersfeld? Begründe!

Die Städte gewinnen Macht

Ratsversammlung in Augsburg Anfang des 16. Jh. Vertreter der Zünfte überbringen dem Rat ihre Forderungen. Vor dem Tisch des Stadtschreibers liegen Siegel, Schlüssel und Rechtsbuch der Stadt.

Der Kampf um die Mitbestimmung in der Stadt

Die Stadt regierte sich nun selber. Doch damit hatten noch längst nicht alle Bewohner in gleicher Weise Anteil am *Stadtregiment*. Die reichen Familien, die *Patrizier*, bildeten den Rat der Stadt und wählten aus ihren Reihen den *Bürgermeister*. Sie entschieden im Rat über städtische Bauten, über Zolleinnahmen und über die Markt- und Zollordnung. Aber waren es nicht die zahllosen Handwerker, die die Mehrheit der Bürgerschaft stellten? *Sie* hatten die Stadt zu einem blühenden Ort gemacht, *sie* zahlten die meisten Steuern und verteidigten die Stadt. So war es nur recht und billig, wenn sie auch endlich im Rat der Stadt über deren politische und wirtschaftliche Geschicke mitentscheiden wollten. Es gärte in den Städten. 210 Bürgeraufstände in mehr als 100 Städten des Reiches haben Historiker für das 14. und 15. Jahrhundert gezählt. Betroffen waren vor allem die größeren Orte, wo wohlhabende Handwerker in ihren Zünften fest organisiert waren und so geschlossen und selbstbewusst auftreten konnten.

Die Unruhen liefen unterschiedlich ab. In manchen Städten kam es zu einem unblutigen Handstreich, in anderen zu erbitterten Straßenschlachten. Hier wurde verhandelt, dort stürmten Bürger das Rathaus und brachten Siegel, Stadtkasse, Torschlüssel und Sturmglocke in ihre Gewalt. Oft wurden Mitglieder des alten Rates aus der Stadt vertrieben, mancherorts auch hingerichtet.

Nicht überall, aber in vielen Städten erreichten die Bürger, dass die Ratssitze und städtischen Ämter zwischen den Patriziern und den Zunftbürgern nach festgelegten Zahlenschlüsseln aufgeteilt wurden. Oft stellten die Zünfte sogar die Mehrheit der Ratsmitglieder. Damit herrschte aber noch längst keine „Demokratie" in den Städten, denn nicht alle Zünfte durften gleich viel Ratsmitglieder stellen, die nicht in Zünften organisierten Frauen und die Unterschichten blieben von jeder Mitwirkung ausgeschlossen. Aber der Kreis derer, die über die Geschicke der Stadt mitbestimmen konnten, war größer geworden.

Aus der Chronik der Stadt Lübeck

Im Jahr 1384 wurde die Stadt Lübeck durch etliche Zünfte verraten. Die Hauptleute waren zwei Knochenhauer, zwei Bäcker und ein Kürschner. Diese hatten sich viele aus den Zünften herausgesucht, die ihnen behilflich sein sollten und zwar hatten sie Folgendes vor: Wenn sich am St. Lambertstag [15. 9.] morgens der ganze Rat versammelte, so sollten vierzig von ihnen aufs Rathaus ziehen und den Rat erschlagen. Am Donnerstag vor St. Lambert wurde der Rat gewarnt, denn Gott wollte nicht zulassen, dass die gute Stadt verraten würde. So wappneten sich die Ratsherren und Kaufleute, ritten in ihrem Harnisch und beschirmten die Stadt. [Die Anführer des Aufstands wurden ergriffen und hingerichtet.] Danach mussten alle Zünfte einzeln vor den Rat kommen und bei allen Heiligen schwören, dass sie dem Rat und der Stadt treu sein wollten. Den Fleischhauern wurde die Zunft verboten und alle ihre Buden abgebrochen …

Die Stadt Lübeck hatte seit vielen Jahren große Schulden. Im Sommer 1403 bat der Rat zwei von den Seinen, sie sollten mit den Bürgern sprechen, wie die Stadt aus den Schulden kommen könne. In St. Katharinen kamen die Bürger und Zünfte zusammen. Einige sagten, sie wollten lieber sterben, als sich eine Abgabe auferlegen zu lassen. Eine Woche nach St. Martin kamen sie wieder zusammen und antworteten, als viele zusammen waren, man wolle und könne überhaupt erst über Hilfe für die Stadt reden, wenn die Eide, die die Zünfte dem Rat geschworen hätten, abgetan würden, so dass sie alle gleichgestellt wären. Dagegen wehrte sich der Rat lange. Zuletzt wurden aus der Gemeinde Bürger beauftragt zwischen dem Rat und den Bürgern zu verhandeln. Diese verlangten, die Eide müssten fort, sie wollten alle eine Art von Leuten sein. Da es nicht anders sein konnte, musste es der Rat zulassen.
(Chroniken der deutschen Städte, Lübeck II, nach: Geschichte in Quellen, Mittelalter, München 1978, S. 748 ff., gekürzt)

1 Auf welcher Seite steht der Autor der Chronik? Warum ist der Widerstand der Bürger im Jahr 1403 erfolgreicher als der Aufruhr von 1384?

Aufständische plündern das Haus eines reichen Kaufmanns (14. Jh.).

Die Städte gewinnen Macht

Der Städtebund der Hanse

Die Entstehung der Hanse

Vielfältige Schwierigkeiten warteten auf den Kaufmann, der im Mittelalter Waren über größere Entfernungen transportieren wollte: Die Straßen waren schlecht. An zahllosen Stellen auf Wegen und Brücken wurden Zölle erhoben. Manche Burgherren nahmen reisende Kaufleute einfach fest und ließen sie erst nach einer Lösegeldzahlung weiterziehen. Seeräuber und Wegelagerer lauerten auf den Reisenden und bedrohten Hab und Gut, ja, das Leben. Vor diesen vielfältigen Gefahren musste sich jeder selbst schützen! So schlossen sich am Rhein und in Schwaben Städte mit dem Ziel zusammen den eigenen *Fernhandel* zu sichern. Der wichtigste Städtebund jedoch entstand seit dem 13. Jahrhundert im Norden Deutschlands: die *Hanse*.

„Hansa", das bedeutete im Althochdeutschen „die Kriegsschar". Dies macht deutlich, dass zunächst der gegenseitige Schutz der Kaufleute im Vordergrund stand. Mit zunehmender Bedeutung der Hanse ging es darum, im Ausland als starke Gemeinschaft Handelsvorteile zu erwirken und einen festen und sicheren Stützpunkt zu errichten, wo man Waren lagern, kaufen und verkaufen konnte.

Modellzeichnung der Stadt Stralsund im Mittelalter. Im Hintergrund der Strelasund.

Die Organisation der Hanse

Der Bund der Hansestädte umfasste vor allem die norddeutschen Städte und die Hafenstädte an der Ostsee. Er reichte von Köln im Westen bis Reval im Osten und zählte in der Zeit vom 13. bis zum 16. Jahrhundert etwa 200 Städte. Seine Blütezeit erlebte der Bund im 14. Jahrhundert.

Die führende Stadt der Hanse war LÜBECK. Dort trafen sich die Vertreter aller Hansestädte zu *Hansetagen* und fassten Beschlüsse über ihr gemeinsames Vorgehen. Darin ging es etwa darum, zu welchem Termin im Frühjahr die Seefahrtsaison beginnen sollte oder welche Fracht die Schiffe laden sollten. Wer gegen die gemeinsamen Grundsätze verstieß, wurde ausgeschlossen und mit einer Handelssperre belegt („verhanst"). Die Hanse hatte an den wichtigen Handelsplätzen des nördlichen Europas – in LONDON, BRÜGGE, BERGEN und NOWGOROD – feste Niederlassungen errichtet: die *Kontore*. Das waren abgeschlossene Viertel mit Wohnungen, Büros und Versammlungsräumen, einem eigenen Hafen, Warenspeichern sowie einer Kirche. Während die Oberhäupter der Kaufmannsfamilien von den Heimatstädten aus die Geschäfte lenkten, vertraten jüngere Familienmitglieder oder Angestellte die Interessen in den Kontoren.

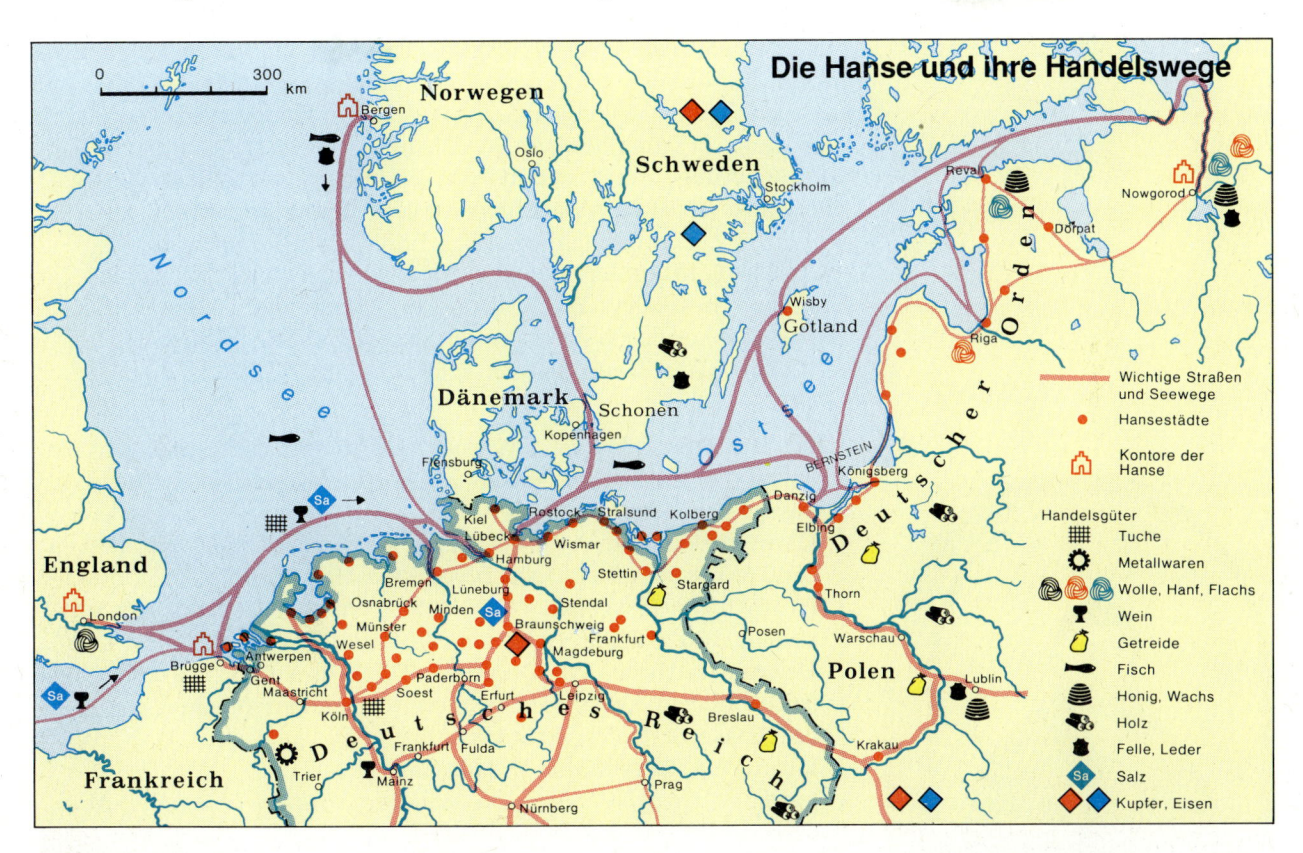

Siegel der Stadt Lübeck aus dem Jahr 1256. Die zwei Schiffsinsassen auf der Kogge symbolisieren die Schwurgemeinschaft der Lübecker Bürger.

Warentransport und Handelsgüter

Das mächtige Wirtschaftsbündnis der Hanse beherrschte zeitweise den gesamten Fernhandel in Nordeuropa, wobei der Warentransport vorwiegend auf dem *Seeweg* erfolgte. Das lag nahe angesichts der günstigen Lage vieler Hansestädte zum Meer, deren Handelsschiffe seit altersher die Schifffahrtsrouten der Nord- und Ostsee befuhren. Aber es gab auch andere Gründe.

Die Städte gewinnen Macht

Rathaus von Stralsund.

Die Hanse als politische Macht

Die Beförderung auf dem Seeweg war erheblich schneller als auf den holprigen Landstraßen. Die zahlreichen Zölle, die die Waren verteuerten, fielen fort. Und außerdem konnten die Schiffe der Hanse über hundertmal mehr transportieren als ein Pferdefuhrwerk.

Der neue dickbauchige und hochbordige Schiffstyp der Hanse hieß *Kogge*. Die Kogge war etwa 30 m lang, 8 m breit und bot im Innern Laderaum für bis zu 300 t. Die Schiffe waren mit einer einfachen Takelung versehen und erforderten daher nur eine geringe Mannschaftsstärke. Meist taten sich mehrere Kaufleute zusammen um ein Schiff auszurüsten und zu beladen. Dadurch war das Risiko für den Einzelnen geringer, falls etwa eine Kogge durch Schiffbruch samt der Ladung verloren ging. Die Fahrten der Koggen führten in alle Richtungen. In NOWGOROD belud man die Schiffe mit Wachs und Pelzen. Aus SKANDINAVIEN kam Fisch, der mit Salz aus LÜNEBURG haltbar gemacht wurde, aus Ostdeutschland Getreide. Aus ENGLAND und FLANDERN brachten die Koggen Wolle und Tuche, aus FRANKREICH Wein. Wer seinen Teil von den Schätzen der Welt haben wollte, der lud die Kaufleute der Hanse zu sich ein und ebnete ihnen mit Gastfreundschaft und Handelsvorteilen den Weg – zu beiderseitigem Vorteil.

Trotz ihrer lockeren Organisation stieg die Hanse zu einer Großmacht in Nordeuropa auf, die Bündnisse schloss, Steuern erhob und Kriege führte. Als König WALDEMAR IV. von Dänemark die Vorrechte der Hanse beschneiden wollte, entsandte sie ein Heer und eine Flotte zur Sicherung ihrer Absatzmärkte. Im *Frieden von Stralsund* erzwang die Hanse 1370 von Waldemar die Bestätigung ihrer Privilegien und sogar ein Zustimmungsrecht bei der dänischen Königswahl.

Im 16. Jahrhundert begann der Stern der Hanse zu sinken. Ihre Gegner – besonders England und die Niederlande – erstarkten, die deutschen Landesfürsten beschnitten die Unabhängigkeit der Städte. Mit dem letzten Hansetag von 1669 hörte die Hanse auf zu bestehen.

Im Jahr 1345 sank vor der Maasmündung eine Hamburger Kogge, die von verschiedenen Kaufleuten beladen worden war. Hier ein Auszug aus der Schadensliste:

Hartwich von Verden: 23 Fässchen schwedisches Kupfer, 1 Tonne mit 2540 gemischtem Kleintierpelzwerk, 160 Hermelinfelle.

Heinrich von Hoyginghen: 10 000 Junglämmerfelle, 2000 Schneehasenfelle, 250 Rehfelle, 40 Hirschfelle, 6 Rindshäute, 6 Elchfelle.

Heinrich Lübbeke: 370 Otterfelle, 275 Wieselfelle, 2000 Eichhornfelle, 55 Ellen Leinwand, 1 Brustharnisch, 1 Kapuzenmantel, 1 mit Silber eingelegter Dolch, 40 Stück Leder.

Johann von Eckernförde: 10 Tran-Fässer.

(nach: N. Fuchs/W. Goez, Die deutsche Stadt im Mittelalter, München 1977, S. 49f., gekürzt)

Bildnis des Lübecker Kaufmanns Hans Sonnenschein (1534).

1 Beschreibe an Hand der Karte die Schifffahrtsrouten der Hanse und nenne die Handelsgüter und ihre Herkunftsländer.
2 Woher könnten die Waren der gesunkenen Kogge stammen? Warum waren Holz, Wachs, Honig, Pelze und Fisch so wichtige Handelsgüter?

Zusammenfassung

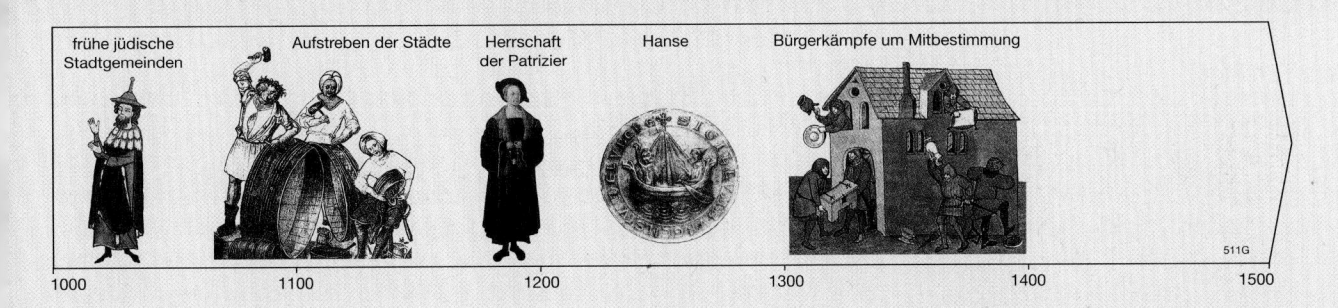

Wie modern ist die mittelalterliche Stadt?

Neben den Burgen, den Dörfern und den Klöstern gab es seit dem 11. Jahrhundert einen weiteren Ort typisch mittelalterlichen Lebens: die *Stadt*.

Die Städte hatten zwar verschiedene Wurzeln, je nachdem ob sie auf dem Boden alter *Römerstädte*, an *Bischofs-* oder *Fürstensitzen* oder als Neugründungen an *verkehrsgünstigen Plätzen* entstanden waren. Doch architektonisch boten sie alle mit ihren Mauern, Toren, Kirchtürmen, dem Rathaus und den Patrizierhäusern ein ähnliches Bild. Ihr Kennzeichen war der *Markt*, auf dem sowohl Waren des täglichen Bedarfs als auch Fernhandelsgüter verkauft wurden.

Städte unterschieden sich aber nicht nur in ihrem Erscheinungsbild von den Dörfern, sondern auch durch ihre besondere *Rechtsstellung*. Der *Stadtherr* hatte den *Bürgern* einige seiner Rechte als *Freiheiten* abgetreten: Sie durften sich mit einer Mauer schützen und Waffen tragen, selbst Recht sprechen nach dem Prinzip des „gleichen Rechts für alle"; sie durften Märkte abhalten, Besitz vererben, Steuern erheben und manchmal sogar selbst Geld prägen. Vor allem wählten sie einen *Rat*, der in vielen Städten anstelle des Stadtherrn das *Stadtregiment* übernahm. Als sich im Spätmittelalter Städte zu Städtebünden wie z. B. der *Hanse* zusammenschlossen, erreichten sie politische Macht, die sich mit Fürsten messen konnte.

In einer statischen Welt, in der die Menschen normalerweise in dem *Stand* blieben, in den sie hineingeboren waren, boten Städte die Chance der Unfreiheit zu entkommen. Wer eine bestimmte Frist unbehelligt hier gelebt hatte, erlangte die *persönliche Freiheit*. Auch innerhalb der Stadt war sozialer Aufstieg möglich. In vielen Städten errang die breite Schicht der *Handwerker*, die in *Zünften* organisiert waren, neben den *Patriziern* die Teilhabe am Stadtregiment. Auch wenn Frauen und die *Unterschichten*, die kein Bürgerrecht besaßen, daran nicht teilnahmen, zeigten die mittelalterlichen Städte doch zukunftweisende Züge einer modernen Gesellschafts- und Herrschaftsordnung. Hier liegen bereits Wurzeln unserer heutigen *Demokratie*.

Wichtige Begriffe

Bürger	Patrizier
Fernhandel	Rat
Ghetto	Reichsstadt
Gilde	Spital
Hanse	Stadtherr
Kogge	Stadtregiment
Kontor	Unterschicht
Markt(recht)	Zunft

Geschichtslabor

Mittelalter-Archäologie oder: Was fand sich im Klo?

Was die Archäologen bei Grabungen in mittelalterlichen Städten finden, ist bei weitem nicht so Aufsehen erregend wie etwa sensationelle Entdeckungen im alten Ägypten. Riesige Goldschätze hat man hier nicht gefunden. Die meisten Ausgrabungen der „Spatenforscher" in den mittelalterlichen Städten scheinen auf den ersten Blick wenig aufregend, denn sie betreffen den Alltag der Menschen. Gerade hierüber können uns die archäologischen Funde viel erzählen. Denn was die Menschen früher in Urkunden oder Berichten über ihre Zeit aufschrieben, betraf meist die ungewöhnlichen Ereignisse. Das Alltägliche hielt man selten für überlieferunswert. Hier helfen uns die Archäologen: Stoff- und Lederreste, die bei Grabungen gefunden werden, geben Aufschluss über die Kleidung der Menschen. Keramikscherben berichten von den täglichen Gebrauchsgegenständen auf dem Tisch. Früchte und Samen von Pflanzen ermöglichen Rückschlüsse auf Landwirtschaft und Ernährungsgewohnheiten. Auch Tierknochen geben Hinweise auf den Speiseplan der Menschen, aber auch auf Aussehen und Größe damaliger Haustiere – Tatsachen, über die kein Schriftsteller berichtete!

Nur wenige Grabungen der Mittelalter-Archäologen sind lange vorgeplant, viele sind Notgrabungen: Da soll in der Stadt ein Haus abgerissen und neu gebaut oder eine Straße verbreitert werden; dabei stoßen die Arbeiter beim Aushub mit dem Bagger auf alte Mauerreste! Nur wenige Wochen ruhen die Arbeiten. In dieser Zeit müssen die Archäologen registrieren, fotografieren und bergen, was sie in der Erde finden können. Immer wieder stoßen sie dabei auch auf mittelalterliche Kloaken und Abfallgruben.

Mittelalterliche Kloake.

Halbhoher Lederstiefel mit Knöpfen und Schnürsenkeln für ein Kind (Schuhgröße 35), gefunden in einer Nürnberger Kloake.

Nachttopf aus einer Nürnberger Abortgrube beim Wirtshaus „Zum Wilden Mann".

Essbrettchen mit eingeritzten Zeichen des Besitzers aus einer Lübecker Kloake.

Da es keine Müllabfuhr gab, warfen die Bürger unbrauchbare Dinge in die Kloake oder eigens angelegte Abfallgruben: Essensreste, zerschlagenes Geschirr, beschädigte Holzlöffel und Stoffreste, die auf der Toilette eine letzte Verwendung gefunden hatten. Auch Bauschutt, Dachziegel, Bettlatten, Lederabfälle, schadhaftes Werkzeug und zerbrochene Kinderspielsachen landeten hier. So legte sich Schicht auf Schicht, oft bis zu neun Meter tief – für die Archäologen eine wahre Fundgrube für fast alle Bereiche des Alltagslebens!

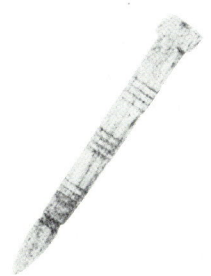

In Lübeck gefundener Griffel.

Seite aus dem Notizbuch eines Lübecker Kaufmanns, das in einer Kloake gefunden wurde. Auf Wachstäfelchen sind mit einem Griffel die Namen von Kunden eingeritzt, ebenso die Waren, die geliefert werden sollten: Schüsseln, Töpfe, Trinkschalen sowie Eisenstangen. Preise sind ebenfalls notiert. Dazwischen findet sich aber auch eine private Notiz. Einer der Kunden betrüge seine Frau! Für Geschäftsbücher oder Urkunden verwendete man als dauerhaften Beschreibstoff das teure Pergament.

Querschnitt durch einen Lübecker Abfallschacht von 8,80 Meter Tiefe, vom 14. bis 18. Jahrhundert in Gebrauch. Sichtbar sind Lagen aus Schutt, Abfall und Dung.

Archäologen haben eine Kloake in Lübeck ausgegraben. Sie stammt aus dem 14. Jh. und hat eine Holzauskleidung.

1 Stelle dir die Umstände vor, unter denen die verschiedenen Gegenstände, die du hier siehst, in die Abortgruben gekommen sind.
2 Welche Schlüsse kann man aus den Funden ziehen?
3 Welche Materialien und Gegenstände wird man wohl kaum in den Abfallgruben finden?
4 Schmuck oder Herrschaftsabzeichen aus Königsgräbern und Schatzkammern sind gewiss eindrucksvoller. Welche Bedeutung für den Historiker haben demgegenüber die Funde aus Kloaken?

Europa im späten Mittelalter

Bei Crécy fand am 26. 8. 1346 die erste große Landschlacht des Hundertjährigen Krieges (1339 bis 1453) zwischen England und Frankreich statt. Die zahlenmäßig unterlegenen Engländer errangen dank ihrer Langbogenschützen einen überwältigenden Sieg über das französische Ritterheer. Zugleich kamen erstmals Feuerwaffen zum Einsatz.

Die Miniatur aus dem 15. Jahrhundert zeigt die Endphase der Schlacht. Von rechts drängen die Engländer vor. Ihr Banner trägt den englischen Leoparden und die französische Lilie (Anspruch auf den französischen Thron). Vorn stehen die Langbogenschützen. Sie haben ihre Pfeile zurechtgelegt, welche die Panzer der Ritter glatt durchschlugen. Die Armbrustschützen aus Genua, die im französischen Heer kämpften, waren ihnen an Schnelligkeit nicht ebenbürtig (vorn links). Links fliehen die geschlagenen Franzosen mit Lilien- und Königsbanner. Sie verloren an diesem Tag 1542 Ritter – die Opfer unter dem Fußvolk wurden gar nicht gezählt! Unter den Toten befand sich auch der blinde König Johann von Böhmen, der mit seinem Sohn, dem späteren Kaiser Karl IV., seinem französischen Verwandten zu Hilfe geeilt war. Er hatte sich ins Kampfgewühl führen lassen um als Ritter zu sterben.

Die Schlacht bei Crécy zeigt einen großen Wandel im Kriegsgeschehen an: Die militärische Überlegenheit der Ritterheere schwindet und neue Kriegstechniken bestimmen die Zukunft. Zugleich weist die Schlacht darauf hin, dass neben Kaiser und Kirche neue Mächte in die europäische Politik eintreten.

Europa im späten Mittelalter

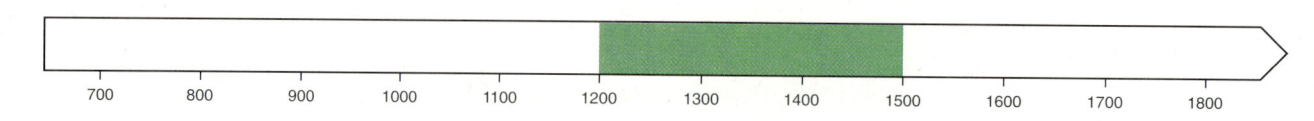

| 700 | 800 | 900 | 1000 | 1100 | 1200 | 1300 | 1400 | 1500 | 1600 | 1700 | 1800 |

Herbst des Mittelalters

Das späte Mittelalter war eine Zeit wichtiger Veränderungen. Das Reich zerfiel seit dem 13. Jahrhundert in *Landesfürstentümer*, die Einheit der Kirche drohte verloren zu gehen und die Könige der entstehenden *Nationalstaaten* erweiterten ihre eigene Macht. Während die Ritter ihre kriegsentscheidende Rolle verloren, wuchs die politische Bedeutung der geldmächtigen Bürger in den aufstrebenden Städten. In Dichtung, Wissenschaft und Bildung setzten sich allmählich die *Landessprachen* durch.

Einen tiefen Einschnitt bildeten die großen *Pestepidemien* zwischen 1347 und dem 15. Jahrhundert. Etwa 25 Millionen Menschen starben am „Schwarzen Tod", ganze Landstriche wurden entvölkert.

Die *Türken* dehnten in dieser Zeit ihr islamisches Großreich nach Europa aus, vernichteten das *Byzantinische Reich* und eroberten 1453 KONSTANTINOPEL. In *Spanien* hingegen drängten die christlichen Königreiche die Araber unaufhaltsam zurück. Mit der Eroberung des Königreichs Granada verloren sie 1492 ihren letzten Vorposten.

Diese Umwälzungen führten zum Auseinanderstreben der Völker. Die Einheit des abendländischen Europas begann sich aufzulösen.

Europa um 1400
- Reichsgrenze
- Luxemburger
- Habsburger
- Wittelsbacher
- Haus Anjou

Von einem Reich zu vielen Ländern

Die Macht im Reich verlagert sich

Königsrechte für die Fürsten

Obwohl FRIEDRICH II. seit 1215 im Reich als König unumstritten war, verließ er schon 1220 Deutschland. Noch im gleichen Jahr ließ er sich vom Papst in Rom zum Kaiser krönen um sich dann ganz dem Aufbau seiner Herrschaft in SIZILIEN zu widmen. Um Deutschland, wo er 1220 den geistlichen Fürsten all die Königsrechte bestätigte, die sie sich im Thronstreit angeeignet hatten, kümmerte er sich kaum noch.

Im Jahre 1232 gewährte Friedrich auch den weltlichen Fürsten Markt-, Gerichts-, Geleit- und Münzrecht und beschränkte sogar die Rechte der königlichen Städte, soweit sie den Fürsten lästig waren. Der König vergab diese *Privilegien* um von den Fürsten im Kriegsfall militärische Unterstützung zu erhalten. Er nahm dafür hin, dass die Fürsten in ihren Ländern eine nun dem König vergleichbare Stellung innehatten. Folgerichtig ließen diese sich *Landesherren* nennen.

Das Interregnum

Mit dem Tod Friedrichs II. im Jahre 1250 begann für das ganze Reich die „kaiserlose, schreckliche Zeit". Die Reichsfürsten, nur bedacht auf ihre eigene Macht, konnten sich bei kaum einer Königswahl mehr einigen. Der Papst förderte noch die allgemeine Unruhe, indem er Friedrichs II. Sohn, König KONRAD IV., durch Gegenkönige verdrängen ließ. Die Königswahl von 1257 zeigte unübersehbar den Tiefstand an. Die Fürsten, in sich uneins, wählten gleich zwei Ausländer zum deutschen König: den Spanier ALFONS VON KASTILIEN, der nie nach Deutschland kam, und den Engländer RICHARD VON CORNWALL. Sein Versuch, den allgemeinen Landfrieden bei seinen vier kurzen Deutschlandbesuchen zu erneuern, war zum Scheitern verurteilt. Nur eine starke Reichsgewalt konnte dem ausufernden *Fehdewesen* Einhalt gebieten.

Ein wahrer König braucht eine Hausmacht

Dies sahen auch die Fürsten ein, doch sollte der neue König ihrer Macht nicht gefährlich werden. So wählten sie 1273 nicht den mächtigsten unter den Reichsfürsten, den Böhmenkönig OTTOKAR, sondern den elsässischen Grafen RUDOLF VON HABSBURG zum König. Dieser war mit seinen 54 Jahren schon relativ alt, nicht besonders begütert und gehörte nicht einmal dem Reichsfürstenstand an. Von ihm ließen sich die Fürsten noch bei der Wahl ihren Besitz garantieren und ein Aufsichts- und Mitspracherecht über das Reichsgut einräumen. Doch verschaffte Rudolf I. der königlichen Autorität zur allgemeinen Überraschung schnell wieder Geltung. Zunächst ließ er allein in Thüringen 80 Ritterburgen brechen und die Übeltäter hinrichten. König Ottokar, der ihm die Huldigung und die Herausgabe von Reichsgut verweigert hatte, ächtete und besiegte er im Jahre 1278. Rudolf hatte erkannt, dass auch der König über möglichst viel Eigenbesitz verfügen musste, wenn er mächtigen Reichsfürsten zumindest ebenbürtig sein wollte. So verheiratete er mit den wichtigsten von ihnen seine Töchter um die *Hausmacht* seiner Familie auszubauen und die Königswahl seines Sohnes zu sichern. Als Rudolf im Jahre 1282 die durch Ottokars Tod freigewordenen Reichslehen ÖSTERREICH und STEIERMARK an seine Söhne Albrecht und Rudolf geben konnte, erzielte er den größten Erfolg seiner Hausmachtpolitik: Er legte den Grundstein für die herausragende Stellung der *Habsburger* unter den deutschen Reichsfürsten.

Grabplatte Rudolfs I. von Habsburg (1218–1291) im Dom zu Speyer.

Von einem Reich zu vielen Ländern

Die Kurfürsten

Der Kreis der Fürsten, die den König wählten (im damaligen Sprachgebrauch: *küren*), hatte sich seit Beginn des 13. Jahrhunderts auf die Erzbischöfe von Köln, Mainz und Trier sowie vier weltliche Reichsfürsten eingeengt. Auch in der Nachfolge Rudolfs von Habsburg haben sich diese *Kurfürsten* in ihrer Wahl (= Kür) weder durch Geblüts- noch durch Erbrecht beschränken lassen. Sie griffen entweder auf ihnen ungefährliche Kandidaten zurück oder nutzten die im 14. Jahrhundert aufkommende Konkurrenz zwischen den drei großen Fürstengeschlechtern: den *Habsburgern*, den bayerischen *Wittelsbachern* und den *Luxemburgern*. Am 16. Juli 1338 konzentrierten dann die Kurfürsten bei ihrem Treffen in RHENSE (dem heutigen Rhens) endgültig die Königswahl in ihrer Hand und sprachen dem Papst jedes Mitwirkungsrecht ab.

Doch war solche Einmütigkeit selten. Die beständige Uneinigkeit und Zwietracht unter den Kurfürsten veranlasste Kaiser KARL IV. (1355–1378) am 10. Januar 1356 auf dem Reichstag zu Nürnberg zu einem Reichsgesetz, das bis 1806 Geltung behielt. Es bestimmte endgültig die Zahl der Königswähler und legte die *Kurfürstentümer* unabänderlich fest. Damit auch die weltlichen Kurfürstentümer fortan unteilbar blieben, galt für sie die Erbfolge nach dem Erstgeburtsrecht. Das *Kurfürstenkollegium* bildete den obersten Reichsrat und beriet jährlich in der Osterzeit gemeinsam mit dem König die Reichsangelegenheiten. Bei Abwesenheit des Königs sollten die Kurfürsten von der Pfalz und von Sachsen gemeinsam das Reich verwalten. Der Krönung in AACHEN ging die Wahl in FRANKFURT voran. Der Verlauf des Wahltages ist in dem Reichsgesetz, das nach seiner goldenen Siegelkapsel *Goldene Bulle* heißt, genau festgelegt.

1 Erkläre, was man unter Hausmachtpolitik versteht.
2 Nenne Gründe für die Hausmachtpolitik deutscher Könige.
3 Was versteht man unter dem Begriff „Kurfürsten" und wer zählte dazu?
4 Wo verwendet man heute noch das Wort „Kür"?

Die Goldene Bulle

Nachdem die Kurfürsten oder ihre Gesandten in die Stadt Frankfurt eingezogen sind, sollen sie am folgenden Tag in der Kirche des heiligen Apostels Bartholomäus in vollzähliger Anwesenheit die Messe „de Sancto Spiritu" singen lassen, damit der Heilige Geist ihre Herzen und ihren Verstand erleuchte, damit sie einen gerechten, redlichen und tüchtigen Mann zum römischen König und künftigen Kaiser wählen. Und sie werden in der Landessprache folgenden Eid leisten:

„Ich schwöre, dass ich gemäß der Treue, zu der ich gegen Gott und das Heilige Römische Reich verpflichtet bin, nach all meinem Verstand und meiner Einsicht mit Gottes Beistand der Christenheit ein weltliches Oberhaupt wählen will, das hierzu geeignet ist, und dass ich meine Stimme abgeben werde ohne alle Verabredung, Entgelt oder Versprechen."

Wenn nun die Kurfürsten diesen Eid geleistet haben, sollen sie zur Wahl schreiten und die Stadt Frankfurt nicht eher verlassen, bevor die Mehrzahl von ihnen der Welt oder Christenheit ein weltliches Oberhaupt gewählt hat, nämlich einen römischen König und künftigen Kaiser. Nachdem sie oder die Mehrzahl von ihnen gewählt haben, muss eine solche Wahl gleich geachtet und gehalten werden, wie wenn sie von ihnen allen ohne Gegenstimme einhellig vollzogen worden wäre.
(Lautemann/Schlenke, Geschichte in Quellen, Bd. 2, München 1975, S. 774 f.)

1 Gib den Ablauf der Königswahl wieder.
2 Welche Verpflichtungen enthält der Eid der Kurfürsten?
3 Wie stellt das Bild aus der Weltchronik Kaiser und Kurfürsten dar und welche Symbole und Wappenzeichen erhalten sie? Stellt die Chronik die Wirklichkeit oder ein Ideal dar?
4 Deutschland war eine Wahlmonarchie, Frankreich hingegen eine Erbmonarchie. Nenne die Vor- und Nachteile.

Eine Weltchronik von 1493 zeigt den Kaiser inmitten der Kurfürsten, die die Zeichen ihrer Ämter tragen. Die drei geistlichen Kurfürsten, die Erzbischöfe von Mainz, Köln und Trier, halten als Erzkanzler Urkunden in der Hand. Die vier weltlichen Kurfürsten üben symbolisch ihre Erzämter aus: Der König von Böhmen war als Erzschenk für die Getränke, der Pfalzgraf bei Rhein als Erztruchsess für die Speisen zuständig. Der Herzog von Sachsen überwachte als Erzmarschall Pferde und Waffen, der Markgraf von Brandenburg als Erzkämmerer die Kasse.

Von einem Reich zu vielen Ländern

Brandenburg – Beispiel einer Landesherrschaft

Fürsten schaffen ihr Land

Im Reich hatten die *Landesherren* allmählich dem König gegenüber weitgehende Selbstständigkeit erlangt. Nun machten sie sich daran ihr eigenes *Territorium* auszubauen und es zentral von einer Residenz aus zu regieren. Ein möglichst zusammenhängendes Gebiet bot dafür die besten Voraussetzungen. Im Fall der *Mark Brandenburg* begünstigte deren Lage im Grenzgebiet von Deutschen und Slawen die teils kriegerische, teils friedliche Ausdehnung. Die Markgrafen aus der Familie der *Askanier*, seit 1177 Erzkämmerer und später Kurfürsten, entwickelten zielstrebig ihr Land: durch deutsche Besiedlung noch unerschlossener Landstriche, durch Kloster- und Städtegründungen sowie durch Förderung des Handels. So erweiterten sie ihr Territorium allmählich gegenüber Pommern und Polen.

Nach 1320 hatte die Mark erst *wittelsbachische*, dann *luxemburgische* Herrscher. Sie kamen kaum in ihr Nebenland, das sie nur als Geldquelle nutzten. Dazu verpfändeten und verkauften sie landesherrliche Rechte und sogar Landesteile. Die Stände sahen sich gezwungen selbst Aufgaben des Landesherrn wahrzunehmen (erster Landtag 1345 in Berlin). Gegen das Unwesen der Raubritter riefen die Städte schließlich den fernen Landesherrn, König SIGISMUND, zu Hilfe. Dieser schickte als „obersten Hauptmann und Verweser" 1411 den Nürnberger Burggrafen FRIEDRICH VON HOHENZOLLERN in die Mark. Die Städte unterstützten ihn, ließen sich aber vorsichtshalber zuvor ihre Rechte und Freiheiten bestätigen. Viele Ritter dagegen verweigerten die Huldigung. Sie setzten auf ihre festen Burgen. Aber Friedrich brach in einem unerwarteten Winterfeldzug die wichtigsten Festungen der Rebellen und ließ 1415 einen *Landfrieden* verkünden. Dafür erhielt Friedrich die Mark und die *Kurfürstenwürde* erblich zugesprochen und wurde 1417 feierlich vom König belehnt. Die Herrschaft der *Hohenzollern* in Brandenburg währte bis 1918.

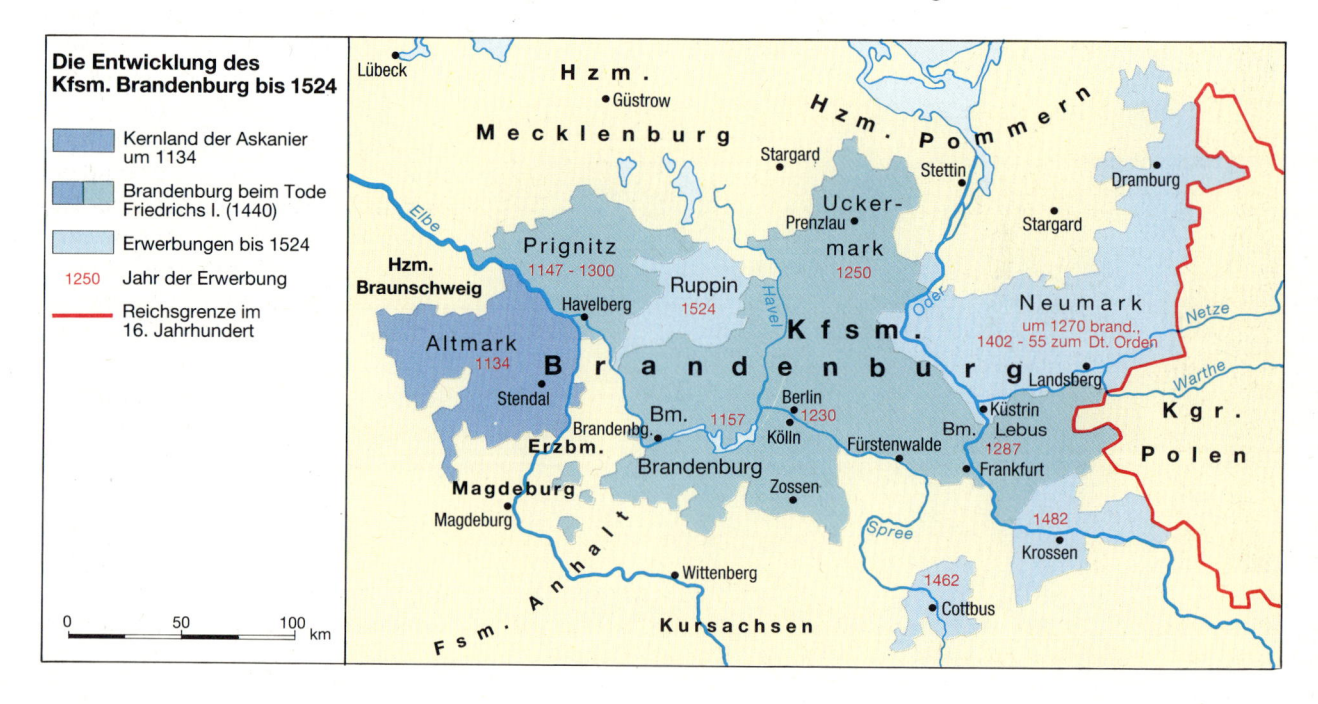

Kurfürst Friedrich I. von Hohenzollern. Zwei Bannerträger halten die schwarz-weiße Fahne der Hohenzollern und das Adlerbanner der Mark Brandenburg.

Der Fürst entmachtet die Stände

Zielstrebig bauten die Hohenzollern ihre Landesherrschaft aus. FRIEDRICH I. hatte die Macht der Ritter gebrochen, sein Sohn FRIEDRICH II. machte sie zu treuen Helfern des Landesherrn. Wer sich von ihnen zum Verzicht auf Gewalt und Fehde verpflichtete, wurde ausgezeichnet und in den „Schwanenorden" erhoben.

Der Blick des Kurfürsten richtete sich nun auf die Städte. Sie hatten in den unruhigen Zeiten erhebliche Selbstständigkeit erlangt. So hatte Berlin das Münzrecht und die volle Gerichtsbarkeit erworben. Es verweigerte dem Landesherrn den Zutritt, nahm an antifürstlichen Beschlüssen der Hanse teil und gehörte einem märkischen Städtebund an, der die nach altem Recht verbriefte Städtefreiheit gegenüber landesherrlicher Gewalt sichern sollte.

Berlin wurde nun zum warnenden Beispiel für die anderen Städte. Friedrich nutzte einen Streit in der Bürgerschaft um der Stadt 1442 alle wichtigen Rechte zu nehmen. Als der Widerstand der Berliner gegen den Bau eines kurfürstlichen Schlosses 1448 in einem Aufruhr gipfelte, ließ Friedrich die Anführer durch das landständische Gericht als Rechtsbrecher verurteilen. Er selbst baute BERLIN nun zur *Residenzstadt* aus.

Siegel der kurfürstlich beherrschten Stadt Berlin nach 1448.

Die Herrschaft wird gesichert

Die fürstliche Landeshoheit festigte sich weiter. Ein Erbgesetz verfügte 1473, dass die Mark stets ungeteilt der Linie des ältesten Sohnes vererbt werden sollte. Die Staatsfinanzen unterwarf der Kurfürst einer strengen Kontrolle durch die *Kammer*. Aber die Einnahmen hingen immer noch von der Zahlungsbereitschaft der *Stände* ab, die der Fürst bei Bedarf zu *Landtagen* zur Steuerbewilligung zusammenrief. Mit der Erhebung fester Steuern engte er nun dieses alte Mitspracherecht der Stände ein. Gegen eine 1488 verfügte Verbrauchssteuer auf Bier leisteten vor allem die Städte Widerstand und schreckten sogar vor der Ermordung der Steuereintreiber nicht zurück. Doch der Kurfürst setzte sich in diesem „Bierkrieg" durch – und erhöhte die Steuer um das Doppelte! Er sorgte auch für die Einheit der *Rechtsprechung* durch gelehrte Juristen. Dazu gründete er im Jahr 1506 die Universität FRANKFURT (Oder) und richtete als oberstes Gericht des Landes das *Berliner Kammergericht* ein.

Im 16. Jahrhundert war der Ausbau der Landesherrschaft in Brandenburg weit gediehen. An der Spitze der Landesverwaltung stand ein *Ratskollegium*, das unter Vorsitz des Kurfürsten Regierungsgeschäfte beriet. Die dort getroffenen Entscheidungen wurden in einer *Kanzlei* unter einem *Kanzler* schriftlich ausgefertigt und den Empfängern zugestellt. Um die Wirksamkeit der Verwaltung zu erhöhen wurde das Kurfürstentum seit 1540 in *Ämter* eingeteilt, die Amtshauptleuten unterstanden.

Eine ähnliche Entwicklung gab es überall im Reich. Die Landesfürsten unterwarfen den Adel und schufen mit Hilfe einer zentralen Landesverwaltung und Gerichtsorganisation einen einheitlichen Staat – ein *Territorium*.

Grabplatte des Kurfürsten Johann Cicero (1486–1499). Er machte Berlin zur ständigen Residenz.

1 Was versteht man unter den Begriffen „Territorium" und „Landesherr"?
2 Nenne die Maßnahmen, durch die ein Landesfürst ein einheitliches Territorium schuf.

Von einem Reich zu vielen Ländern

Kirche und Reich in der Krise

Die Kirche bedarf der Reform

Zwei Päpste auf dem Scheiterhaufen: Auf dem Konzil von Pisa werden Abbilder der beiden abgesetzten Päpste verbrannt.

Der Zustand der Kirche im späten Mittelalter war jammervoll. Bischöfe und Päpste residierten wie Fürsten und kümmerten sich mehr um ihren Hofstaat und die Vermehrung ihrer Einkünfte als um Glauben und Leben in der Kirche. So vernachlässigten auch die einfachen Priester oft ihre Pflichten als Seelsorger. Die unverhüllte Geldgier vieler Kirchenleute hatte die Kirche bei den Gläubigen in Misskredit gebracht.

Im Jahre 1378 erreichte die Krise ihren Höhepunkt: Zwei Päpste standen an der Spitze der Christenheit. Jeder beanspruchte alleinige Anerkennung und bannte deshalb die Anhänger seines Gegners. Angesichts dieser Spaltung der Kirche (= *Großes Schisma*) gewannen alle die an Boden, die nicht im Papst, sondern im *Konzil* die höchste Autorität der Kirche sahen. Die Anhänger dieser konziliaren Theorie riefen mit Unterstützung des Kaisers für 1409 ein Konzil nach PISA ein, das beide Päpste absetzte und einen neuen, legitimen Papst wählte. Die Abgesetzten traten aber nicht zurück, so dass es gleichzeitig drei Päpste gab. Unter kaiserlichem Druck berief der neugewählte Papst 1414 ein neues Konzil nach KONSTANZ um das Schisma zu beseitigen, die Glaubenslehre zu stärken und die Missstände abzuschaffen.

Von seinen Aufgaben löste das Konzil in seiner vierjährigen Sitzungsperiode nur die erste: Seit dem 11. 11. 1417 gab es wieder nur einen Papst. Die Kirchenreform wurde verschoben. Auch auf dem Nachfolgekonzil, das 1431–1449 erst in Basel, dann in Ferrara und zuletzt in Florenz stattfand, gelang es nicht, die unumschränkte Macht des Papstes zu beschneiden.

Ein Reformator auf dem Scheiterhaufen

Die Verbrennung von Jan Hus (Miniatur von 1415).

In der Glaubensfrage dagegen schlug das Konzil harte Töne an. Es lud den Prager Theologen JAN HUS (um 1370–1415) als Wortführer der tschechischen Kirchenreformbewegung vor. Hus hatte den Lebenswandel und die überzogenen Einkünfte vieler hoher, dazu noch meist deutscher Geistlicher angeprangert und die Enteignung des kirchlichen Besitzes befürwortet. Mit seiner Forderung nach Bibel und Predigt in der Landessprache gab er der Reformbewegung eine durchaus nationaltschechische Stoßrichtung. Für manchen untergrub sein Vorhaben, beim Abendmahl auch den Laien nach urchristlichem Brauch den Kelch zu reichen, die besondere Stellung des Priesteramtes.

Nun sollte Hus, den die Kirche wegen seiner Lehren gebannt hatte, sich in Konstanz verteidigen. Deshalb hatte Kaiser SIGISMUND dem Gebannten sicheres Geleit versprochen. Da das Konzil Hus als *Ketzer* anklagte, fühlte sich der Kaiser an sein Wort nicht mehr gebunden und ließ Hus gefangen nehmen. Weil Hus an seinen Lehren festhielt, wurde er am 6. 7. 1415 vor der Stadt verbrannt.

Daraufhin griffen Hus' Anhänger in BÖHMEN zu den Waffen und brachten unter der Führung von JAN ZISKA den kaiserlichen Heeren mehrfach schwere Niederlagen bei. Mit ihren Heereszügen nach Österreich, Sachsen, Schlesien und bis an die Ostsee verbreiteten sie Angst und Schrecken. Erst 1434 ließen sich die Gemäßigteren unter den *Hussiten* zum Frieden bewegen, als das Baseler Konzil ihnen freie Predigt und den Laienkelch zugestand.

Missstände im Reich

Für den Kardinal und Konzilssekretär von Basel, NIKOLAUS VON KUES (1401–1464), lagen die Ursachen der Krise in Kirche und Reich auf der Hand:

> Wie eine tödliche Krankheit zersetzen Missstände das Reich. Weltliche Herrschaft und Reichtum entfremden die Kirche ihren geistlichen Aufgaben. Im Reich regieren statt des einen Kaisers viele Landesfürsten, die ohne Rücksicht auf das Gesamtreich nur ihre Sonderinteressen verfolgen. Der Kaiser ist durch Wahlversprechen an die Kurfürsten daran gehindert eine starke Reichsgewalt wiederherzustellen; dadurch herrscht Rechtsunsicherheit. Ohne baldige Abhilfe wird das Reich zugrunde gehen; Fremde werden es einnehmen und sich teilen. Das Heilmittel läge darin, ab sofort jährliche allgemeine Reichsversammlungen einzuberufen.
> *(gekürzt nach: Nikolaus von Kues, De concordantia catholica, 1433)*

Hussiten unter Führung des erblindeten Jan Ziska. Das Banner trägt das Symbol der Hussiten, den Kelch (Miniatur, 15. Jh.).

Ob jährliche Reichsversammlungen das Reich vor dem Zerfall hätten bewahren können, ist zweifelhaft. Selbst Könige wie MAXIMILIAN I. (1459–1519), dem an Frieden und Sicherheit im Reich gelegen war, stellten der Stärkung des Reiches ihre Hausmachtpolitik voran. In erster Linie war auch er Habsburger und in zweiter Kaiser des Heiligen Römischen Reiches Deutscher Nation.

Habsburg umrundet das Reich

Nach *Österreich* und *Kärnten* (1282) hatten die Habsburger 1363 *Tirol* gewonnen. Damit beherrschen sie die Ostalpen und versuchten nun, über die Schweiz die Landverbindung zu ihren Stammlanden am Oberrhein herzustellen. Gegen diese Territorialpolitik wehrte sich die *Schweizer Eidgenossenschaft*, zu der um die Mitte des 15. Jahrhunderts 13 freie Gemeinden zählten, in drei großen Schlachten. So ertrotzten die Eidgenossen 1499 ihre Unabhängigkeit von den Habsburgern und damit, da seit 1440 alle Kaiser aus dem Hause Habsburg kamen, praktisch sogar vom Reich.

Erfolgreicher dagegen war die Heiratspolitik der Habsburger. Kaiser MAXIMILIAN I. erbte nach dem Tod seiner ersten Frau 1482 *Burgund* und die *Niederlande* und sicherte durch seine erneute Heirat mit der Tochter des Herzogs von Mailand, BLANKA SFORZA, den Habsburgern Einfluss in Oberitalien. Sein Sohn PHILIPP erheiratete 1496 *Spanien* und Philipps Sohn KARL wurde 1516 König von Spanien. Für ihn bedeutete die 1519 gegen die Kandidatur des französischen Königs FRANZ I. errungene Kaiserwürde nurmehr die Vollendung der habsburgischen Machtposition. Als schließlich noch *Böhmen* und *Ungarn* in den Besitz der Habsburger gelangten, war die Dynastie zu einer Weltmacht aufgestiegen. Das führte freilich zu einem dauerhaften Konflikt mit Frankreich, das sich von Habsburg umklammert sah.

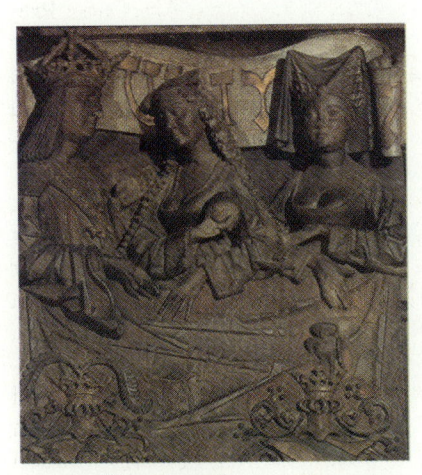

Maximilian I. und seine Frauen Maria von Burgund (rechts) und Blanka Sforza (Relief vom Goldenen Dachl in Innsbruck, 1500).

1 Führe die von Nikolaus von Kues genannten Missstände auf und benenne ihre Ursachen.
2 Sammle Informationen zu dem Begriff „Kirchenreform".
3 Erläutere die Überschrift „Habsburg umrundet das Reich" und schildere die Folgen für Frankreich.

Die Ostsiedlung

Die Deutsche Ostsiedlung

- alter deutscher Siedlungsboden um 700

Ausbreitung
- 8. – 11. Jahrhundert
- im 12. Jahrhundert
- von 1200 – 1250
- von 1250 – 1300
- im 14. Jahrhundert

1248 Gründungsjahr von Städten und Klöstern

- Gebiete nichtdeutscher Besiedlung
- siedlungsarme Gebiete um 1400 (Wälder, Sümpfe, Gebirge)
- Staatsgrenzen um 1380
- Erzbistum
- Bistum
- Kloster

Deutsches Stadtrecht im Osten
- Lübecker Recht
- Magdeburger Recht
- Süddeutsche Rechte

Deutsche siedeln im Osten

Von der Missionierung zur Besiedlung

Im 12. Jahrhundert schob die *Slawenmissionierung* die Grenze des Reiches über Elbe und Saale weiter in den Osten vor. Entscheidenden Anteil an der friedlichen Durchdringung des Landes hatte der um 1100 in CÎTEAUX in Frankreich gegründete *Zisterzienserorden*. Seine Mönche wollten ihren Lebensunterhalt selbst verdienen, sich gegen alles Weltliche abschließen und ganz dem Gebet und dem Gottesdienst leben. Deshalb hatten sie auch im Reich für ihre *Tochterklöster* unerschlossene Gebiete gesucht um diese dann mit eigener Hand zu kultivieren. Mit ihrer betonten Anspruchslosigkeit fanden die Zisterzienser wie alle neuen Orden, die auf Sittenstrenge, Schlichtheit und Arbeit Wert legten, großen Zuspruch. In über 700 Klöstern unterstützten die Mönche den Landesausbau in Europa.

Roden, siedeln und bebauen

In Europa hatte sich vom 11. Jahrhundert an die Bevölkerung verdreifacht, so dass um 1300 in England etwa 4,5, in Frankreich 21 und in Deutschland 14 Millionen Menschen lebten. Zu den Gebieten, in denen es noch große Wald- und Sumpflandschaften zur Rodung oder Trockenlegung gab, gehörte der Raum östlich von Elbe und Saale. Regelrechte Wellen von Rodungen und Dorfgründungen erfassten auch Polen, Böhmen und Ungarn, deren Könige sich von den Neusiedlern die Erschließung ihres Landes und eine Verbesserung der heimischen Agrartechnik versprachen. So folgten bis ins 14. Jahrhundert hinein rund 400 000 Siedler aus dem Rheinland, den Niederlanden und Westfalen dem Ruf von Fürsten und Grundherren nach Osten. Über die Gründung des Dorfes HALTESHAGEN bei Stettin im Jahre 1262 berichtet das *Pommersche Urkundenbuch*:

Das Kloster Zinna, 1174 gegründet, zählte zu den ersten Niederlassungen der Zisterzienser in den neuen Gebieten östlich der Elbe.

> Wir, Ritter Gerbord von Köthen, geben bekannt, dass wir mit dem Rate unserer Herren und Freunde dem Johannes Calbe, Konrad von Welpe und seinem Schwager Johannes einen Wald [Hagen] mit Namen Halteshagen zur Besiedlung als Besitz überlassen haben. Wir machen zur Bedingung, dass alle in dem Hagen Ansässigen, die dort Ackerland urbar machen und bestellen, von jeder Hufe einen Schilling und den Fruchtzehnten von den am Hagen liegenden Äckern geben. Von den Sach- und Geldeinkünften fällt die Hälfte an mich, die andere an die drei Besitzer des Hagens, die auch Hagemeister genannt werden. Als besondere Freiheit sichern wir weiter zu: Wer sich im Hagen ansiedeln will, kann dies ungehindert tun und darf für die gefreite Zeit Bier brauen und schenken sowie zum Verkauf Brot backen und Fleisch einschlachten. Ab Martini gewähren wir den Siedlern 10 Freijahre. In diesem Zeitraum bleiben sie Dienst, Zehnt und Zins ledig. Darüber hinaus geben wir dem Rudolf die Mühle des Hagens für jährlich 4 Maß Mahlkorn, sodass er im 1. Jahr ein Maß, im zweiten zwei, im vierten vier Maß zinst. Davon gehört die Hälfte uns, die andere den genannten Lokatoren. Dem Müller überlassen wir drei Joch Land, die man „Hegemorgen" nennt. Was das Gericht anbetrifft, so sollen sich die Häger ihr Recht an einem Ort holen, wo sie es bequem finden. Außerdem überließen Konrad von Welpe und sein Schwager für den Anteil des Johannes Kalbe eine von ihren Freihufen, und wir fügten eine hinzu, die er frei besitzen soll. Was wir den Siedlern überließen, steht unter Leiherecht. Es erstreckt sich auch auf die Ehefrauen, die männlichen Nachkommen und dann auf die übrige Verwandtschaft.
> *(Pommersches Urkundenbuch II, Nr. 720, zitiert nach: Lautemann/Schlenke, Geschichte in Quellen, Bd. 2, München 1975, S. 628f.)*

1 Nenne Gründe für die Ostsiedlung.
2 Nenne die Vorteile für Grundherren oder Fürsten und Siedler.
3 Plane als Lokator eine Dorfgründung. Ein Lokator ist ein vom Landes- oder Grundherrn beauftragter Siedlungsunternehmer, der für die Anwerbung und Landverteilung zuständig war.
4 Beschreibe die ökologischen Auswirkungen des Landesausbaus.
5 Führe Vor- und Nachteile der Ostsiedlung an.

Die Ostsiedlung

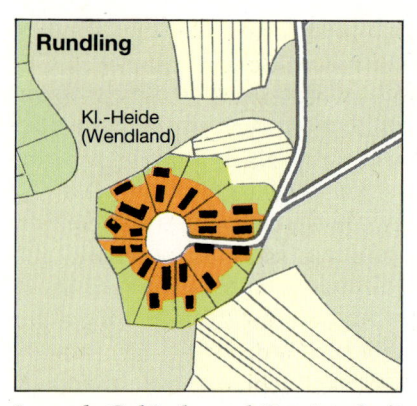

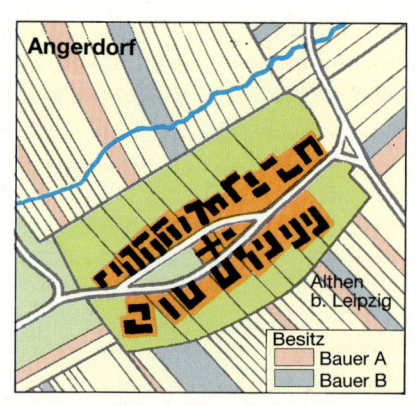

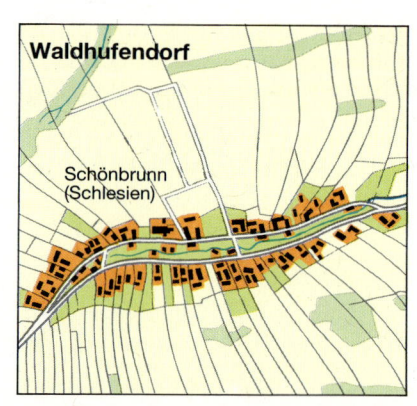

Je nach Gelände und Bewirtschaftung entstanden während der Ostsiedlung unterschiedliche Siedlungsformen. Hier fand jeder Bauer eine für den Unterhalt seiner Familie ausreichende Fläche.

Dörfer und Städte im Osten

In die planvoll angelegten Dörfer hielt bald die *Dreifelderwirtschaft* Einzug. Gerste und Hafer, Wein, Obst und Gemüse sowie die Schafzucht bereicherten die Landwirtschaft. Auch halfen *Räderpflug* und *Wassermühlen*, den Ertrag gegenüber der slawischen Landwirtschaft zu verdoppeln. Doch lockten Fürsten und Grundherren nicht nur mit wirtschaftlichen Vorteilen. Sie garantierten Zuwanderern, die oft genug vor drückenden Verhältnissen im dichter besiedelten Reichsgebiet flüchteten, ein Leben unter deutschem Recht mit persönlicher Freiheit und dauerhaftem Grundbesitz.

Deutsches Recht hat östlich der Elbe auch die Entwicklung von Städten bestimmt. Zwar gab es schon um 1000 slawische Vorformen wie DANZIG, das im Schutze einer Burg als Marktort heranwuchs. Doch fielen auch im Osten die eigentlichen Stadtgründungen erst ins 12. Jahrhundert. Neugründungen übernahmen ihr Stadtrecht von sogenannten *Rechtsvororten,* unter denen LÜBECK und MAGDEBURG hervorragten. So entstanden *Stadtrechtsfamilien,* deren Mitglieder das gleiche Recht hatten.

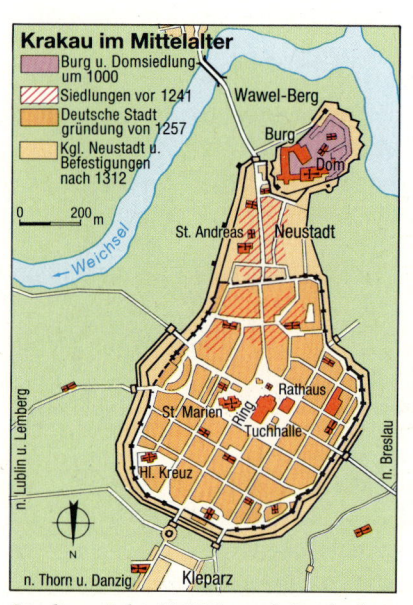

Stadtansicht (1493) und Stadtplan zeigen die Entwicklung von Krakau im Mittelalter.

Der Deutsche Ritterorden

Zu den Wegbereitern der Ostkolonisation gehörte auch der *Deutsche Ritterorden*, der 1198 im Heiligen Land zum Schutz der Pilger und zum Kampf gegen die Heiden gegründet worden war. Als Krieger und Mönche hatten sich die Ordensritter ganz ihrer Aufgabe verschrieben und besaßen nur, was zum Kampf nötig war. Nach den Kreuzzügen waren sie dem Hilferuf des Herzogs von Masowien gefolgt und gegen die heidnischen *Pruzzen* gezogen. In mühsamen, jährlich erneuerten Kreuzzügen hatten sie diesen baltischen Volksstamm zwischen 1226 und 1280 christianisiert.

Die eroberten Gebiete zwischen POMMERN und ESTLAND fügte der Orden zu einem Staat mit dem *Hochmeister* an der Spitze zusammen. Durch Zustrom von Siedlern aus dem Reichsgebiet entwickelten sich allmählich 93 Städte und etwa 1400 Dörfer. Neben großen Getreideüberschüssen setzte das Ordensland mit seinen 480 000 Einwohnern vor allem Fisch, Holz und Pelze ab. Besonders gewinnträchtig war der Handel mit Bernstein, der für die Rosenkränze der Christen ebenso begehrt war wie für die Gebetsschnüre der Moslems.

Durch seinen wirtschaftlichen Erfolg machte sich der Ordensstaat die Hansestädte und mit seiner Ostexpansion *Polen* zum Feind. In zwei Kriegen gelang polnischen Heeren das scheinbar Unmögliche. Sie brachten den Berufskriegern des Ritterordens bei TANNENBERG (1410) und ZARNOWITZ (1462) empfindliche Niederlagen bei und der Orden musste nun die *Lehnshoheit* des polnischen Königs anerkennen. 1525 wurde aus dem Ordensstaat ein weltliches Herzogtum.

Hermann von Salza, Hochmeister des Deutschen Ritterordens 1209 bis 1239. Er begründete die Landesherrschaft des Ordens in Preußen.

1 Die Tätigkeit des Deutschen Ordens ist unter Historikern bis heute umstritten. Kannst du dir denken warum?
2 Welche Auswirkungen hatte die Ostsiedlung auf Slawen und Deutsche?
3 Welche Folgen ergeben sich aus der Dorfanlage für die Feldbestellung?
4 Beschreibe die einzelnen Siedlungsabschnitte von Krakau.

Die Marienburg an der Nogat mit dem Hochmeisterpalast (links) und dem Hochschloss (rechts daneben). Sie wurde 1274 erbaut und war Hauptsitz des Deutschen Ordens. Auch nach der Niederlage von Tannenberg widerstand sie allen Angriffen. 1457 verkauften Söldner die ihnen verpfändete Marienburg an den polnischen König.

Der Aufstieg Sachsens

Von der Markgrafschaft zum Kurfürstentum

Der Ursprung: die Burg Meißen

Im 10. Jahrhundert siedelten im Raum des heutigen SACHSEN *slawische Völker*. Um die Ostgrenze des Deutschen Reichs zu sichern betrieb König HEINRICH I. ihre Unterwerfung und Christianisierung. Daher erbauten seine Truppen 929 auf einem Felsvorsprung über der ELBE eine mit Palisaden befestigte Burg und nannten sie Misni oder MEISSEN nach einem der Bäche, die dort in die Elbe münden. Diese Burg gab der *Markgrafschaft* ihren Namen.

Bis ins 11. Jahrhundert waren die Mark und das 968 gegründete *Bistum Meißen* umkämpft, wie die Belagerung durch den Polenherzog MIESZKO 1017 zeigt:

Die Burg Meißen, überragt von den Türmen des Doms.

> Die Feinde drangen in die verlassene Unterburg ein, steckten sie nach dem Abtransport der Beute in Brand und griffen unermüdlich die darüberliegende Burg an, die gleichfalls an zwei Stellen Feuer gefangen hatte. Da warf sich Graf Herrmann bei dem Anblick seiner wenigen, schon ermatteten Helfer nieder und erflehte Christi Erbarmen; dann rief er auch die Frauen zu Hilfe auf, sie eilten in die Verteidigungswerke, trugen den Männern Steine zu, löschten den angelegten Brand aus Wassermangel mit Met und dämpften dadurch des Feindes Wagemut ... Die Polen hätten wohl dort die Nacht zugebracht um die Burg am folgenden Tag zu stürmen, hätten sie nicht die Elbe steigen sehen.
> (Thietmar v. Merseburg, Chronik VII, 23, Darmstadt 1960, S. 377–79)

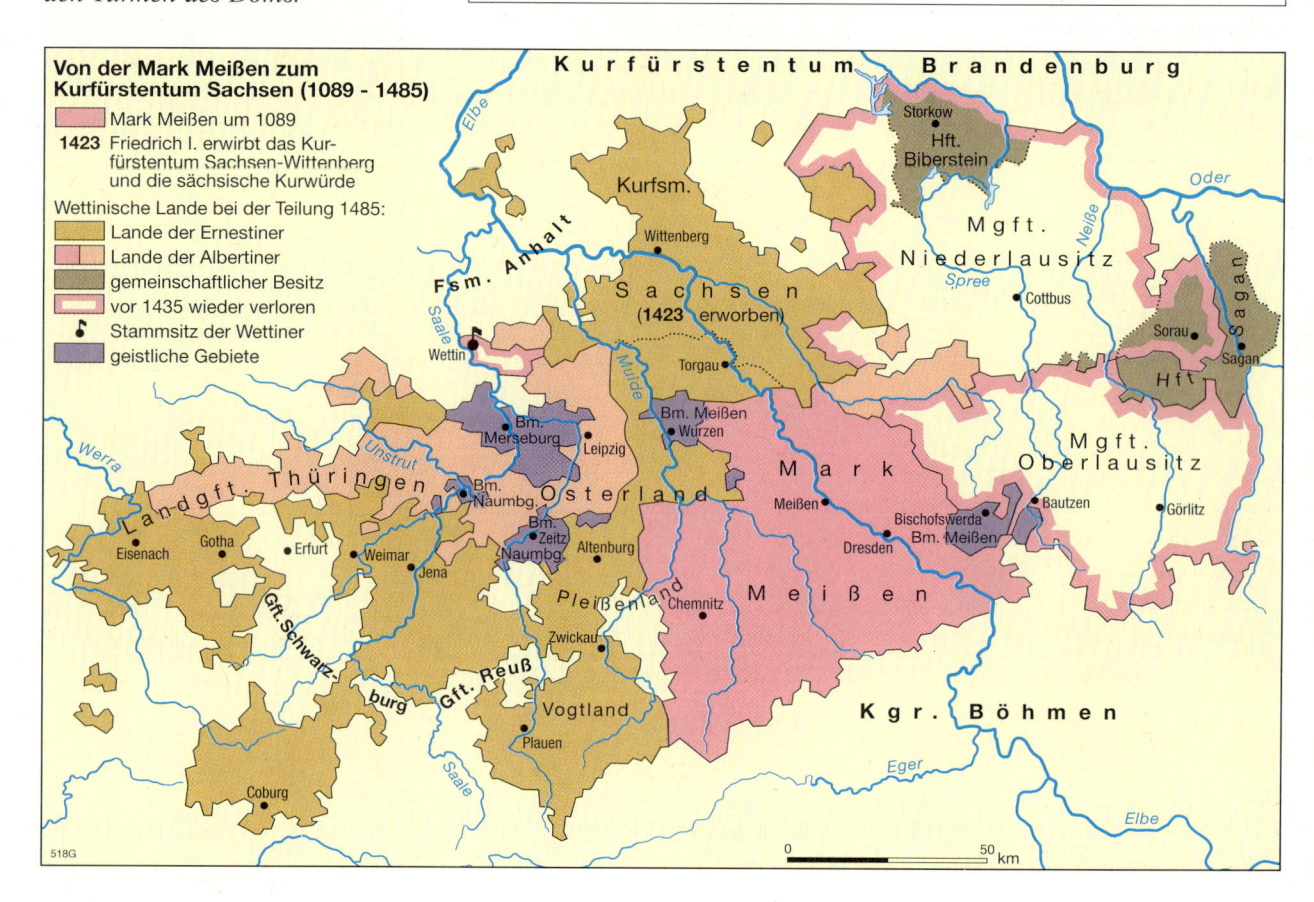

Von der Mark Meißen zum Kurfürstentum Sachsen (1089 - 1485)

- Mark Meißen um 1089
- 1423 Friedrich I. erwirbt das Kurfürstentum Sachsen-Wittenberg und die sächsische Kurwürde
- Wettinische Lande bei der Teilung 1485:
  - Lande der Ernestiner
  - Lande der Albertiner
  - gemeinschaftlicher Besitz
  - vor 1435 wieder verloren
  - Stammsitz der Wettiner
  - geistliche Gebiete

Die Fürsten: Markgrafen aus dem Hause Wettin

Mit HEINRICH VON EILENBURG begann 1089 in der *Mark Meißen* die Herrschaft einer Adelsfamilie, die sich später nach ihrer *Burg Wettin* an der Saale WETTINER nannte. Ununterbrochen – bis 1918 – regierte diese Familie in der Markgrafschaft aber erst seit 1123, als KONRAD VON WETTIN nach dem Tod seines Widersachers WIPRECHT VON GROITZSCH die Mark Meißen als erbliches Lehen erhielt. Seine Nachfolger zählten zu den mächtigsten Reichsfürsten und konnten ihre Herrschaft rasch erweitern. Den größten Erfolg hatte Markgraf HEINRICH III. (1221–1288), denn durch die Heirat seines Sohnes kam das PLEISSENLAND mit Städten wie ZWICKAU und CHEMNITZ in den Besitz der Wettiner. Und als die Familie der Landgrafen von Thüringen 1247 ausstarb, erhob Heinrich mit Erfolg Anspruch auf die *Landgrafschaft Thüringen* als Erbe seiner Mutter. Nun konnte er ein so aufwendiges Hofleben mit glänzenden Festen, Turnieren und Jagden führen, dass ihn schon die Zeitgenossen den „Erlauchten" nannten.

Oben das Reitersiegel von Markgraf Otto dem Reichen (1156–1190), darunter eine Silbermünze mit dem Bild Heinrichs des Erlauchten (1221–1288).

Markgraf Heinrich der Erlauchte zählte zu den Parteigängern Kaiser Friedrichs II., denn sein Sohn war mit dessen Tochter Margaretha verheiratet. Er zog nicht nur Künstler an seinen Hof, sondern komponierte auch selbst Kirchenmusik und dichtete Minnelieder. Deshalb befindet sich sein Bild in der Manessischen Liederhandschrift aus dem 14. Jh., das ihn auf der Reiherjagd zeigt. Sein Begleiter lockt die Jagdfalken mit dem „Federspiel" zurück.

Der Aufstieg Sachsens

Aus Markgrafen werden Kurfürsten

Bis zum Kurfürstentum war es noch ein langer Weg. Nach dem Tod HEINRICHS DES ERLAUCHTEN zersplitterte das Land und als mit RUDOLF VON HABSBURG das deutsche Königtum erstarkte versuchten die Könige den Wettinern ihr Land zu entreißen. Erst der Sieg der Markgrafen 1307 bei LUCKA über König ALBRECHT VON ÖSTERREICH sicherte den Wettinern den Besitz des Landes. Die Chronik berichtet:

> Damals hatte Markgraf Friedrich sich seinen Helm, welcher mit zwei vergoldeten Löwen, nämlich dem Meißnischen und dem Ostländischen geziert war, geben lassen und, indem er ihn aufsetzte, diese Worte von sich hören lassen: „Nun wohlan, jetzt setze ich Meißen und Ostland, und was mir sonst erblich und von Rechts wegen zusteht, auf mein Haupt und will Gott und dieser bevorstehenden Feldschlacht alles anheim gegeben haben.
> *(Beier/Dobritzsch, Tausend Jahre deutscher Vergangenheit in Quellen heimatlicher Geschichte, Leipzig 1911, S. 150)*

Endgültig sicherte das Land der *Vertrag von Pirna* (1372), in dem Kaiser KARL IV. die Herrschaft der Wettiner anerkannte. Danach war der Weg zum Kurfürstentum frei. 1422 starb der Kurfürst und Herzog von *Sachsen-Wittenberg* aus der Familie der ASKANIER und hinterließ keine Nachkommen. König SIGMUND gab das Reichslehen an Markgraf FRIEDRICH DEN STREITBAREN von Meißen als Belohnung für dessen Unterstützung gegen die Anhänger des JAN HUS in Böhmen. Mit dem Herzogstitel erhielt Friedrich auch die *Kurwürde* und rückte in den Kreis der ranghöchsten Reichsfürsten auf, die den König wählten. Sein erster Titel lautete von nun an *Kurfürst von Sachsen* und die Leute verwendeten für das gesamte Herrschaftsgebiet immer häufiger den Namen „Sachsen". Damals erhielt unser Land seinen Namen.

Kurschwert Friedrichs des Streitbaren, um 1425. Im Schwertknauf das sächsische Landeswappen

Sächsische Herrscher aus dem Dresdner Fürstenzug, einem über 100 Meter langen Bilderfries aus Meißner Porzellan, der an einer Außenmauer des Dresdner Schlosses angebracht ist.

Die Teilung der wettinischen Länder

Da in der Familie der Wettiner alle Söhne erbberechtigt waren, kam es zu fortwährenden Streitigkeiten. Zwischen 1446 und 1451 führten die Söhne FRIEDRICHS DES STREITBAREN sogar einen Bruderkrieg in Sachsen. Und auch in der nächsten Generation blieb die Lage kritisch: Die Söhne FRIEDRICHS II., ERNST und ALBRECHT, sollten gemeinsam regieren. Auf dem Totenbett ermahnte sie ihr Vater:

> Liebe Söhne, Zeit und Stunde ist vorhanden, dass ich aus diesem sterblichen zum unsterblichen Leben abwandere... Man muss aber dem göttlichen Willen, der nie anders als gut ist, alles anheim stellen. Und solches wird leicht geschehen, wann ihr in der Furcht Gottes, auch in brüderlicher Liebe und Eintracht lebet, die Untertanen treulich schützet, und ihr bestes fördert.
> *(Beier/Dobritzsch, a. a. O., S. 158)*

Nach dem Tod des Vaters 1464 erhielt Ernst als der Ältere die *Kurfürstenwürde*, Albrecht dagegen führte den Titel *Herzog von Sachsen*. Als sie sich nicht mehr miteinander verstanden beschlossen sie das Land zu teilen. Bei der *Leipziger Teilung* vom 17.6.1485 wählte Albrecht den meißnisch-osterländischen Teil, Ernst bekam den Rest und behielt die Kurwürde. Gemeinsamer Besitz blieben die für Sachsens Reichtum so wichtigen Silberbergwerke. Trotzdem entwickelten sich die beiden Teile immer weiter auseinander. Es entstanden die *Ernestinischen Länder* mit der Residenz WITTENBERG und die *Albertinischen Länder*, auf die der heutige *Freistaat Sachsen* zurückgeht.

Herrscher aus dem Haus der Wettiner

Heinrich I. von Eilenburg
(Markgraf von Meißen 1089–1103)
|
Konrad von Wettin
(Markgraf von Meißen 1123–1156)
|
Otto der Reiche
(Markgraf 1156–1190)
|
Heinrich der Erlauchte
(Markgraf 1221/30–1288 und Landgraf von Thüringen)
|
Friedrich der Streitbare
(Markgraf 1381–1428; 1423 Herzog von Sachsen und Kurfürst)
|
Friedrich der Sanftmütige
(Kurfürst 1428–1464)
⎧
Ernestinische Linie
Ernst
(Kurfürst von Sachsen 1464–1486)

Albertinische Linie
Albrecht
(Herzog von Sachsen 1464–1485)
|
Moritz
(Herzog von Sachsen 1541–1553; Kurfürst von Sachsen 1547)

Ermittle im Stammbaum der Wettiner die auf der linken Seite abgebildeten Herrscher des Dredner Fürstenzugs. Wer ist als Kurfürst erkennbar (sichtbar am Kurhut und Kurmantel), wer nur als Herzog?

1 Prüfe die historische Rolle deiner Heimatregion (vgl. Karte S. 76).
2 Gliedere Sachsens territoriale Entwicklung in einzelne Phasen.

Grabplatte Friedrichs des Streitbaren, erster Kurfürst von Sachsen, in der Fürstenkapelle des Meißner Doms. Rechts Herzog Albrecht.

Der Aufstieg Sachsens

Bäuerlicher Landesausbau

Siedlungspolitik

> Gerung, von Gottes Gnaden Bischof der heiligen Meißner Kirche ... Ich habe tüchtige Männer aus Flandern an einem unbestellten und fast menschenleeren Platz angesiedelt und ihnen wie ihrer ganzen Nachkommenschaft eben dies Dorf, das Kühren heißt, mit nachfolgenden Rechten zu festem, ewigen und erblichem Besitz übergeben. Ich habe nämlich diesen Flandern das Dorf mit 18 Hufen, mit allen Nutzungen, mit bestellten wie unbestellten Feldern, Fluren und Wäldern, Weiden und Wiesen, Gewässern und Mühlen, Jagd und Fischerei übergeben. Von diesen Hufen habe ich eine mit ihrem ganzen Zehnten der Kirche eingeräumt, zwei weitere habe ich ihrem Gemeindevorsteher, den sie Schulzen nennen, jedoch ohne den Zehnten überlassen. Die übrigen 15 Hufen entrichten jährlich 30 Schilling [= Silbermünze]. Von allen ihren Erzeugnissen, außer von Bienen und vom Flachs, geben die genannten Männer den Zehnten ... Im übrigen befreien wir sie von jeder Besteuerung seitens des Bischofs, des Vogts, des Verwalters oder anderer Leute.
> (nach: Geschichte in Quellen, Bd. 2, München 1970, S. 598)

Wie hier im Jahr 1154 der *Bischof von Meißen* schickten seit Beginn des 12. Jahrhunderts *Fürsten* aus dem Osten des Reichs Boten in den Westen um Bauern als Siedler in ihren Gebieten anzuwerben. Besonders viele Menschen aus Niedersachsen, Franken, Thüringen und den Niederlanden folgten um 1150 ihrem Ruf und machten sich auf den Weg in das neue, unbekannte Land. Denn ihre Heimat war übervölkert und *Abgaben* und *Frondienste* drückten sie hart. Und die *Grundherren* aus dem Osten machten verlockende Angebote: Sie sicherten den Siedlern persönliche Freiheit zu, versprachen ihnen reichlich Land, das sie als persönlichen Besitz auch vererben konnten und erließen ihnen gewöhnlich in den ersten Jahren die Abgaben. Deshalb nahmen die Siedlungsbauern die Strapazen der langen Reise und die schwere Rodungsarbeit in der Wildnis voll Zuversicht auf sich.

Diese Siedlungspolitik bot aber auch den Fürsten entscheidende Vorteile. Sie konnten nunmehr die Einkünfte aus ihren Ländern erheblich steigern, da die Bauern mit modernen Methoden eine ertragreiche Landwirtschaft betrieben. Und wenn sie auch nur wenig Abgaben leisten mussten, so zahlten sie doch *Steuern* in Silbergeld, das sie durch den Verkauf ihrer Erzeugnisse auf den *Märkten* erwirtschafteten. Länder und Fürsten – gerade auch die WETTINER – gelangten durch diesen *Landesausbau* zu Wohlstand.

Szene aus dem „Sachsenspiegel", einem um 1220 entstandenen und weit verbreiteten Rechtsbuch. Ein adliger Grundherr überreicht dem Bauermeister eines Gründungsdorfs die Urkunde, während die Siedler bereits den Wald roden und ein Haus errichten.

1 Was bietet der Meißner Bischof seinen flandrischen Siedlern in Kühren (Kr. Grimma)? Was verlangt er von ihnen?
2 Überlegt, welche Probleme bei einer Dorfgründung gelöst werden mussten. Ihr könnt verschiedene Szenen spielen: z. B. Verlesen und Übergabe der Urkunde bei Gründung des Dorfs, Verteilen der Rodungs-, Vermessungs- und Bauarbeiten auf einer Versammlung der Dorfgemeinschaft, Vergleich mit der Situation in der Heimat usw.
3 Welche Gründe veranlassten einen Bauern zum Zug nach Osten?

Gründungsdörfer in Sachsen

Vor der heutigen Bodenreform erkannte man die mittelalterlichen Gründungsdörfer oft an der gleichmäßigen Anlage ihrer Feldstreifen, wie es die Luftaufnahme von REINHARDTSDORF in der Sächsischen Schweiz gut erkennen lässt. Aber auch die Namen verraten sie oft. Manche Ortsnamen wie FRANKENBERG erinnern an die ehemaligen Heimatländer der Siedler. Andere wie HERMANNSDORF oder sehr häufig HERMSDORF erhielten die Namen der *Lokatoren*; das waren die Anführer der Siedler und meist auch die ersten Ortsvorsteher oder Schulzen. Andere Siedlungen wurden einfach als „Neudorf", mitteldeutsch „Nauen", bezeichnet oder erhielten diesen Namen in der sorbischen Sprache als „Novosedlici" – später NAUSSLITZ oder NOSSLITZ. Häufig wurden auch bestimmte Eigenschaften des Ortes im Namen hervorgehoben: „Reichen-", „Dürren-" oder „Breiten-". Und daran hängten die Siedler dann „-dorf", „-au", „-bach", „-berg", „-hain", „-feld", „-wald", „-rode" oder im Vogtland auch „-grün".

Deutsche Siedler und Slawen

Natürlich war das Verhältnis der deutschen und slawischen Bevölkerung nicht von Freundschaft geprägt. Die *Slawen* galten als „Heiden", die unnachsichtig zum *Christentum* „bekehrt" werden sollten. Und diese Bekehrung geschah oft gewaltsam, wobei die slawischen Heiligtümer zerstört wurden. Außerdem sanken die Slawen mit Einführung der *Grundherrschaft* zu *Hörigen* herab und mussten an die neuen Grundherren *Abgaben* zahlen. Obwohl nach dem *Sachsenspiegel* jeder „Wende" – wie Slawen dort genannt werden – vor Gericht in seiner Sprache antworten durfte, setzte sich das Deutsche immer mehr durch. Nur die *Sorben* konnten dem Anpassungsdruck widerstehen und ihre eigene Kultur und Sprache bis heute bewahren.

Luftbild des Waldhufendorfs Reinhardtsdorf in der Sächsischen Schweiz (um 1930). Links und rechts des Bachs und der Straße liegen die Grundstücksstreifen (Gewanne) mit Höfen, Gärten und Feldern. Der Wald ist fast ganz verschwunden.

Der Aufstieg Sachsens

Der Bergbau – Reichtum des Landes

Silber – Quelle des Wohlstands

1168 wurde auf dem Besitz des gerade gegründeten Klosters ALTENZELLE nahe dem kleinen Ort Christiansdorf *Silbererz* gefunden. Sofort zwang Markgraf OTTO das Kloster zu einem Gebietstausch um an das wertvolle Land zu kommen. Bergleute strömten zu diesem Ort, an dem bald die Stadt FREIBERG entstand. Sie erhielten das Recht Silber zu schürfen, mussten aber den zehnten Teil der Ausbeute dem Markgrafen überlassen. Dadurch wurde Otto so vermögend, dass ihm seine Zeitgenossen den Beinamen „der Reiche" gaben. In dieser geldarmen Zeit bedeuteten die Silbereinkünfte für die Markgrafschaft einen politischen Machtzuwachs: Die Markgrafen konnten nicht nur den Kauf von Land finanzieren, sondern auch Burgen bauen, deren Besatzung besolden und Städte ausbauen und befestigen.

Die *Bergknappen*, die diesen Reichtum zu Tage förderten, hatten selbst wenig davon. Ihr Leben bestand nur aus harter Arbeit. Daher wundert es nicht, dass sie sich 1469 mit einem Streik auf dem GEISINGBERG im Erzgebirge dagegen auflehnten. Im gleichen Jahr aber wurden neue Silbervorkommen am PÖHLBERG entdeckt und schon 1470/71 große Silberfunde am SCHNEEBERG gemacht. Den größten Silberfund aber gab es 1477 am gleichen Ort. Die Ausbeute war so gewaltig, dass man berichtete, Herzog ALBRECHT habe in der Grube *St. Georg* auf einem riesigen Block reinen Silbers ein Festmahl verzehrt. Jedenfalls blühte in der Folge die sächsische Wirtschaft gewaltig auf. Neue Städte wie SCHNEEBERG (1471) und ANNABERG (1491) entstanden, meist dicht an den Fundstätten des wertvollen Erzes. Der Herzog begann mit der Errichtung der *Albrechtsburg* auf dem Meißner Burgberg und entlohnte die Bauleute mit Schneeberger Silber. Herzog MORITZ und seinem Bruder erläuterte GEORG AGRICOLA 1550 im Vorwort seines berühmten Buchs über das Berg- und Hüttenwesen die Bedeutung des Silbers für ihr Land:

Silbermünze Ottos des Reichen (1156–1190), die ihn als Ritter im Kettenhemd mit Schwert und Fahnenlanze darstellt. Die Umschrift bezeichnet ihn als „Markgraf von Leipzig".

> Diese Bücher aber, durchlauchtige Fürsten, erscheinen aus vielen Gründen in Eurem Namen, hauptsächlich jedoch deshalb, weil die Bergwerke für Euch von größtem Nutzen sind. Denn wenn auch Eure Vorfahren aus ansehnlichen und reichen Bergwerksgegenden Einkünfte in Fülle gewonnen haben, insbesondere auch durch Abgaben, welche die Fremden auf den Straßen, die Einheimischen in Gestalt des Zehnten entrichten, so haben sie doch noch viel reichere Einkünfte aus den Bergwerken selbst gehabt. Sind doch durch diese nicht wenige angesehene Städte entstanden. So Freiberg, Annaberg, Marienberg, Geyer, Altenberg, um weitere wegzulassen. Ja, meiner Meinung nach ist jetzt sogar größerer Reichtum in den gebirgigen Gegenden Eurer Länder unter der Erde verborgen, als über der Erde vorhanden und sichtbar ist.
>
> (Georg Agricola, Zwölf Bücher vom Berg- und Hüttenwesen, übers. v. C. Schiffner, Düsseldorf 1953, S. XXVIII)

1 Warum erscheinen Georg Agricola die unterirdischen Schätze des Herzogtums wichtiger als die oberirdisch sichtbaren?

Georg Agricola – ein bedeutender Wissenschaftler aus Sachsen

Die Technik des Bergbaus in Sachsen verbesserte sich ständig. Der 1504 in Schneeberg erfundene *Pferdegöpel* ermöglichte z. B. die Förderung von Erz aus bis zu 250 m statt bisher 40 m Tiefe. Ein sächsischer Wissenschaftler schrieb auch das erste bahnbrechende Buch über das Berg- und Hüttenwesen („De re metallica"), dem die vorstehende Quelle und das Bild unten entnommen sind. Er wurde als Georg Bauer 1494 in GLAUCHAU geboren, nannte sich aber nach dem Studium in LEIPZIG der Mode der Zeit entsprechend mit dem lateinischen Namen AGRICOLA. In CHEMNITZ, wo er 1546 Bürgermeister wurde und 1555 auch starb, verfasste er sein berühmtes Werk, das über 200 Jahre das wichtigste Fachbuch für das Studium blieb.

Schnitt durch ein Bergwerk aus G. Agricolas „De re metallica". Dargestellt ist ein schräg verlaufender Stollen, in dem Erz abgebaut und transportiert wird, mit drei Schachtanlagen: Ⓐ hat den Stollen noch nicht erreicht, die handbetriebene Winde mit dem Förderkorb ist zu sehen; Ⓑ endet in den Stollen; der Schacht Ⓒ ist noch im Bau, zu ihm wird der Stollen vorgetrieben.
Es fehlen die technischen Anlagen zur Schachtentwässerung und zur Bewetterung des Bergwerks. Die Landschaft ist nicht mehr bewaldet, weil das Erz mit riesigen Mengen von Holzkohle verhüttet wird. Das Bild oben zeigt einen „Grubenhund", einen von Menschen oder Pferden auf Holzbahnen gezogenen Förderwagen.

Der Aufstieg Sachsens

Die Bedeutung der Städte

Städtischer Reichtum zum Wohl des Landesherrn

Schon vor den Silberfunden hatte Markgraf OTTO DER REICHE dem Ort LEIPZIG, der am Schnittpunkt bedeutender Fernhandelsstraßen zwischen Ost und West lag, um 1165 einen *Stadtbrief* ausgestellt. Damit entzog er den wichtigsten Handelsplatz seines Landes dem Einfluss des Landadels und sicherte sich Einkünfte aus den Abgaben der *Kaufleute*. Nach 1170 erhielten die damals nicht zur Markgrafschaft zählenden Siedlungen CHEMNITZ, ZWICKAU und ALTENBURG das Stadtrecht direkt von Kaiser FRIEDRICH I. BARBAROSSA. Mit ihren Reichsburgen wurden diese Städte zunächst zu Machtzentren der deutschen Könige und zu Hauptorten des Reichsterritoriums *Pleißenland*. Doch anders als in Süddeutschland entwickelten sie sich später nicht zu selbstständigen freien *Reichsstädten*, sondern gerieten unter die Herrschaft der Landesherren, die ihre Macht durch Burgen innerhalb der Stadtmauern bekundeten.

Das 1206 erstmals erwähnte DRESDEN besaß zwar 1275 bereits eine steinerne Brücke über die Elbe, doch neben Freiberg oder Leipzig war die kleine Siedlung unbedeutend. Erst nach der *Leipziger Teilung* 1485 begann Herzog ALBRECHT die heutige Hauptstadt des Freistaats Sachsen zur Residenz der sächsischen Herzöge auszubauen.

LEIPZIG dagegen wurde durch das *Messeprivileg* Kaiser MAXIMILIANS vom Jahr 1497 zum Handelszentrum ganz Mitteldeutschlands. Die Stadt gewann auch an Bedeutung durch die 1409 gegründete *Universität* und entwickelte sich zu einem der neuen Zentren des *Buchdrucks*. Der Reichtum der Bürger spiegelte sich in eindrucksvollen Bauwerken wie dem Alten Rathaus wider.

Das älteste Siegel der Stadt Leipzig von 1287 (oben) sowie der Stadt Freiberg (1244) mit dem Wappen der Markgrafen im Tor.

1 Fasse in einer Tabelle zusammen, welche Bedeutung die Städte, der Bergbau und die Landwirtschaft für den Landesherrn hatten.
2 Erläutere die Siedlungsabschnitte von Freiberg und Chemnitz.
3 Erkläre anhand der Urkunde rechts, wie der Herzog seine Einkünfte steigerte und was er den Bürgern dafür abtrat.

Die Stadt Leipzig nach der ältesten erhaltenen Darstellung von 1547 (Zerstörungen ergänzt).

Chemnitz – Handelsstadt mit vorwiegend planmäßiger Anlage

① Holzmarkt ○ Mühle
② Salzmarkt/Töpfermarkt ✕ Kupferhammer
③ Lateinschule ▲ Färbehaus

— vermutete vorstädtische Marktsiedlung
▨ Stadtgründung um 1165; Besiedlung bis ins 14. Jh.
▬ Stadtmauer vor 1264
▨ Vorstädte bis 16. Jh.
═ Fernhandelsstraße (Leinen, Tuche, Metalle)

Freiberg – gewachsene und geplante Bergstadt

▨ Bergmannssiedlung um 1170 (Sächsstadt)
▨ Handwerker- und Kaufmannssiedlung um 1180
▬ älteste Stadtmauer um 1190
▨ Kaufmannssiedlung nach 1190 (Altmarkt)
▨ Oberstadt (Neugründung 1210–1218)
▬ Stadtmauer (vor 1227)
▨ Vorstädte des 14.–16. Jh.
○ Mühle
⚒ Bergwerk

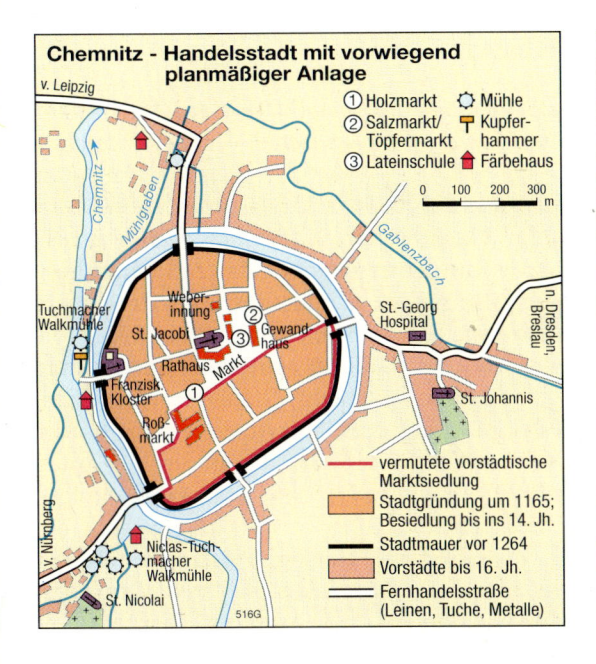

Aus einer Urkunde für die Stadt Leipzig, 1508:

Wir Georg von Gottes Gnaden Hertzog zu Sachsen u.s.w. bekennen, dass wir unsern Unterthanen, itzigen und zukünfftigen Räthen der Stadt Leipzig alle und jegliche Gerichte, Oberst und Niederst, über Hals und Hand ... von [für] drey tausend Rheinische Gulden erblich und ewiglich verkaufft haben ... Doch haben wir uns, allen unsern Erben und Nachkommen vorbehalten die Freyheit unsers Fürstlichen Schlosses zu Leipzig, desgleichen unser Hoff-Gesinde, Amptleute und Dienst-Bothen, über welche ohne unser sonderliche Zulassung oder Befehl nicht soll gerichtet werden ... Wir wollen auch unsere Universität zu Leipzig, auch aller Geistlichkeit und sonst jedermann hiermit ihre Privilegia und Freyheit nicht verkürtzen ...

(nach: Beier/Dobritzsch, a. a. O., S. 38)

Nationalstaaten in Westeuropa

England und Frankreich

Nationen formen sich

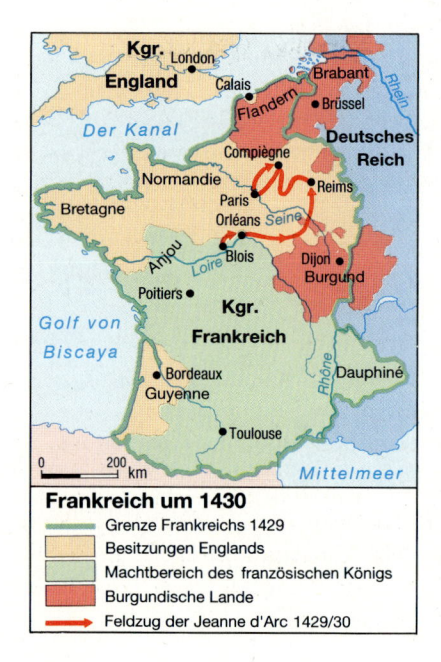

Anders als im Reich kam es in Westeuropa nicht zu einer Territorialisierung. In *England* und *Frankreich* setzte sich die königliche *Zentralgewalt* durch.

In *England* gehörte nach der Schlacht bei HASTINGS (1066) WILHELM DEM EROBERER, dem Herzog der Normandie, alles Land. Obwohl Wilhelm bei seiner Krönung versprochen hatte die bestehenden Gesetze und Besitzverhältnisse zu achten, organisierte er sein Reich als königlichen Hausbesitz. Er verpflichtete sich persönlich alle Grundbesitzer durch einen Treueid. Seine Nachfolger setzten bald eine zentrale Verwaltung, einheitliches Recht, Steuer- und Heerespflicht für alle durch. Mit der Zeit gelang es dem Adel zwar die königliche Macht zu beschränken und im „Großen Rat" auf die Regierung Einfluss zu nehmen, allerdings ohne Königsrechte zu gewinnen.

In *Frankreich* hatte sich ein starkes Königtum aus ganz bescheidenen Anfängen entwickelt. Im Jahre 987 war der Herzog der Île-de-France und Graf von Paris, HUGO CAPET, zum König gewählt und in REIMS gesalbt und gekrönt worden. Als „Gesalbter Gottes" war er über die anderen Fürsten hinausgehoben und ihr oberster Herr. Da die Königswürde ohne Unterbrechung in der Familie der *Kapetinger* verblieb, setzte sich in Frankreich mit der *Erbmonarchie* auch die Autorität des Königs durch. Mit Hilfe königlicher Beamter bauten die Kapetinger zunächst in ihrem Kronland eine Zentralverwaltung auf. Streitigkeiten in anderen Fürstentümern nutzten sie aus um diese Länder ihrem Hausbesitz einzuverleiben. Damit dehnte sich auch der Name des königlichen Stammlandes „La France" über weitere Gebiete aus, bis er schließlich dem Gesamtstaat den Namen gab.

Münzmonopol und allgemeine Steuerpflicht dokumentierten die Stärke des Königs ebenso wie das Recht, nach Gutdünken eine Versammlung aus Vertretern der *Geistlichkeit*, des *Adels* und der *Bürger* einzuberufen. Diese sogenannten *Generalstände* durften ihre Beschwerden oder Wünsche erst vortragen, wenn sie die vom König geforderten Steuern bewilligt hatten. Insofern sah man in der Teilnahme eher eine lästige Pflicht als eine Gelegenheit zur Mitbestimmung.

Frankreich um 1430
- Grenze Frankreichs 1429
- Besitzungen Englands
- Machtbereich des französischen Königs
- Burgundische Lande
- Feldzug der Jeanne d'Arc 1429/30

Der Hundertjährige Krieg

Erstmals seit 340 Jahren gab es im Jahre 1328 in der französischen Königsfamilie keinen männlichen Thronerben. Isabella aber, die Tochter des französischen Königs, war Mutter des englischen Königs EDUARD III. (1337–1377). Um zu verhindern, dass ein englischer König den französischen Thron bestieg, erklärten die Kronjuristen die weibliche Erbfolge für ungesetzlich. Damit war für Isabellas Cousin PHILIPP, *Graf von Valois*, der Weg zum Thron frei. Der „enterbte" Eduard III. von England erkannte den neuen König zunächst an. Erst als Philipp ihm seine französischen Gebiete streitig machte, griff er 1339 zu den Waffen. In den bis 1453 immer wieder aufflackernden Kämpfen blieben die Engländer lange Zeit siegreich. Ihre Langbogenschützen vernichteten 1346 bei CRÉCY, 1356 bei POITIERS und 1415 bei AZINCOURT die französischen Ritterheere. Im Vertrag von Troyes 1420 musste der französische König dem englischen ein Drittel Frankreichs und den Thron überlassen.

Erkläre, warum Eduard III. auf dieser Münze die französische Königslilie in sein Banner nahm.

Jeanne d'Arc – ein Bauernmädchen als Nationalheldin

Im Jahre 1429 schien mit der Stadt ORLÉANS auch der letzte Stützpunkt des französischen Thronanwärters KARL in englische Hand zu fallen. Die Wende brachte ein 17-jähriges Bauernmädchen aus dem Dorf DOMREMY in Lothringen, das sich von Gott berufen glaubte Karl zu Krone und Sieg zu verhelfen. Im März 1429 trat sie in Männerkleidung vor Karl hin und überzeugte ihn von ihrem Auftrag. Dann wandte sie sich an die englischen Belagerer von Orléans:

> König von England und Ihr, der Ihr Euch Regent von Frankreich nennt, gebt dem König des Himmels sein Recht! Durch Ihn ist die Jungfrau gesandt, um Euch aus ganz Frankreich zu schlagen. Sie ist gern zum Frieden bereit, wenn Ihr sie als Gottgesandte anerkennt, von Frankreich ablasst und zurückerstattet, was Ihr Euch angeeignet habt. Zieht im Namen Gottes ab in Euer Land! Glaubt nicht, dass Ihr je das Königreich Frankreich erhalten werdet. König Karl, der wahre Erbe, wird es besitzen, denn Gott will es so. Gebt Antwort, wenn Ihr in Orléans Frieden schließen wollt. Wenn nicht, so werdet Ihr es in Kürze zu Eurem großen Schaden bereuen.
> (Brief vom 22. 3. 1429, in: Ruth Schirmer-Imhoff, Der Prozeß Jeanne d'Arc 1431. Akten und Protokolle, München 1961, S. 35f., vereinf.)

Jeanne d'Arc mit dem Jesus-Banner auf einer Zeichnung im Gerichtsprotokoll 1429.

Wider Erwarten glückte JEANNE die Befreiung Orléans. Nun ermutigte die „Jungfrau von Orléans" Karl, zur Krönung nach REIMS ins englisch besetzte Gebiet zu ziehen. Bevor Jeanne zum Sturm auf Paris aufbrechen konnte, geriet sie in Gefangenschaft ihrer Gegner. Die Engländer stellten sie im Mai 1431 vor ein geistliches Gericht in ROUEN und ließen sie als Zauberin und Ketzerin verbrennen.

Ein neues Nationalbewusstsein

Entschlossen setzte KARL VII. den Kampf fort, eroberte 1436 Paris und beließ den Engländern mit CALAIS nur noch einen festländischen Brückenkopf. Seine Hochzeit mit der Erbin der Bretagne erweiterte erneut den Landbesitz der Krone. Für die innere Sicherheit, die Bürger und Bauern zum Wiederaufbau benötigten, sorgte ein stehendes Heer. Neu gegründete „Oberste Gerichtshöfe" verhalfen dem königlichen Recht zur Geltung, feste Steuern deckten den Finanzbedarf der Krone. Das Erfolgsgeheimnis verriet der Wahlspruch eines königlichen Beraters: „Einem tapferen Herzen ist nichts unmöglich."

In England brachen dagegen bald nach Kriegsende Thronstreitigkeiten aus, bei denen sich die rivalisierenden Adelshäuser *Lancaster* und *York* nahezu ausrotteten. Erst 1485 konnte HEINRICH VII. die Wirren beenden.

Seit der Schlacht bei Hastings war England zweisprachig, denn die normannischen Eroberer führten *Französisch* als Amtssprache ein. Mit dem erwachenden Nationalbewusstsein setzte sich jedoch im 14. Jahrhundert erneut das *Englische* als *Nationalsprache* durch. Auch die Gebildeten benutzten nun die englische Gemeinsprache, die durch Dichtung und Bibelübersetzung rasche Verbreitung fand.

1 Nenne die Abschnitte der englischen und französischen Nationalstaatsbildung. Welche Unterschiede siehst du zum Deutschen Reich?

Nationalstaaten in Westeuropa

Spanien – Nation aus drei Kulturen

Krieg und Zusammenleben

Spaniens Geschichte ist über fast 800 Jahre durch die *Reconquista* (Rückeroberung) bestimmt. 711 hatten die Araber das *Westgotenreich* überrannt und fast ganz Spanien erobert. Von kleinen christlichen Restgebieten im Norden ging die Reconquista aus. In diesem Krieg focht man zunächst ohne religiösen Fanatismus um Herrschaft und Landbesitz. Berühmte Kämpfer wie der Nationalheld EL CID (1043 bis 1099) konnten einmal islamischen, dann wieder christlichen Herren dienen. Andersgläubige Untertanen mussten lediglich mehr Steuern zahlen. In dieser relativen Duldsamkeit kamen drei Kulturen zusammen: *Moslems*, *Christen* und *Juden* beeinflussten sich gegenseitig. Während die Christen die Idee des „Heiligen Krieges" übernahmen, waren Juden führend im Geldwesen und in der Wissenschaft und berieten oftmals christliche Fürsten. Die Moslems, in Spanien *Mauren* genannt, wirkten als Baumeister, Handwerker und Künstler.

Zur Zeit der Kreuzzüge entstanden auch in Spanien Ritterorden, die die Mauren mit großem Glaubenseifer bekämpften. So drangen die christlichen Königreiche trotz mancher Rückschläge unaufhaltsam gegen die „Ungläubigen" vor und hatten im 13. Jahrhundert nahezu die gesamte Iberische Halbinsel erobert. Lediglich das maurische Königreich *Granada* konnte seine Unabhängigkeit mühsam bewahren. Im Jahr 1469 vermählten sich ISABELLA VON KASTILIEN und FERDINAND VON ARAGON und begründeten mit der Vereinigung ihrer Reiche den Aufstieg Spaniens zur Weltmacht. Durch die beiden „Katholischen Majestäten" erhielt die Reconquista einen neuen Impuls, der 1492 zur Eroberung von Granada führte. Im christlichen Spanien mussten die Mauren nunmehr um ihre Existenz bangen.

Spanien im 15. Jahrhundert
- Vorstöße gegen die Araber während der Reconquista
- 1236 Jahr der Eroberung durch christliche Königreiche

Das Bild von Córdoba zeigt drei Wurzeln der spanischen Kultur: römisch sind die Brückenpfeiler, maurisch die Brückenbögen, die den Fluss Guadalquivir elegant überspannen; die festungsartige Große Moschee, die

Staatsziel: Glaubenseinheit

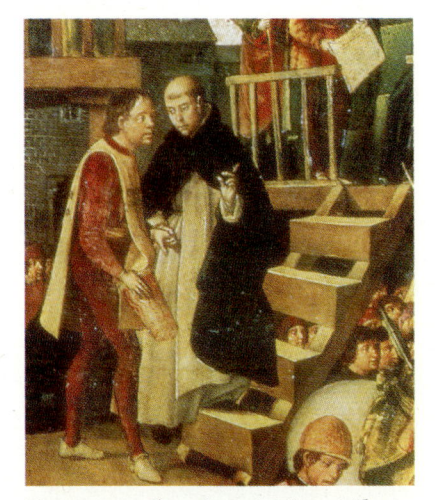

Die Einheit im Glauben sollte die Grundlage für die Verschmelzung der Königreiche Aragon und Kastilien bilden. Deshalb erneuerten Ferdinand und Isabella im Jahre 1480 die *Inquisition*. Das war eine geistliche Gerichtsbehörde, die Irrgläubige aufspüren und bekehren oder aber verurteilen sollte. Zwar gab es Protokolle der Gerichtsverhandlungen, doch wurden die Angeklagten in der „peinlichen Befragung" gefoltert. Auch war der Inquisitor zugleich Ankläger, Untersuchender und Richter. Glaubenseiferer machten die Inquisition bald zum gefürchteten Machtinstrument und zum Inbegriff abschreckender Grausamkeit im Namen der Kirche. Der Papst hatte sie 1232 den *Dominikanern* übertragen, die nach dem Willen des Ordensgründers, des Spaniers DOMINIKUS, eigentlich in Wissenschaft, Predigt und Seelsorge wirken sollten. Ihr Spitzname „Dominicanes", „Spürhunde des Herrn", spielte auf ihr neues Arbeitsfeld an.

Nun war die Zeit der Toleranz vorbei. Mauren und Juden sahen sich einer heftigen Propaganda ausgesetzt zum Christentum überzutreten. Es kam zu Massentaufen. Die Inquisition überwachte die Gläubigen und wer sich nicht bekehrte, musste auswandern.

So richtete das königliche Edikt, das 1492 alle Juden und 1502 alle Mauren aus Granada vertrieb, nicht nur unendliches menschliches Leid an. Es führte auch im wirtschaftlichen und kulturellen Leben Spaniens zu einem unerhörten Einbruch.

Ketzer vor dem Inquisitionstribunal. Ein Dominikaner spricht ihm zu und zeigt auf das Protokoll. Der Beklagte hat die Ketzermütze in der Hand; noch kann er abschwören (Gemälde um 1500).

1. Worin liegt das Besondere der Entwicklung Spaniens im Mittelalter?
2. Wie erlangte die Kirche in Spanien ihre beherrschende Stellung?
3. Welche Gründe hatte die Vertreibung der Mauren und Juden aus Spanien? Was war die Folge?

Mezquita, nimmt die Bildmitte ein, überragt von der in sie hineingebauten christlichen Kathedrale und dem zum Kirchturm umgebauten Minarett.

Osteuropa im späten Mittelalter

Die Entwicklung Polens

Polen – Land zwischen West und Ost

Der Adler im Wappen Polens ist das älteste polnische Staatssymbol.

Polen hat sich vom Beginn seiner Geschichte an zwischen Deutschland und Russland behaupten müssen. Seine Grenzen sind dabei immer wieder und sogar noch bis in unser Jahrhundert hinein verschoben worden. Doch blieb auch in Zeiten schlimmster Unterdrückung, in denen Polen sogar von der Landkarte verschwand, das polnische Nationalbewusstsein ungebrochen. Bis in die Gegenwart hinein gab dann die Kirche dem polnischen Volk Halt und Orientierung.

Mit der Übernahme des römisch-katholischen Christentums im Jahre 966 hatte sich Polen nach Westeuropa ausgerichtet. Besonders König BOLESLAW I. CHROBRY (966–1025) führte diese Politik fort und schloss Polen eng dem Heiligen Römischen Reich an. Bis ins 14. Jahrhundert riefen polnische Fürsten deutsche Mönche, Bauern und Kaufleute in ihr noch wenig entwickeltes Land. Viele von ihnen haben dort eine neue Heimat gefunden. Familienbeziehungen zwischen deutschen und polnischen Fürstenhäusern waren nicht selten und verstärkten die Bindung Polens an die Kultur des Abendlandes.

Äußere Größe – innere Schwäche

Im Jahr 1386 vermählte sich die polnische Königstochter HEDWIG mit dem litauischen Fürsten JAGIELLO. Die *Union* beider Länder dehnte das Staatsgebiet im Osten gewaltig aus, so dass Polen nach dem Sieg über den Deutschen Orden von der Ostsee bis zum Schwarzen Meer reichte. Das Ziel eines großpolnischen Staates, das schon Polens König BOLESLAW um 1000 vorschwebte, schien damit erreicht zu sein.

Doch entsprach dieser gewaltigen Ausdehnung keine innere Stärke. Zunehmend mussten sich die Könige der Machtansprüche des Großadels *(Magnaten)* erwehren. Sie stützten sich dabei auf den Kleinadel, der immer mehr Rechte an sich zog. Seit 1468 bildeten seine Vertreter im polnischen Reichstag neben den Magnaten die 2. Kammer. Mit der Verfassung von 1505 beschränkte dann der Reichstag die Königsrechte auf die ausführende Gewalt und behielt sich das Recht vor, Gesetze zu geben. Die Einführung der *freien Königswahl* (1572) machte aus Polen praktisch eine „Adelsrepublik", was dem Adel die Durchsetzung privater Interessen ermöglichte. Polen war dem Einfluss ausländischer Mächte nun zunehmend ausgesetzt und büßte seine Vormachtstellung im Osten allmählich ein.

> Weil das gemeine Recht und die öffentlichen Verfassungen nicht den Einzelnen, sondern das Gesamtvolk angehen, haben Wir auf diesem Reichstag zu Radom mit sämtlichen Prälaten, Räten, Baronen und Landboten Unseres Reiches für recht und vernünftig erachtet, auch verordnet, dass künftig in allen kommenden Zeiten nichts Neues (= nihil novil) von Uns und Unseren Nachfolgern bestimmt werden solle, ohne Genehmigung unserer gemeinsamen Räte und Landboten.
> (nach: W. Günzel, Polen, Hannover 1965, S. 25)

Der Kanzler Jan Laski überreicht 1506 König Alexander von Polen die Sammlung der Gesetze und Privilegien. Am Thron sitzen die Erzbischöfe von Gnesen und Lemberg sowie die Bischöfe von Krakau und Wloclawek. Die Wappen bezeichnen Herrschaften (u. a. das Deutschordensland).

1 Nenne die wichtigsten Etappen auf dem Weg zum polnischen Großreich. Nimm dabei die Karte zu Hilfe.
2 Welche Mächte waren an einem schwachen Polen interessiert?
3 Vergleiche das Verhältnis von König und Fürsten in Polen mit der Situation im Deutschen Reich und in Frankreich.

Der Aufstieg Russlands

Waräger – Byzantiner – Tataren

Mit *Russland* trat Ende des 15. Jahrhunderts eine Macht ins europäische Bewusstsein, die sich bis dahin in großer Abgeschiedenheit entwickelt hatte und nur in kriegerischer Abwehr gegen Litauen, Schweden und den Deutschen Orden hervorgetreten war.

Das Russische Reich verdankte seine Entstehung den *Warägern*. Das waren kriegerische normannische Fernhändler aus Skandinavien, die seit dem 8. Jahrhundert die großen Ströme Russlands befuhren und Handel bis BYZANZ trieben. Die Slawen nannten sie „Rus", woraus der Name *Russland* entstand. Einer alten Chronik zufolge soll der Waräger RURIK um 862 Fürst von NOWGOROD geworden sein und die erste mächtige Herrschaft begründet haben. Die kleine Schicht der Waräger verschmolz rasch mit der slawischen Bevölkerung und bald wurde KIEW die Hauptstadt eines großen Reiches. Seine Fürsten suchten Beziehungen zu Byzanz und nahmen 988 das *griechisch-orthodoxe Christentum* an. Damit trennten sie sich vom römisch-katholischen Abendland, denn fortan waren in Russland das kirchliche Leben, die Kunst, die Schrift und der Kalender byzantinisch geprägt. Auch als das *Kiewer Reich* in Teilfürstentümer zerfiel, behielt die orthodoxe Kirche ihre ganz Russland prägende Kraft.

Kurz nach 1200 hatten die *Mongolen*, aus Zentralasien kommend, ein Großreich von Westchina bis Südrussland errichtet. Die *Tataren*, wie man sie später nannte, überrannten ab 1237 auch die russischen Fürstentümer und hielten sie über 200 Jahre in ihrer Gewalt.

Kuppeln und Türme von Kathedralen im Moskauer Kreml, der befestigten Residenz russischer Zaren (erbaut seit dem 14. Jh.). Sie zeigen die Bedeutung der russischen Kirche für die Moskauer Reichsidee.

Mit ihren brutalen Herrschafts- und Strafmethoden übten sie auf die russische Bevölkerung eine nachhaltige Wirkung aus. Die von den Tataren geduldete Kirche bot dem russischen Widerstand Rückhalt. Doch verlor sie zunehmend die Kraft geistig-kultureller Entfaltung und erstarrte in rückwärts gewandter Beharrung.

Das Moskauer Zarentum

Die Befreiung Russlands von der Tatarenherrschaft ging von dem zunächst unbedeutenden Teilfürstentum MOSKAU aus. Durch die „Sammlung russischer Erde" dehnte es seine Herrschaft über angrenzende Fürstentümer aus und stieg im Jahre 1328 zum Großfürstentum auf. Als das Oberhaupt der russischen Kirche seinen Sitz nach Moskau verlegte, stärkte dies die Führungsrolle der Großfürsten im erfolgreichen Kampf gegen die Tataren.

Die russische Kirche lehnte die Verständigung zwischen der griechischen und römischen Kirche aus dem Jahre 1439 ab und erklärte sich zur „Hüterin des wahren Glaubens". Sie sah in der Eroberung von Byzanz durch die Armee des Sultans MEHMED II. im Jahre 1453 die Strafe Gottes für die abtrünnige griechische Kirche.

IWAN DEM GROSSEN (1462–1505) gelang es die tatarische Oberhoheit abzuschütteln, weitere Gebiete einzugliedern und die staatliche Einheit Russlands herzustellen. Im Jahre 1472 heiratete er die Nichte des letzten Kaisers von Byzanz und sah sich als dessen Erben an. Von nun an nannte er sich Selbstherrscher *(Autokrator)* und *Zar* (Kaiser) und übernahm von Byzanz das Hofzeremoniell und den Doppeladler im Reichswappen.

Die russische Kirche bezeichnete Moskau als den Hort des einzig rechtgläubigen (= orthodoxen) Christentums und – nach Rom und Byzanz – als das „dritte und ewige Rom", das zur Weltherrschaft berufen sei. Einen Eindruck von der kirchlich gestützten Autokratie des Zaren, die fortan Russland prägte, vermittelt der habsburgische Gesandte SIEGMUND VON HERBERSTAIN aus dem Jahre 1549:

Der Zar (Holzschnitt aus Herberstains „Moscovia", 1556).

Der „Stammbaum des Moskauer Reiches" als politische Propaganda: Aus dem Kreml wächst der Baum mit dem Erlöser, in den Medaillons Bilder von Herrschern und Kirchenfürsten (Ikone, 17. Jh.).

> Hinsichtlich der Macht, die er über seine Untertanen ausübt, übertrifft der moskowitische Fürst bei weitem alle Monarchen der Welt. Seine Macht erstreckt sich gleichermaßen auf geistliche und weltliche Personen, über deren Leben und Vermögen er schrankenlos nach Gutdünken verfügt. Selbst von seinen Ratgebern könnte keiner sich getrauen, eine von der Meinung des Zaren abweichende Ansicht zu vertreten oder ihm gar entschieden zu widersprechen. Offen sagen sie, der Wille des Zaren sei Gottes Wille und der Zar handle nur als Vollstrecker des göttlichen Willens. Deshalb pflegt auch der Zar selbst auf wichtige Gesuche zu antworten: „Wenn Gott es befiehlt, werden Wir es tun." Und bei unsicheren und zweifelhaften Sachen pflegt man zu sagen: „Das weiß nur Gott und der großmächtige Zar." Ungewiss ist, ob dieses Volk seines groben und verstockten Wesens halber das Bedürfnis hat, sich von einem Tyrannen beherrschen zu lassen oder ob es unter dem Einfluss der Tyrannei des Zaren so gefühllos und grausam wird.
> (Siegmund v. Herberstain, Rerum Moscoviticarum Commentarii (1549), nach: V. Gitermann, Geschichte Russlands, Bd. 1, Hamburg 1949, S. 408 f.)

1 Diskutiert den Schlusssatz der Quelle und versucht die historischen Gründe und Auswirkungen der Autokratie zu erläutern.
2 Welche Rolle für die Ausprägung der russischen Autokratie spielten die russische Kirche und die Tatarenherrschaft?

Herbst des Mittelalters

Die Pest entvölkert Europa

Der Schwarze Tod

> Das große Sterben begann im Januar und dauerte sieben Monate. Zu unterscheiden waren zwei Krankheitsformen: Die erste zeigte sich in den ersten beiden Monaten mit anhaltendem Fieber und blutigem Auswurf. Alle starben innerhalb von drei Tagen. Die zweite Form ging ebenfalls mit ständigem Fieber einher, zeigte aber auch Geschwüre und Beulen auf der Körperoberfläche, zumal in den Achsel- und Leistengegenden. Diese Kranken starben binnen fünf Tagen. Die Krankheit war so ansteckend, dass nicht nur ein Verweilen bei den Kranken, sondern ein bloßer Anblick schon zur Ansteckung genügte. Einer empfing sie vom anderen in dem Maße, dass ganze Familien starben, ohne jede Pflege, und begraben wurden sie ohne Priester.
> (Der sog. Avignoner Brief, nach: M. Vasold, Pest, Not und schwere Plagen, München 1991, S. 43 f.)

Mit Geißeln, an deren Ende Nägel befestigt waren, zogen Menschen zu Hunderten von Stadt zu Stadt. Um die Pest als Strafgericht Gottes abzuwenden peitschten die Geißler ihre Oberkörper.

Die todbringende Seuche, deren Verlauf der päpstliche Leibarzt GUY DE CHAULIAC im Jahre 1348 beschreibt, hatte im Herbst des Jahres 1347 die ersten Hafenstädte des Mittelmeers erreicht. Von dort breitete sie sich mit einer Geschwindigkeit von drei bis acht Kilometern pro Tag von Frankreich nach Norden aus. Über den Gotthard- und den Brenner-Pass erreichte diese erste große *Pestwelle* 1348 Deutschland. Ihr voraus eilten Nachrichten über das große Sterben. In Italien hatte die Seuche in manchen Städten die Hälfte der Bevölkerung dahingerafft, auch in Frankreich ließ sie entvölkerte Gegenden zurück. Die Angst vor dem unerklärlichen *Schwarzen Tod* führte auf der Suche nach „Sündenböcken" vor allem in deutschen Städten 1349 zu einer regelrechten Judenverfolgung.

In den Jahren 1348–1350 fielen der Pest nach vorsichtigen Schätzungen 25 Millionen Menschen zum Opfer: etwa ein Drittel der europäischen Gesamtbevölkerung. Noch heute erinnern Pestsäulen, Prozessionen und Passionsspiele an die Schrecken jener Zeit.

Ratten mit pestverseuchten Flöhen im Pelz hatten die Seuche an Bord der Handelsschiffe geschleppt. Erst sehr viel später – aber als Folge der Pest – blieben die Besatzungen aller Schiffe aus dem Orient 40 Tage (italienisch: quaranta) isoliert, bevor sie das Festland betreten durften. Sie wurden der Quarantäne unterworfen, einer heute weltweit verbreiteten Vorsichtsmaßnahme.

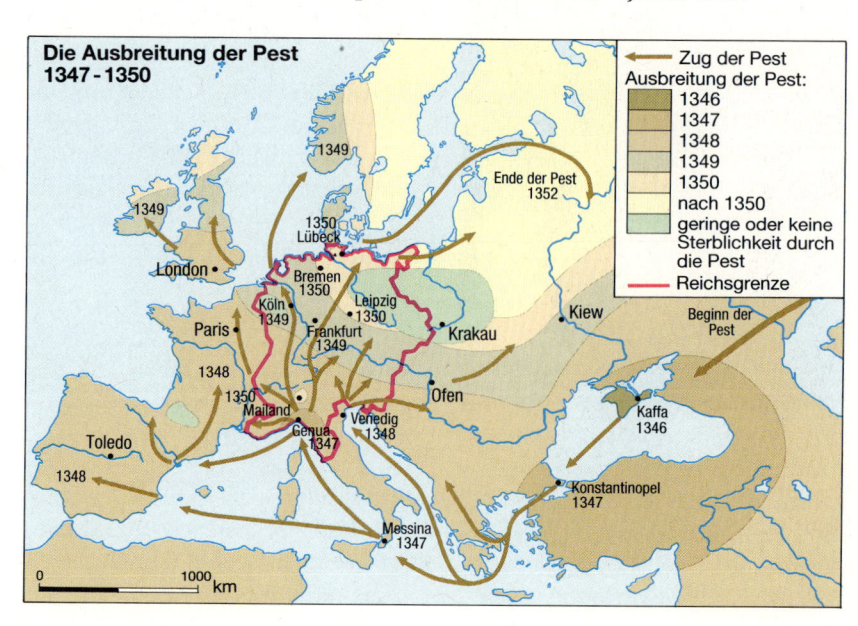

Wissen und Bildung

**Universitäten –
Zentren des Wissens**

Schon im 12. Jahrhundert hatte sich an einigen Kloster- und Kathedralschulen eine Gemeinschaft von Lehrenden und Lernenden gebildet, die oft aus ganz verschiedenen Ländern kamen. In PARIS hatte einer solchen „universitas magistrorum et scholarium", wie man damals sagte, der Domherr ROBERT DE SORBON Studienhäuser (Kollegien) gestiftet. Da sein Beispiel auch andernorts Schule machte, übertrug sich der Name *Universität* von der Lebensgemeinschaft der Lehrer und Schüler bald auch auf die Gebäude.

Die Universität von Paris, deren Name *Sorbonne* an ihren Stifter erinnert, galt im Mittelalter als Hochburg für das Studium der Philosophie und Theologie. In der Rechtswissenschaft war die Universität von BOLOGNA führend. Über die Universitäten in SALERNO und MONTPELLIER gelangte das medizinische Wissen der Antike dank der kenntnisreichen arabischen Ärzte nach Europa. Zu diesen alten Universitäten traten im 14. und 15. Jahrhundert zahlreiche Neugründungen in ganz Europa. Um 1500 gab es im Reich 16 Universitäten, unter denen PRAG (1348), WIEN (1365), HEIDELBERG (1386), KÖLN (1388), ERFURT (1392), LEIPZIG (1409) und ROSTOCK (1419) die bekanntesten waren.

Zwar regelte jede Universität Inhalt und Ablauf eines Studiums für sich, doch glichen sich die Unterrichtsformen: Die *Vorlesungen* mit ihrer Lektüre und genauen Erläuterung lateinischer Texte ergänzten *Disputationen*, bei denen der Student über ein Thema oder einen Text zu diskutieren und dabei Argument und Gegenargument abzuwägen lernte.

**„Artes liberales" –
die eines freien Mannes
würdigen Künste**

Bevor jedoch ein Student das Studium der Theologie, Jurisprudenz oder Medizin aufnehmen konnte, musste er sich in den „Artes liberales", in den *Freien Künsten*, an einer der Universitäten ausbilden lassen. In einem ersten Lehrgang verbesserten die etwa 10- bis 16-jährigen Schüler ihre lateinischen Grammatikkenntnisse, lernten im Fach Dialektik die Kunst der Diskussion und verfeinerten durch die Rhetorik ihre Rede. Arithmetik, Geometrie, Musik(theorie) und Astronomie schlossen sich im zweiten Teil der fünfjährigen Ausbildung an. Eine Abschlussprüfung öffnete dem Studenten dann den Weg zu den höheren Studien: zur Medizin, zur Jurisprudenz oder zur Theologie.

Doch schlossen längst nicht alle Studenten das Studium mit einem Examen ab. Nur etwa 15 % der Studienanfänger brachte es zum „Magister artium", zum Lehrer der Freien Künste. Allein 5 % konnten nach dem Studium den Doktor-Titel führen.

Aula einer Universität im 14. Jahrhundert.

1 Nenne die Länder, die von der Pest heimgesucht wurden.
2 Schildere die Symptome der Pesterkrankung.
3 Welche Folgen hatte eine Epidemie für Krankenpflege und Bestattung?
4 Erkläre, warum die Juden im Mittelalter in die Rolle der „Sündenböcke" gedrängt wurden.
5 Erkläre den Begriff „Universität".
6 Fertige zur Universitätsausbildung ein Schaubild an.
7 Nenne Gründe, die einen Landesfürsten zur Gründung einer Universität veranlassen konnten.

Herbst des Mittelalters

Pracht und Wohlstand in Burgund

Burgund: klein, aber fein

Scheinbar unberührt von den Kriegen und Krisen des 14. und 15. Jahrhunderts zeigte sich das anfangs nur kleine *Herzogtum Burgund*. Der Hundertjährige Krieg und der Zerfall des Deutschen Reiches schienen das nur hundert Jahre selbstständige Herzogtum eher zu begünstigen. Immer wieder gelang es den burgundischen Herzögen mit unglaublicher Prachtentfaltung die Aufmerksamkeit Europas auf sich zu ziehen. Dabei stand ihr Hof in DIJON ebenso oft im Mittelpunkt wie die burgundischen Städte Flanderns und Brabants, wenn zu Messen oder Turnieren geladen war.

Burgund verdankte seinen Wohlstand in erster Linie seinen Bauern und Winzern. Burgunder Rotwein war ebenso geschätzt wie Dijoneser Schinken. Mit Pasteten und Kapaunen, mit Wildschwein und Lamm sowie zahlreichen Delikatessen aus seiner Küche wusste der Herzog seine Gäste bei Festbanketten zu verwöhnen. Und seine Freude am stilvollen Tafel- und Weingenuss bescherte Glasbläsern und Silberschmieden willkommene Aufträge.

Philipp der Gute von Burgund (1419–1467), auf dessen Herkunft die Lilien verweisen. Der Teppich zeigt die Landeswappen von Burgund, Flandern, Limburg und Brabant.

Der Anbau von Flachs und Hanf bildete die Grundlage der Tuchherstellung, in der sich Flandern vor allen burgundischen Landesteilen hervortat. Dank der in Burgund gezüchteten Färberpflanzen *Krapp* (rot) und *Reseda* (hellgrün) waren die burgundischen Tuchhersteller der Konkurrenz im Wettbewerb um modische Kleidung eine Nasenlänge voraus.

Burgund – führend in Sachen Mode

„Wer schön sein will, muss leiden." Diese Volksweisheit bewies in Burgund einmal mehr ihre Gültigkeit. In hautenge Hosen gezwängt durchlitten hohe Herren bei öffentlichen Auftritten kaum weniger Qualen als ihre in Mieder geschnürten Damen, die mit einer Wespentaille dem Schönheitsideal der Zeit entsprechen wollten. Für den Herrn galt das kurze, oftmals geteilte Wams mit Puffärmeln und einer dazu passenden ausgefallenen Kappe als letzter Schrei. Die modebewusste Dame trug ein edelsteinbesetztes Schleppenkleid mit tiefem Ausschnitt. Ihr Kopfputz und ihre Haartracht mussten dem Schönheitsideal entsprechend die hohe, gewölbte Stirn betonen.

Die Schuhmode in Burgund hatte besonders extravagante Vorschriften. Je spitzer der Schuh, desto edler sein Träger. Nur fürstliche Zehen durften Schuhspitzen von mehr als zweieinhalbfacher Fußlänge tragen. Der Fuß des „kleinen" Mannes musste sich mit Schuhen begnügen, deren Spitze lediglich eine halbe Fußlänge maß. Doch war solch weltliches Modebewusstsein vor allem seitens der Kirche nicht sonderlich gelitten, wie eine Chronik aus dem Jahre 1372 beweist:

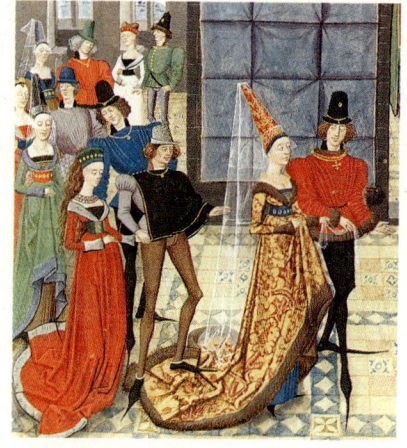

Hochzeiten boten auch im Burgund des 15. Jh. eine Gelegenheit zu besonderer Prachtentfaltung.

> Da fast alle jungen Leute der Eitelkeit ergeben Schnabelschuhe tragen, will der allmächtige Gott, dem der Hochmut der Menschen missfällt, zeigen, dass ihm diese Eitelkeit nicht gefalle. Und er gestattete daher, dass der Blitz, vom Himmel kommend, plötzlich die Schnabel solcher Schuhe oder die Nasen an den Füßen eines gewissen Edelmannes abschlug.
> *(Chronik des Benesch, zitiert nach: Otto Zierer, Bild der Jahrhunderte, Bd. 24, München 1953, S. 265)*

Zusammenfassung

Eine Epoche klingt aus

Im Namen „Spätmittelalter" klingt das Ende eines Zeitalters an. Alte Entwicklungen versiegen und es werden neue Ansätze sichtbar, die bis in unsere Gegenwart fortwirken.

Die beiden Universalgewalten *Kaiser* und *Papst* hatten sich in ihrer Auseinandersetzung verbraucht und verloren ihre bestimmende Rolle. Das Reich erfuhr eine *Territorialisierung* mit einer gewissen Widersprüchlichkeit: Die Fürsten setzten gegenüber dem Kaiser ihre reichsständische Freiheit durch, unterwarfen jedoch die Stände ihrer eigenen Territorien der *landesherrlichen Gewalt*. Die *Kurfürsten* verankerten ihre Stärke in der *Goldenen Bulle*, bewirkten damit jedoch eine Schwächung des Kaisers bis zum Ende des Reiches. Durch Bildung einer *Hausmacht* suchten die Kaiser eine neue Machtbasis; dabei erheirateten sich die *Habsburger* eine europäische Großmachtstellung.

Kirche und Papsttum gerieten in eine tiefe Krise. Alle Versuche, die nötigen *Kirchenreformen* auf Konzilien durchzusetzen, scheiterten am hinhaltenden Widerstand von Papst und Kaiser. Der Boden für die Reformation war so bereitet.

In langen Kriegen entstanden im Westen *Nationalstaaten*. Mit dem Stolz auf die eigene Unabhängigkeit und Besonderheit kam es jedoch oft auch zu Vorbehalten gegenüber anderen Nationen. Andererseits bot die deutsche *Ostkolonisation* ein zumeist friedliches Beispiel fruchtbarer kultureller Durchdringung und Entwicklung.

Osteuropa hingegen erfuhr tiefgreifende Erschütterungen: einmal durch den bis Schlesien vordringenden Ansturm der *Tataren*, deren langjährige Herrschaft über Russland dessen Isolierung von Europa bewirkte; zum anderen durch das Vordringen der *Türken*, die das *Byzantinische Reich* vernichteten und den Balkan eroberten.

Eine andere Erschütterung traf alle Völker jener Zeit: die *Große Pest* des 14. Jahrhunderts! Und dennoch erreichte die Kultur des späten Mittelalters im 15. Jahrhundert noch eine hohe Blüte.

Wichtige Begriffe

- Autokratie
- Deutscher Orden
- Drittes Rom
- Erzämter
- Goldene Bulle
- Hausmachtpolitik
- Inquisition
- Kirchenreform
- Kurfürst
- Landesherr
- Nationalstaat
- Orthodoxe Kirche
- Ostsiedlung
- Pest
- Reconquista
- Stadtrechtsfamilie
- Tataren
- Territorialisierung

Geschichtslabor

Nation – Nationalstaat – Nationalismus

Das nationalistische Prinzip …

St. Ursula, Schutzpatronin der „Rheinischen Nation", birgt die Schutzsuchenden unter ihrem Mantel (Steinplastik, Köln, um 1465).

Im Spätmittelalter bildeten sich in Westeuropa die heutigen großen Nationalstaaten *England* und *Frankreich* heraus. Dahinter stand die Vorstellung, dass alle Angehörigen einer *Nation* oder eines Volkes als Gemeinschaft zusammengehören und auch einen einheitlichen *Staat* bilden sollten. Dieses *Nationalstaatsprinzip* hat sich später in der ganzen Welt als äußerst wirkungsvoll, zugleich aber auch als sehr gefährlich erwiesen.

Der Begriff „Nation" kommt vom lateinischen „natio" und bezeichnet ursprünglich eine größere Gruppe von Menschen, die durch „Geburt" zum gleichen Volk oder Stamm gehören. Im Spätmittelalter verwendete man das Wort *Nation* auch für Studenten gleicher Herkunft an den *Universitäten*. So gab es an der Universität WIEN eine „Sächsische Nation", in LEIPZIG umfasste die „Bayerische Nation" alle Fremden, auch Rheinländer, Engländer, Franzosen und Spanier. Diese Universität war 1409 gegründet worden, als die „deutschen Nationen" unter böhmischem Druck aus der Universität PRAG auszogen.

Im 15. Jahrhundert erhielt der Begriff allmählich seine heutige Bedeutung: Menschen gleicher Herkunft, Geschichte, Sprache und Kultur, die einen geschlossenen *Staat* bilden. In dieser Zeit wurden sich die Völker Europas stolz ihrer nationalen Identität bewusst. Sie entwickelten freilich nicht nur ein nationales Zusammengehörigkeitsgefühl, sondern häufig auch ein Gefühl der Überlegenheit, das „Fremdes" ablehnte und aussonderte. Der oben geschilderte Vorgang an der Universität Prag ist dafür ein Beispiel und auch die antienglischen Äußerungen der JEANNE D'ARC weisen in diese Richtung. Die Engländer ihrerseits verbannten die französische Sprache aus ihren Schulen. Selbst das „Heilige Römische Reich" des Mittelalters erhielt 1486 den stolzen Zusatz „Deutscher Nation". Und in dem verbreiteten Buch *Das Narrenschiff* bezeichnete SEBASTIAN BRANT (1457–1521) alle Ausländer als Narren, die man nicht beachten sollte.

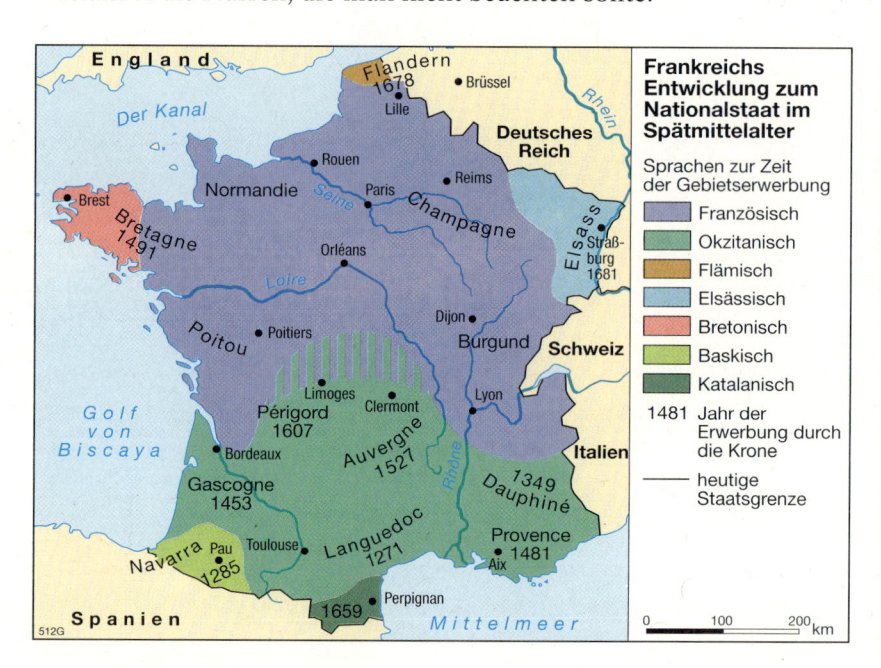

Frankreichs Entwicklung zum Nationalstaat im Spätmittelalter

Sprachen zur Zeit der Gebietserwerbung:
- Französisch
- Okzitanisch
- Flämisch
- Elsässisch
- Bretonisch
- Baskisch
- Katalanisch

1481 Jahr der Erwerbung durch die Krone

— heutige Staatsgrenze

... und die Folgen

Die Karte links zeigt eine Folge der *Nationalstaatsbildung* am Beispiel *Frankreichs*. Nicht immer haben alle heutigen Franzosen französisch gesprochen, denn seit dem Mittelalter fielen zahlreiche anderssprachige Gebiete an das Königreich Frankreich. Ihre Bewohner sollten schon im 16. Jahrhundert durch Zwangsmaßnahmen wie dem Verbot der Muttersprache zu Einheitsfranzosen mit gleicher Kultur erzogen werden. Diese Entwicklung dauerte Jahrhunderte und bis heute haben z. B. die *Basken* ihre eigene Sprache nicht aufgegeben.

Mit der Entstehung großräumiger europäischer *Nationalstaaten* entwickelte sich im 19. Jahrhundert häufig ein zum *Nationalismus* übersteigertes Nationalgefühl. Aus fremden aber immerhin respektierten Nachbarn wurden verachtete und schließlich gehasste Feinde. Im Namen der Nation sollten *nationale Minderheiten* im Ausland geschützt oder sogar „heimgeholt" werden. Fremde Minderheiten im eigenen Land wurden zurückgesetzt, entrechtet oder unterdrückt. Aus dem Nationalismus heraus entstanden Krieg, Vertreibung und Völkermord.

Wo viele kleine Nationalitäten dicht beieinander leben ergibt sich ein besonderes Problem: Wie lassen sich ausreichend große, politisch überlebensfähige Staaten bilden, ohne kulturelle Besonderheiten zu zerstören? Und wie kann ein friedliches Zusammenleben von Menschen unterschiedlicher Sprache und Religion erreicht werden? Als gelungenes Modell mag die föderative *Schweiz* gelten, während die Frage in den Nachfolgestaaten *Jugoslawiens* oder bei den Völkern der *Russischen Föderation* offen bleibt.

Der Erzengel Michael, Nationalheiliger Frankreichs, besiegt den Teufel in Gestalt des deutschen Reichsadlers. Himmelsmächte im Dienst des Nationalismus! (Kirchenfenster von 1926, Mazamet, Südfrankreich)

1. Warum wurde die Idee eines einheitlichen christlichen Abendlandes seit dem Spätmittelalter vom Nationalgedanken abgelöst?
2. Welche positiven Wirkungen hat das Nationalbewusstsein, welche Probleme und Gefahren können daraus hervorgehen?
3. Diskutiert, warum das Modell der Schweiz nicht zur Lösung aller aktuellen Nationalstaatsprobleme dienen kann.

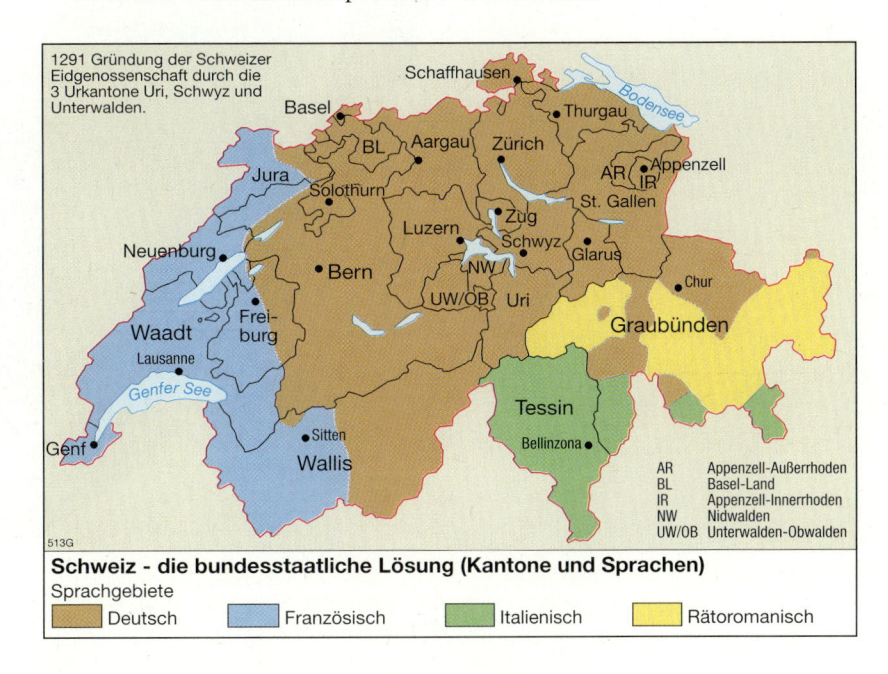

Schweiz – die bundesstaatliche Lösung (Kantone und Sprachen)
Sprachgebiete: Deutsch | Französisch | Italienisch | Rätoromanisch

1291 Gründung der Schweizer Eidgenossenschaft durch die 3 Urkantone Uri, Schwyz und Unterwalden.

AR Appenzell-Außerrhoden
BL Basel-Land
IR Appenzell-Innerrhoden
NW Nidwalden
UW/OB Unterwalden-Obwalden

Das Zeitalter des Umbruchs

Ein Globus, wie ihn jede Schule besitzt? Nein, es ist der erste Globus überhaupt, in Nürnberg von Martin Behaim hergestellt. Von seinen Zeitgenossen wurde er bestaunt wegen der Kühnheit und Modernität der Auffassung der Erde als Kugel.

Aber er ist an entscheidender Stelle falsch: Amerika und der Stille Ozean existieren überhaupt nicht. Jenseits des Atlantik, viel zu nah, liegt Ostasien. Eine ähnliche Karte mit falschen Entfernungen hat auch Kolumbus benutzt.

Als Behaim 1492 seinen Globus schuf, war Christoph Kolumbus mit 3 Schiffen nach Westen aufgebrochen um einen neuen Seeweg nach Indien zu entdecken.

Behaim und Kolumbus lebten in einer Zeit wichtiger Entdeckungen. Zwar galt auch 1492 noch die Erde als Zentrum des Universums. Es dauerte jedoch nur noch wenige Jahre, bis Nikolaus Kopernikus mit seiner Theorie, wonach die Sonne den Mittelpunkt des Universums bildet, das jahrhundertealte Weltbild revolutionierte.

Kopernikus studierte in Krakau und in Italien. Hier hatte der Reichtum der Städte Universitäten und gelehrte Gesellschaften hervorgebracht, in denen die Ideenwelt der griechischen Philosophen und Mathematiker zu neuem Leben „wiedergeboren" schien.

Das Zeitalter des Umbruchs

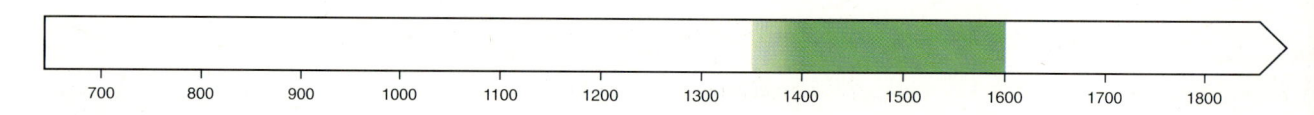

Europa im Umbruch und Aufbruch

Um 1500 gab es in Europa auf vielen Gebieten tief gehende Veränderungen. In dieser Zeit liegt die Bruchstelle zwischen Mittelalter und Neuzeit.

In den reichen und selbstständigen norditalienischen Städten wandten sich viele Menschen der römischen und griechischen Vergangenheit zu und suchten dort Vorbilder für ihr Leben. Sie lösten sich von den Denk- und Lebensweisen des Mittelalters. Der einzelne Mensch rückte in den Mittelpunkt des Interesses. Das Individuum sollte alle seine Fähigkeiten entfalten und durch eigenständiges Denken und Beobachten die Natur und die Welt erkennen. Die Erfindung des Buchdrucks führte Europa enger zusammen, denn alle neuen Ideen und Erkenntnisse konnten sich schnell verbreiten.

1492 erreichte Christoph Kolumbus die „Neue Welt". Europa durchbrach die alten Horizonte. Mit den Entdeckungs- und Eroberungsfahrten begann die „Europäisierung der Welt". Zuerst waren es Portugiesen und Spanier, dann die anderen europäischen Nationen, die ihre Sprache, ihre Religion, ihre Wirtschaft und Technik weiten Teilen der Welt aufzwangen. Bis in unser 20. Jahrhundert dauerte diese Vormachtstellung Europas an. Die Kosten mussten bis heute aber die anderen tragen.

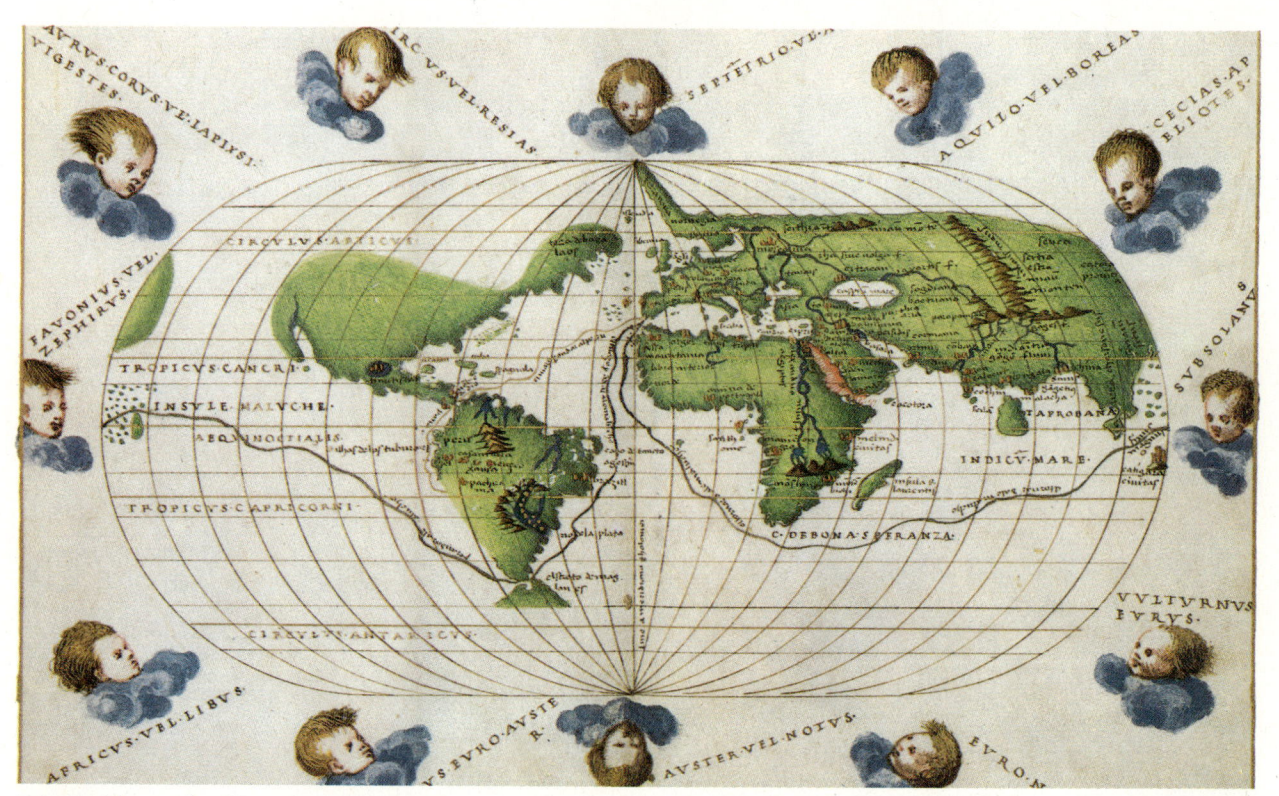

Die Weltkarte des Venezianers B. Agnese von 1542 zeigt den damals aktuellsten Kenntnisstand. Auf der Karte sind die Route der Weltumseglung Magellans von 1519–1522 sowie der Weg der spanischen Gold- und Silbertransporte aus Amerika eingetragen.

Renaissance und Humanismus 103

Mit anderen Augen

Zwei Künstler haben die MADONNA MIT DEM JESUSKIND gemalt. Das linke Bild verzierte den Altar einer Kirche. Der Künstler, der die Muttergottes um 1260 in LUCCA, ganz in der Nähe von Florenz, schuf, ist – wie im Mittelalter sehr häufig – unbekannt geblieben. Mit dem rechten Bild bedankte sich im Jahre 1465 der Maler FILIPPO LIPPI beim *Herzog von Florenz*, seinem Gönner und Förderer. In der Madonna mit dem Kind, die in einem Adelspalast in Florenz ihren Platz fand, hat Lippi seine Frau Lucrezia und seinen Sohn Filippino verewigt.

Die beiden Künstler stammen aus derselben Gegend, aber zwischen den Gemälden liegen 200 Jahre. Das spiegelt sich auch in der veränderten Darstellung wieder, die eine neue Auffassung vom Menschen und von der Natur zeigt. Sie ist ein wichtiges Kennzeichen dafür, dass das Mittelalter allmählich ausklingt und eine neue Zeit beginnt.

1 Vergleiche die beiden Gemälde miteinander:
   a) Welche Unterschiede erkennst du bei der Darstellung der Gesichter und der Kleidung?
   b) Wie hat sich die räumliche Darstellung geändert, wie der Hintergrund?
   c) Welche Farben haben die Maler vorwiegend eingesetzt?
   d) Was wollte ein Maler durch einen Goldgrund wohl ausdrücken?

Renaissance und Humanismus

Florenz – Wiege von Renaissance und Humanismus

Wiedergeburt der Antike

So wie Filippo Lippi arbeiteten seit etwa 1400 immer mehr Maler und Bildhauer zunächst in FLORENZ, später dann in ganz Italien und Europa. Den Schlüssel zu einer – wie man damals sagte – „dem Leben abgeformten" Darstellung des Menschen und seiner Umgebung hatte der Florentiner Architekt FILIPPO BRUNELLESCHI (1376–1445) gefunden. Er hatte nämlich entdeckt, dass hinter der Schönheit antiker Figuren und Statuen mathematische Gesetzmäßigkeiten standen. Das Geheimnis ihrer Harmonie lag in den richtigen Proportionen ihrer Körperteile. Wer Menschen und Landschaften wirklichkeitsgetreu abbilden wollte, benötigte also Kenntnisse in der Mathematik, der Geometrie und der Anatomie. So waren die Künstler darauf aus, sich über ihre handwerklichen Fähigkeiten hinaus umfassend zu bilden.

Die Werke der antiken Philosophen, Dichter, Wissenschaftler, Geschichtsschreiber und Baumeister galten als Quellen der Weisheit. In der großen Zeit Athens und Roms sahen viele Menschen ein Vorbild. Sie erklärten die vergangenen Jahrhunderte zum „finsteren Mittelalter", einer Zeit des Niedergangs und der Barbarei.

Griechische und lateinische Handschriften oder antike Kunstwerke zu sammeln und anderen zugänglich zu machen, das hatten sich viele Künstler und Gelehrte – aber auch Fürsten und Päpste – zur Aufgabe gemacht. Sie bezeichneten sich selbst nach dem lateinischen Wort „humanus" (= menschlich, gebildet) als *Humanisten*. Denn sie waren überzeugt, dass die Menschen durch das Studium der klassischen Vorbilder vollkommener, ja in gewisser Weise erst geboren werden. Der Begriff *Wiedergeburt* erschien erstmals im Jahre 1550. Heute nennt man diese Zeit, in welcher der einzelne Mensch und seine diesseitige Umgebung in den Mittelpunkt des künstlerischen und wissenschaftlichen Interesses rückte, die *Renaissance*.

Italien zur Zeit der Renaissance (um 1454)

Zwischen Kunst und Politik. Blick auf Florenz: links das Rathaus mit dem 94 m hohen Turm (Palazzo Vecchio, 1314 vollendet). Rechts der Dom, 1296 begonnen, mit der 1436 vollendeten Kuppel.

Florenz und die Medici

Treffpunkt vieler Künstler und Gelehrter waren die Paläste einer Kaufmanns- und Bankiersfamilie, deren Namen man damals in einem Atemzug mit ihrer Heimatstadt FLORENZ nannte: die MEDICI. Die Stadt hatte sich durch Wollverarbeitung und Tuchhandel zu einem europäischen Wirtschaftszentrum entwickelt, dessen Währung – der Florentiner Goldgulden – in ganz Europa begehrt war. Handel und Bankgeschäfte hatten den Medici größeren Reichtum und höheres Ansehen als anderen florentinischen Familien eingebracht. In ihren Handelskontoren und Bankfilialen in London, Brügge, Lyon, Mailand, Venedig und Rom spiegelten sich ihre europaweiten Geschäftsverbindungen wieder. Die wirtschaftliche Macht seiner Familie münzte COSIMO MEDICI (1389–1464) in politische um, als er 1434 mit List und Gewalt andere einflussreiche Kaufmannsfamilien vom Stadtregiment verdrängte.

Florenz nannte sich zwar weiterhin „Republik", aber von einer Beteiligung aller wohlhabenden Bürger an der Regierung des Stadtstaates konnte keine Rede mehr sein. Auch außerhalb ihrer Heimatstadt saßen immer wieder die Medici an den Schaltstellen der Macht: Cosimos Urenkel ließ als Papst LEO X. die *Peterskirche* in ROM neu erbauen, zwei französische Königinnen stammten ebenfalls aus dieser Familie.

Um sich selber zu verherrlichen, das Ansehen ihrer Heimatstadt Florenz zu vergrößern und damit auch die eigene Herrschaft über die Stadt zu sichern, überhäuften die Medici Architekten, Maler, Bildhauer und Dichter mit unzähligen Aufträgen. Mit prächtigen Gebäuden, aufwendiger Kleidung und prunkvollen Festen suchten sie, sich von anderen reichen und kunstinteressierten Familien in Florenz und ganz Italien abzuheben. Sie wollten die besten Künstler und Gelehrten an Florenz binden um die Stadt zu einem „Neuen Athen" zu machen, einem viel bewunderten Zentrum von Kunst, Kultur, Bildung und Wissenschaft.

„Den Staat regiert man nicht mit dem Rosenkranz zwischen den Fingern", soll der Stadtherr von Florenz, Cosimo Medici, gesagt haben. Verstehst du seinen Ausspruch?

Die Stadt zählte um 1300 bereits über 100000 Einwohner. Die Gesellen und Arbeiter, die diese Wahrzeichen der Stadt schufen, blieben von Wohlstand und politischem Einfluss ausgeschlossen.

Renaissance und Humanismus

Künstler, Forscher und Erfinder

Leonardo da Vinci (1452–1519)

Eines der größten Universalgenies wurde in dem Dorf VINCI bei Florenz als uneheliches Kind eines Notars geboren. Früh erkannte der Vater die Begabung seines Sohnes und schickte ihn in die Lehre zu dem berühmten Florentiner Maler und Bildhauer VERROCCHIO, einem Freund des Stadtherrn LORENZO DI MEDICI.

LEONARDO arbeitete für die Medici, für den Herzog von Mailand sowie für den Papst in Rom und starb hochgeehrt als Gast des französischen Königs. Er hat einige der schönsten Werke der europäischen Malerei geschaffen, am bekanntesten davon sicher seine „Mona Lisa". Wir haben über 7000 Seiten an Notizen, Zeichnungen, Plänen von Maschinen und wissenschaftlichen Abhandlungen, die uns eine genaue Vorstellung von Leonardos vielfältigen Forschungen und Tätigkeiten geben. So hat er z. B. Satellitenstädte geplant um das übervölkerte Mailand zu entlasten. Auch wollte er die sumpfige Poebene entwässern und mit Kanälen, Aquädukten und Durchgangsstraßen durchziehen. Manche seiner Pläne – wie Unterseeboot, Maschinengewehr oder Hubschrauber – waren der Zeit voraus und ließen sich deshalb nicht verwirklichen.

Besonders wichtig war Leonardo die Beobachtung der Natur, denn er wollte ihre Geheimnisse verstehen lernen. Viel Zeit verbrachte er damit, den Vogelflug zu studieren, um einen Flugapparat zu entwerfen. Um die Bewegungen der Menschen in seinen Bildern naturgetreu wiedergeben zu können untersuchte er den menschlichen Körperbau und seine Muskulatur bis ins Kleinste. Über schlechte Maler, deren nackte Gestalten „eher einem Sack voller Nüsse als einem menschlichen Äußeren gleichen", machte er sich lustig.

Leonardo bezeichnete sich selbst als „Schüler der Erfahrung" und schrieb über die Arbeitsweise des Künstlers: „Wer sich der Praxis hingibt ohne Wissenschaft, ist wie der Seemann, der ein Schiff ohne Ruder und Kompass besteigt und nie weiß, wohin er fährt."

Selbstbildnis Leonardos von 1515. Um seine Zeitgenossen zu verblüffen schrieb er oft von rechts nach links.

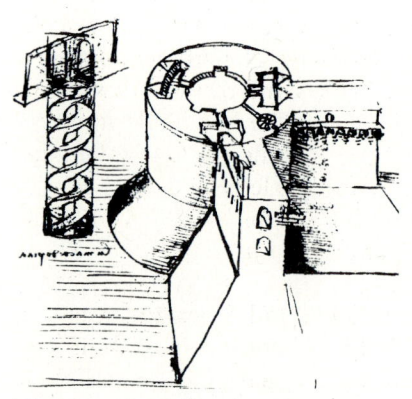

Plan um 1488 für eine Festung mit schräger Mauerbasis, an der die Geschosse abprallen. (Doppelspiralige Wendeltreppe. Die Soldaten behindern sich nicht beim Hinauf- und Hinunterlaufen.)

Bewerbungsschreiben Leonardos an den Herzog von Mailand, 1482:
1) Ich kenne Möglichkeiten, außerordentlich leichte und ohne jede Schwierigkeit transportierbare Brücken herzustellen ...
2) Ich verstehe es, bei der Belagerung eines Platzes die Wassergräben trockenzulegen ...
4) Ich habe Pläne für eine Art von Bombarden, die leicht zu transportieren sind ...
9) Und sollte man sich zur See befinden, so kann ich viele Arten von wirksamem Gerät zum Angriff und zur Verteidigung herstellen ...
10) In Friedenszeiten glaube ich, dem Vergleich mit jedem anderen in der Architektur und im Planen öffentlicher und privater Bauten aufs beste standhalten zu können ... Desgleichen will ich Skulpturen in Marmor, Bronze oder Ton machen; ebenso alles auf dem Gebiet der Malerei so gut wie jeder andere, wer er auch sein möge ...

Ich empfehle mich Eurer Hoheit in tiefster Demut.
(Codex Atlanticus, in: L. Reti, Leonardo – Künstler, Forscher, Magier, Stuttgart 1974, S. 7)

Lernen durch Beobachten

Überall in Europa gewannen die Wissenschaftler und Forscher ihre Erkenntnisse aus eigenen Erfahrungen und Beobachtungen. Sie verließen sich – wie schon Leonardo – nicht mehr auf das, was die Bibel und das Werk des griechischen Denkers ARISTOTELES sagten. Der Brüsseler Arzt VESALIUS (1514–1564) hatte bereits als Student neue Vorstellungen über den menschlichen Körperbau entwickelt. Die Leichen, die er zum Beweis seiner Aussagen sezieren musste, besorgte er sich auf Friedhöfen und Hinrichtungsstätten. Sein Ansehen wuchs so schnell, dass er bereits im Alter von 23 Jahren Professor für Chirurgie in Padua wurde. Kaiser und Könige nahmen ihn als Leibarzt in ihren Dienst.

Dennoch konnten sich die neuen wissenschaftlichen Methoden und Erkenntnisse nicht überall durchsetzen. GALILEO GALILEI, der große Physiker, beschreibt 100 Jahre später die Widerstände:

> Diesen Tag nun geschah es, dass man den Ursprung und den Ausgangspunkt des Nerven aufsuchte, welches eine berühmte Streitfrage zwischen den Ärzten ist. Als nun der Anatom zeigte, wie der Hauptstamm der Nerven, vom Gehirn ausgehend, den Nacken entlangzieht, sich durch das Rückgrat erstreckt und durch den ganzen Körper verzweigt, wendete er sich an einen Edelmann mit der Frage, ob er nun zufrieden sei und sich überzeugt habe, dass die Nerven im Gehirn ihren Ursprung nehmen und nicht im Herzen. Worauf dieser erwiderte: Ihr habt mir das alles so klar, so augenfällig gezeigt, – stünde nicht der Text des Aristoteles entgegen, der deutlich besagt, der Nervenursprung liege im Herzen, man sähe sich zu dem Zugeständnis gezwungen, dass Ihr Recht habt.
> (G. Galilei, Dialog über die beiden hauptsächlichsten Weltsysteme, in: K. Vorländer, Philosophie d. Renaissance, Reinbek 1965, S. 251 f.)

Bahnbrechend wirkten die präzisen anatomischen Darstellungen, die Vesalius in seinem medizinischen Werk 1543 veröffentlichte.

Vom Nutzen der Wissenschaft

Viele Forscher waren damals daran interessiert, ihre Erkenntnisse und Erfindungen anwendbar zu machen. In Zusammenarbeit mit erfahrenen Handwerksmeistern entstanden verbesserte oder auch ganz neue Maschinen. Vor allem technische Neuerungen für den Abbau von Edelmetallen stießen auf großes Interesse und versprachen ihren Erfindern Gewinne. Im Tiroler Silberbergbau kam 1553 eine Wasserhebemaschine zum Einsatz, die aus den tiefen Stollen das Wasser an die Erdoberfläche transportierte. Sie leistete die Arbeit von 500–600 kübelschleppenden Männern. Ihr Kaufpreis von 15 000 Gulden lag sogar noch um 5000 Gulden unter dem Jahreslohn der zuvor eingesetzten Arbeiter.

Auch im Mühlenwesen und in der Glas- und Spiegelbearbeitung fanden wissenschaftliche und technische Erkenntnisse Anwendung. Um einträgliche Erfindungen als „geistiges Eigentum" vor unliebsamen Nachahmern zu schützen erließ Venedig 1474 als erste Stadt ein Patentschutzgesetz.

Entwurf Leonardos für leicht transportierbare Kanonen.

1 Leonardo da Vinci gilt als Universalgenie. Was meint man damit?
2 Erkläre den Widerspruch gegen die moderne Denkweise, wie er in der Quelle zum Ausdruck kommt.

Renaissance und Humanismus

Der Buchdruck – eine Erfindung mit Zukunft

Im Mittelalter war die Herstellung von Büchern langwierig und teuer. Mönche schrieben die Texte von Hand auf Pergament. Im 15. Jahrhundert druckte man mit aus Holz geschnitzten Stempeln ganze Seiten. Doch um 1455 gelang dem Mainzer Goldschmied JOHANNES GUTENBERG (1397–1468) nach langjährigen Experimenten und unter hohen Schulden eine revolutionäre Erfindung: der *Buchdruck* mit *beweglichen Buchstaben*. Die einzelnen Buchstaben wurden aus Blei gegossen und sortiert. Setzer fügten sie zu einzelnen Worten zusammen und gestalteten damit ganze Seiten. Da Papier leichter als Pergament herzustellen war, konnte man jetzt Schriften und Flugblätter in hohen Auflagen preiswert drucken. In allen europäischen Städten schossen Druckereien aus dem Boden.

Über 80 % der Bevölkerung Europas lebte als Analphabeten auf dem Land. In den Städten hingegen lernten wohlhabende Bürgersöhne nun an einer der zahlreichen Stadtschulen aus *Büchern*, was für ein erfolgreiches Berufsleben wichtig war. Immer öfter erschienen an den Universitäten, deren Zahl in ganz Europa seit dem Spätmittelalter zugenommen hatte, neue wissenschaftliche Erkenntnisse, die durch den Buchdruck verbreitet wurden.

Der Buchdruck eröffnete freilich auch Möglichkeiten, die den Herrschenden gefährlich werden konnten. Politische und religiöse Auseinandersetzungen fanden ein Echo in ganz Europa, besonders in Form von Propaganda- und Streitschriften. Doch alle Versuche, Bücher wegen ihres Inhalts zu verbieten, schlugen fehl. Der Druck missliebiger Schriften ließ sich von Fürsten und Landesherren kaum noch kontrollieren. Auch das von der Kirche 1559 eingeführte Verzeichnis aller verbotenen Bücher, der sogenannte *Index*, verhinderte deren Verbreitung nicht.

Ein Kunde (links im Bild) bespricht mit Meister Gutenberg den Auftrag. Im Hintergrund holt ein Setzer die benötigten Buchstaben aus dem schräg stehenden Setzkasten, während ein Gehilfe neues Papier besorgt. Im Vordergrund schwärzt ein Drucker mit zwei Stempeln die Druckform; der Rahmen mit dem Papier wird dann darüber geklappt und in die Druckpresse geschoben. Die frisch gedruckten und noch feuchten Bögen trocknen an der Leine. – So könnte sich die Arbeit in Gutenbergs Werkstatt abgespielt haben.

1 Ein Humanist und ein Bischof streiten über Bedeutung und Gefahren des Buchdrucks. Suche für jede Seite Argumente.
2 Welche Bevölkerungsgruppen wurden vom Buchdruck nicht erreicht? Wer informierte sie?

Das neue Weltbild

„Schließlich wird man sich überzeugen, dass die Sonne selbst im Mittelpunkt der Welt steht." Mit diesem einen Satz, dem Ergebnis seiner Berechnungen, verwarf NIKOLAUS KOPERNIKUS (1473–1543) die Jahrhunderte gültige Ansicht von der Erde als Zentrum des Universums.

Sein 1543 gedrucktes Werk verbreitete seine Lehre *Über die Kreisbewegungen der Weltkörper* in ganz Europa. Die Einleitung des Buches, das Kopernikus dem Papst widmete, zeigt uns das moderne Denken des Naturwissenschaftlers. Ausgangspunkt seiner Forschungen waren widersprüchliche und ungenaue Berechnungen der Planetenbahnen. Kopernikus stellte eine Theorie auf, die der volkstümlichen Meinung, der traditionellen Wissenschaft und bestimmten Bibelstellen widersprach. Dann suchte er nach Beweisen und fand Hinweise in der antiken Literatur. Durch genaue Beobachtung der Gestirne erkannte er, dass alle Planeten um die Sonne kreisen. Die Erde ist eine Kugel, die sich um sich selbst dreht und die Monat für Monat vom Mond umrundet wird.

Die katholische Kirche tat das neue Bild vom Universum als bloße Spekulation ab. Erst 1616 setzte sie sein Werk auf den Index, als GALILEO GALILEI (1564–1642) die Forschungen des Kopernikus beweisen konnte. Der Mathematiker und Physiker Galilei hat das Fernrohr weiterentwickelt und damit revolutionierende Entdeckungen gemacht. Nach der alten Lehre umkreisen die Himmelskörper die Erde auf festen Bahnen, die sich nicht kreuzen konnten. Wie war es dann zu erklären, dass der Planet Venus bald vor, bald hinter der Sonne stand? Galilei konnte auch sehen, dass die Venus nicht selbst leuchtet, sondern wie Erde und Mond eine von der Sonne beleuchtete und eine dunkle Seite hat. Schließlich entdeckte er die 4 größten Jupitermonde sowie die Gestaltung der Mondoberfläche.

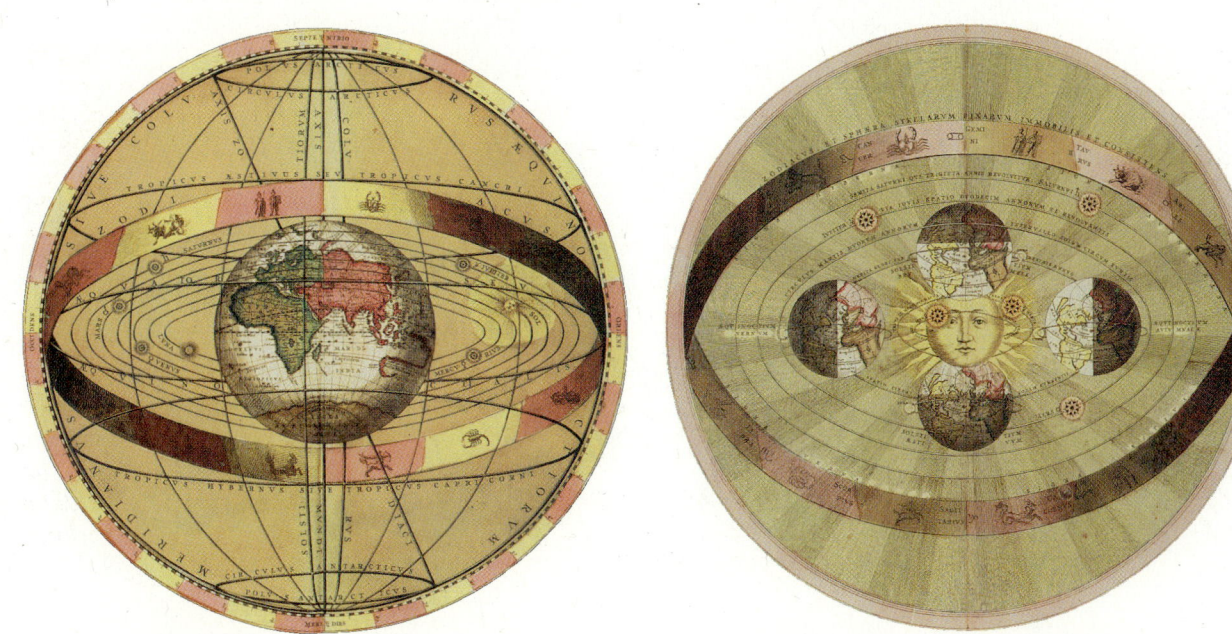

Der Domherr Nikolaus Kopernikus (1473–1543) stammte aus Thorn an der Weichsel. Er studierte in Krakau und in Italien Theologie, Jura, Mathematik, Medizin, Astronomie.

Links das geozentrische Weltbild, wie es der griechische Astronom Ptolemäus um 130 n. Chr. beschrieben hat. Rechts das heliozentrische Weltbild des Kopernikus, das auf die Sonne (Helios = griech. Sonnengott) als Mittelpunkt bezogen ist. Bereits 1506 glaubte Kopernikus, dass die Sonne unbeweglich ist und die Erde und andere Planeten um sie kreisen.

Kolumbus und die Folgen

Alte Ziele – neue Wege

Lockender Reichtum des Orients

Seit langer Zeit hatte Europa Kontakt mit den Ländern Ostasiens. Von 1271 bis 1295 führte den venezianischen Kaufmann MARCO POLO eine Reise nach INDIEN und CHINA. Viele glaubten, sein Bericht von der überwältigenden Pracht dieser Länder sei nur ein Märchen. Andere lockte die Nachricht vom unermesslichen Reichtum, zumal seit den Kreuzzügen kostbare Damast- und Gazestoffe, aufwändig verarbeitete Baumwolle, chinesische Seide, Gewürze, Parfüme, Teppiche und Edelsteine aus dem Orient nach Westeuropa gelangten.

Wer findet den Seeweg nach Indien?

Die steigende Nachfrage an den Fürstenhöfen hatte GENUA und VENEDIG zu Zentren des Orienthandels gemacht. Sie beherrschten die Schifffahrtsrouten zu den Hafenstädten im Osten des Mittelmeers, wohin arabische Zwischenhändler die Luxuswaren brachten. Die Vormachtstellung Venedigs geriet erst in Gefahr, als die Türken 1453 BYZANZ eroberten, den gesamten Zwischenhandel in ihre Hände brachten und die Waren um ein Vielfaches verteuerten. Nur ein direkter Zugang zu den Lieferanten im Fernen Osten konnte die Probleme lösen. Wer den *Seeweg* nach INDIEN fand, sicherte sich einen uneinholbaren Vorsprung im Handel mit Luxusgütern.

Portugiesische Seefahrer hatten bereits vor 1450 begonnen den Seeweg an der Westküste Afrikas zu erkunden. Als dann 1487 BARTOLOMÄUS DIAZ die Südspitze Afrikas umsegelte, hofften die Portugiesen, vor ihren spanischen Konkurrenten Indien zu erreichen.

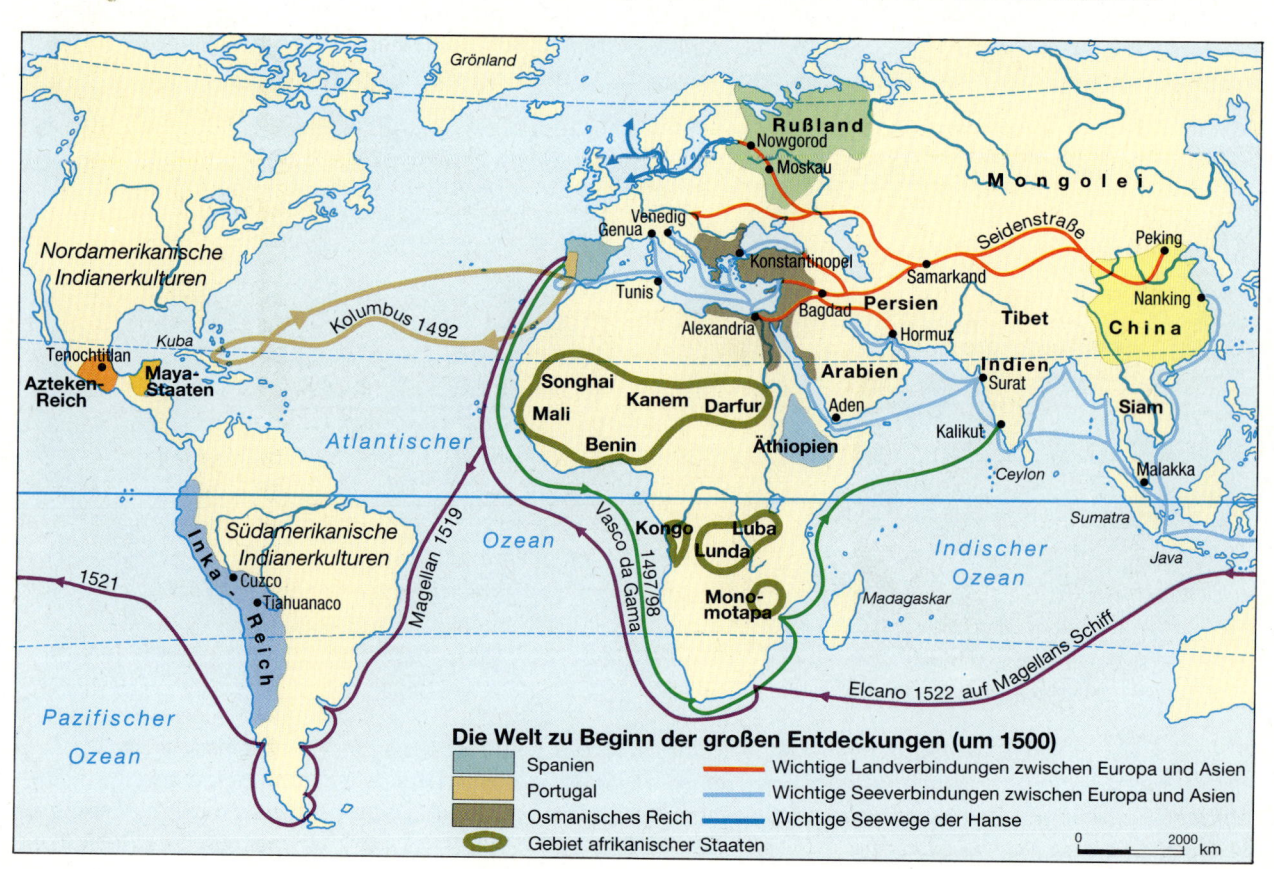

Die Welt zu Beginn der großen Entdeckungen (um 1500)

- Spanien
- Portugal
- Osmanisches Reich
- Gebiet afrikanischer Staaten
- Wichtige Landverbindungen zwischen Europa und Asien
- Wichtige Seeverbindungen zwischen Europa und Asien
- Wichtige Seewege der Hanse

Der Plan des Kolumbus

Christoph Kolumbus (1451–1506) entstammte wahrscheinlich einer Wollweberfamilie aus Genua. Es gibt kein einziges zeitgenössisches Porträt von ihm. Dieses anonyme Bild kommt den Beschreibungen am nächsten.

Doch bevor der Portugiese VASCO DA GAMA 1498 Indien erreichte, setzte ein Mann, über den man heute wenig Genaues weiß, die ganze damalige Welt in Erstaunen.

Schon 1482 war CHRISTOPH KOLUMBUS an den König von Portugal mit dem fantastischen Plan herangetreten nach Westen über den Ozean zu segeln, um Indien zu erreichen. Die Weltkarte des Florentiner Mathematikers TOSCANELLI verkürzte die Entfernung zwischen den Kanarischen Inseln und Japan irrtümlich um zwei Drittel auf 3000 Seemeilen. Als erfahrener Seemann glaubte Kolumbus diese Distanz auf der Erdkugel mit Hilfe des Nordostpassatwindes bewältigen zu können. Die königlichen Berater sahen in Kolumbus einen Angeber und Schwätzer, von dem sie sich von ihrer Entscheidung für die Südroute nicht abbringen lassen wollten.

Auch in Spanien konnte Kolumbus solange niemanden für sein Abenteuer gewinnen, wie der Krieg gegen die Araber andauerte. Erst 1492, nach ihrer Vertreibung, gelang es Kolumbus das spanische Königspaar – ISABELLA VON KASTILIEN und FERDINAND VON ARAGON – für seinen Plan einzunehmen. Kolumbus sollte für Spanien neue Rohstoff- und Goldquellen entdecken und erobern. Und er sollte die fremden Völkerschaften und ihre Fürsten zum christlichen Glauben bekehren. Dafür erhielt er drei Schiffe mit insgesamt 90 Mann Besatzung, die am 3. August 1492 den Hafen von PALOS an der Südküste Spaniens verließen.

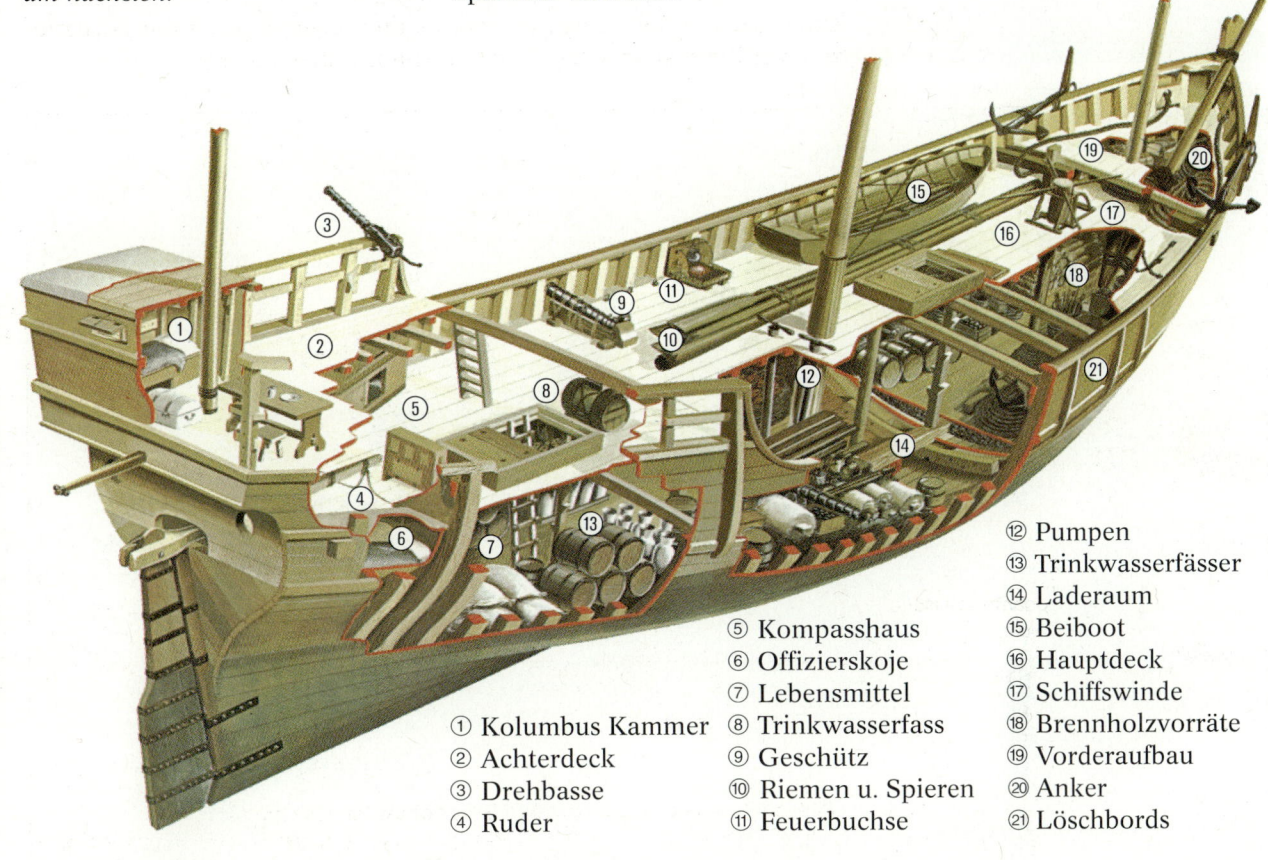

① Kolumbus Kammer
② Achterdeck
③ Drehbasse
④ Ruder
⑤ Kompasshaus
⑥ Offizierskoje
⑦ Lebensmittel
⑧ Trinkwasserfass
⑨ Geschütz
⑩ Riemen u. Spieren
⑪ Feuerbuchse
⑫ Pumpen
⑬ Trinkwasserfässer
⑭ Laderaum
⑮ Beiboot
⑯ Hauptdeck
⑰ Schiffswinde
⑱ Brennholzvorräte
⑲ Vorderaufbau
⑳ Anker
㉑ Löschbords

Auf der Nina kehrte Kolumbus nach Spanien zurück, nachdem die Santa Maria gestrandet war. Die Nina war 21 Meter lang und bis zu 7 Meter breit. Ihr fast 3 Meter breiter Laderaum konnte 51 Tonnen Fracht aufnehmen.

Kolumbus und die Folgen

Die Fahrt ins Ungewisse

Die Schiffe führten Lebensmittelvorräte für ein Jahr und an Gütern für den Indienhandel Glasperlen, Glocken und Flitterkram mit sich. Nach 10-tägiger Fahrt erreichte Kolumbus die KANARISCHEN INSELN, wo er notwendige Reparaturarbeiten vornehmen und die Vorräte ergänzen ließ.

Am 6. September setzten sich die *Santa Maria*, die *Nina* und die *Pinta* der großen Westdrift aus, die durch die Meeresströmung und die Passatwinde alle Segler wie mit magischer Kraft hinaus aufs unbekannte Meer zog.

Mehr noch als alle Anstrengungen und Gefahren muss die Ungewissheit über das, was noch bevorstand, die Mannschaft belastet haben. Um seine Männer nicht weiter zu beunruhigen, trug Kolumbus kürzere Tagesstrecken in das offizielle Bordbuch ein. Er wollte damit verhindern, dass die Besatzung zu ungeduldig auf Land wartete. In seinem privaten Tagebuch notierte er die tatsächlich zurückgelegten Seemeilen.

Schon nach 10 Tagen, als die Schiffe den dicken Algenteppich der SARAGASSOSEE mitten im Atlantik erreichten, glaubten sich alle an Bord in der Nähe einer Insel. Mehr als einmal versetzte der hoffnungsvolle Ruf „Land! Land!" die ganze Flotte in Aufregung. Einmal ließen Vogelschwärme Land vermuten, ein anderes Mal täuschten Wolken in weiter Ferne Berge vor. Die Klagen der Mannschaft über die lange Reise nahmen zu. Doch die Meuterei, die sich Anfang Oktober anbahnte, ging im Freudentaumel unter. Denn am 12. Oktober, nach 36 Tagen auf See, kam die Bahama-Insel GUANAHANI in Sicht, die Kolumbus zu Ehren Gottes SAN SALVADOR (= Heiliger Erlöser) nannte. Nach 2400 Seemeilen schien Kolumbus am Ziel seiner Wünsche zu sein, denn er war fest davon überzeugt eine der Indien vorgelagerten Inseln vor sich zu haben.

Schiffe verschlingende Monster wie auf diesem Holzschnitt von 1539 hielten Matrosen damals nicht für Seemannsgarn.

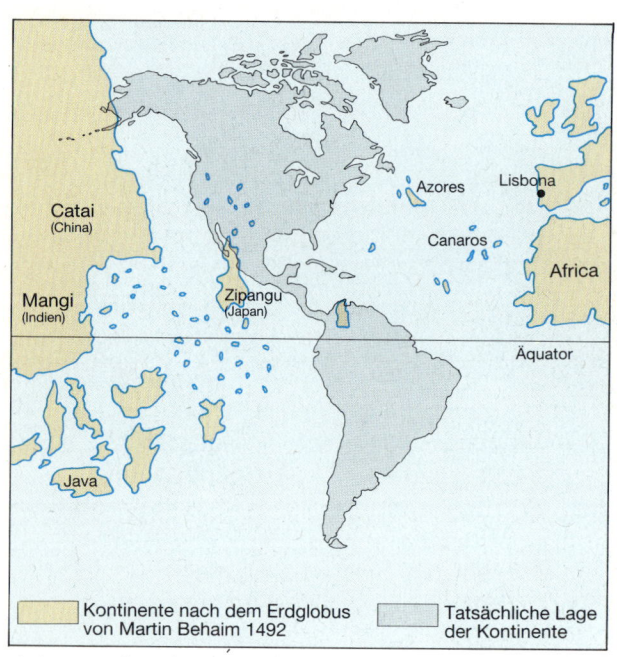

Asien und Europa nach dem Behaim-Globus 1492. In grauer Farbtönung die wirkliche Lage Amerikas.

Die Fahrt des Kolumbus 1492/93

Günstige Winde und Meeresströmungen erleichterten die Fahrten über den Atlantischen Ozean.

Der erste Schritt in die „Neue Welt"

Ein „Indianer". Der Irrtum des Kolumbus hat sich in der Bezeichnung der Einheimischen erhalten.

Am 12. Oktober 1492 notierte Christoph Kolumbus in sein Bordbuch:

> Ich kniete nieder, als ich festen Boden unter den Füßen hatte und dankte Gott, indem ich die Erde küsste. Dann entfaltete ich das königliche Banner und rief die beiden Beamten der Krone zu Zeugen an, dass ich im Namen des Königs und der Königin von Spanien von der Insel Besitz ergriff.
>
> Die Eingeborenen, glaube ich, sehen mich für einen Gott und die Schiffe für Ungeheuer an. Ich überwand ihre Scheu, indem ich Halsketten und rote Kappen an sie verteilen ließ. Bald wagten sie es, heranzukommen und uns vorsichtig zu berühren. Vor allem unsere Bärte versetzten sie in maßloses Erstaunen.
>
> Ihr Anblick ist für uns überraschend, denn sie unterscheiden sich von allen Menschenrassen, die wir bisher gesehen haben. Sie gehen umher, wie Gott sie geschaffen hat, Männer sowohl als Frauen. Ihre Haut ist von rötlich-gelber Farbe, ihr Haar tiefschwarz und glatt – nicht kraus wie das der afrikanischen Völker. Über der Stirn ist es kurzgeschnitten. Auffallend ist, dass sie alle jung sind.
>
> Sie sind ohne Zweifel gutmütig und sanft. Ihre einzigen Waffen sind Lanzen mit einer Spitze aus Stein oder dem Knochen eines Fisches. Das Eisen kennen sie nicht. Auch mit unseren Schwertern wussten sie nichts anzufangen. Einer von ihnen fasste nach meinem Schwert, ehe ich ihn hindern konnte. Er fasste nach der Schneide und zog sich eine blutende Wunde zu … Ich glaube, man könnte sie leicht zum Christentum bekehren, denn mir schien, dass sie keiner Sekte angehörten … Auf der Heimfahrt werde ich sechs dieser Männer mitnehmen um sie dem König und der Königin zu zeigen …
>
> Der 13. Oktober – Verlockung des Goldes
> Die Angst der Indianer vor unseren Schiffen scheint geschwunden zu sein. An unseren Geschenken hatten sie viel Freude. Sie scheinen zu glauben, das alles, was aus unseren Händen kommt, überirdische Kraft besitzt. Ich bemerkte – und nicht nur ich! – dass manche Indianer die Nase durchlöchern und in die so entstandene Öffnung ein Stück Gold gesteckt haben. Sie tauschen das Gold, das sie offenbar für wertlos ansehen, gern gegen Glasperlen ein, doch verbot ich diesen Tauschhandel sofort. Das Gold gehört der Krone allein! Ich fragte die Eingeborenen, woher das Gold stamme und erfuhr, dass es auf ihrer Insel gefunden werde, in geringen Mengen nur, während es im Süden ein Reich gebe, wo ein König aus Gefäßen von purem Gold esse und trinke. Es gibt für mich keinen Zweifel mehr: Der König ist derselbe, dessen prächtige Stadt Marco Polo beschrieben hat.
> (Robert Grün [Hrsg.], Das Bordbuch des Christoph Columbus, Stuttgart 1983, S. 96–98, gekürzt)

1 Kann man aus den Aufzeichnungen des Kolumbus schließen, worauf es ihm am meisten ankam? Zeige die Gefahren auf, die der einheimischen Bevölkerung von den Europäern drohen könnten.
2 Erkläre anhand der Behaim-Darstellung, dass Kolumbus neben seiner Tatkraft auch durch Glück und Zufall zum „Entdecker" wurde.

Kolumbus und die Folgen

Der Irrtum des Kolumbus

Der Gedanke an die greifbare Nähe Indiens und Chinas trieb Kolumbus zur Weiterfahrt. Von den BAHAMAS nach KUBA ging die Fahrt mit einheimischen Lotsen an Bord und von dort weiter nach HAITI, wo ihn nicht nur die Schönheit der Insel bezauberte. Die Goldgeschenke und die Berichte der Inselbewohner über noch größere Schätze ließen sein Herz höher schlagen. Doch zwang ihn der Verlust seiner vor Haiti gestrandeten *Santa Maria* zur Rückkehr. Auf einer zweiten Reise wollte Kolumbus von hier aus zum Festland vorstoßen. Während er am 4. Januar 1493 seinen Kurs heimwärts lenkte, blieben 39 Mann auf Haiti zurück.

Dem „Admiral des Ozeans, Vizekönig und Gouverneur der Inseln" bereitete das Königspaar nach seiner Rückkehr einen triumphalen Empfang. Das mitgebrachte Gold sprach für weitere Reisen, die ihn von Haiti bis ins heutige Venezuela führten. Wohin Kolumbus auch kam, überall pflanzte er die königliche Standarte auf und ergriff feierlich von jedem Land Besitz. Auf seiner vierten und letzten Reise erreichte Kolumbus Mittelamerika, konnte jedoch zu seiner großen Enttäuschung die „Durchfahrt" nach China nicht finden. Von seiner Überzeugung, die Westroute nach Indien entdeckt zu haben, konnte ihn bis zu seinem Tod im Jahre 1506 niemand abbringen. Erst der Florentiner Seefahrer AMERIGO VESPUCCI (1451–1512) erkannte in den entdeckten Gebieten einen neuen Erdteil. Mit seinem Namen wurde 1507 auf einer Weltkarte der Kontinent bezeichnet: AMERIKA.

Die Teilung der Welt

Schon im März 1493 hatte Spanien Anspruch auf den alleinigen Besitz der Entdeckungen beim Papst in Rom angemeldet. Die Antwort des Papstes enthielt einen Kompromiss, auf den sich Spanien und Portugal im *Vertrag von Tordesillas* im Jahre 1494 verständigten:

> Auf den von Kolumbus entdeckten Inseln finden sich Gold, Gewürze und zahlreiche andere wertvolle Naturprodukte. Ihr habt Euch vorgenommen, die genannten Inseln samt ihrer Bewohner Euch zu unterwerfen und zum katholischen Glauben zu führen. Wir begrüßen dies und ermahnen Euch, im eifrigen Dienst am rechten Glauben weiterhin die Völker zur Annahme des Christentums zu veranlassen. Und damit Ihr diese große Aufgabe umso lieber übernehmt, übergeben Wir Euch als Stellvertreter Christi auf Erden die näher bezeichneten Inseln und Festländer ... Alles, was bis jetzt von dem König von Portugal im Westen bis zu der genannten Linie entdeckt ist und künftig entdeckt wird, bleibt und gehört dem König und seinen Nachfolgern für immer. Und alles andere, wenn man von der festgelegten Linie weiter nach Westen fährt, gehört dem König und der Königin von Spanien und ihren Nachfolgern für immer.
> (W. Lautemann/M. Schlenke [Hrsg.], Geschichte in Quellen, Bd. 3, München 1966, S. 58–61, sprachlich vereinfacht)

1 Erkläre die heutige Sprachenverteilung in Südamerika anhand der Sprachenkarte in einem Atlas.
2 Erläutere aus der Quelle den Machtanspruch des Papsttums. Welche Gründe für eine Unterwerfung der Gebiete nennt der Papst?

Der Lockruf des Goldes

Auf die zweite Reise, zu der am 15. September 1493 eine Flotte von 17 Schiffen mit 1200 Mann an Bord aufgebrochen war, hatte Kolumbus Saatgut und Haustiere, Baumaterial und Werkzeuge mitgenommen. Doch verdrängte das Goldfieber bald jeden Siedlungsgedanken. Als Kolumbus bei seinem dritten Aufenthalt (1498–1500) disziplinlose Kolonisten hinrichten ließ, kehrte sich die Stimmung gegen ihn. Durch Verleumdung verlor er auch das Vertrauen des Königspaares. An die Stelle des „Entdeckers" Kolumbus, der in Ketten nach Spanien zurückgebracht wurde, traten brutale Eroberer (spanisch: *conquistadores*), die in ihrer Goldgier vor nichts zurückschreckten.

Einer von ihnen war HERNANDO CORTEZ. Mit 19 Jahren war er nach Kuba gekommen und hatte in der Armee des spanischen Gouverneurs gedient. Das Leben als Plantagenbesitzer befriedigte seine Abenteuerlust allerdings nicht. So setzte er im Februar 1517 mit 500 Soldaten auf 11 Schiffen auf eigene Faust nach MEXIKO über.

In dieser Region hatten sich seit über 2000 Jahren verschiedene *Hochkulturen* entfaltet, die von indianischen Völkern getragen wurden. Im 14. Jahrhundert gelang es den kriegerischen *Azteken*, die Hochfläche von Mexiko zu erobern und hier ein mächtiges Reich zu errichten. Als Cortez an seinen Küsten landete, stieß er auf einen kulturell hoch stehenden Staat mit einer festen sozialen Ordnung und einem gut entwickelten Wirtschaftssystem.

Diese goldene Göttermaske gehört zu den wenigen Edelmetallfunden, die der Raffgier der Spanier entgangen sind.

1 Erläutere die Kritikpunkte, die Theodor de Bry in seinem Gedicht (links unten) anführt.
2 Vergleiche die Bildaussage de Brys von der Landung der Spanier mit dem Bericht des Kolumbus.

Der Spanier unverdrossen war
Ein weiten Weg zu ziehen dar
Dahin ihn großer Geitz
bezwang
Zum Gold und Perlin hat
groß verlang
Welche das India so reich
Hat überflüssig dieses Gut
Dahin dem Spanier stundt
seyn muth
Lag ihm nicht an religio
Sondern die reiche Regio.
(Theodor de Bry, 1594)

Mit dem Stich von der Landung der Spanier auf der Insel Hispaniola (= Haiti) veröffentlichte Theodor de Bry (1528–1598) im Jahre 1594 in seiner „Geschichte Amerikas" auch das nebenstehende Gedicht.

Kolumbus und die Folgen

Alte Kulturen – neue Herren

Die Ankunft der Götter?

Montezuma im Gewand des aztekischen Adels trägt am Rücken die königliche Standarte aus den Schwanzfedern des Quetzal-Vogels, der dem Gott Quetzalcoatl geweiht war.

Die Nachrichten über die hellhäutigen, bärtigen Spanier, die auf schwimmenden „Bergen" gekommen waren und nun auf unbekannten großen Tieren und in harte Panzer gekleidet durch das Land zogen, verunsicherten MONTEZUMA, den Herrscher des *Aztekenreiches*. Die Blitze schleudernden Kanonen der Ankömmlinge ließen ihn an die Rückkehr des vor langer Zeit aus dem Land vertriebenen Gottes QUETZALCOATL glauben. Alten Weissagungen zufolge sollte der Gott von Osten her wiederkehren, um sein Reich, in dem mittlerweile fast 20 Millionen Menschen lebten, zurückzufordern. Montezuma (eigtl. Motecuhzoma) überlegte, ob er – wie schon oft in der Vergangenheit – sein kriegerisches Indianervolk gegen die Eindringlinge mobilisieren sollte. Da er aber nicht sicher war, ob es sich um Götter oder Menschen handelte, zögerte er. Auch hatten Unheil verkündende Zeichen den Herrscher in Angst versetzt: Kometen, Überschwemmungen und Feuer in einem Tempel.

Zudem hatten einige Völker, die die Azteken in dem Gebiet zwischen den beiden Ozeanen unterworfen hatten, die geheimnisvollen Fremden als Befreier begrüßt. Ihr Unmut über die Herrschaft der Azteken, die ihnen drückende Abgaben auferlegten, führte sie an die Seite der Spanier. Zunächst versuchte Montezuma vergeblich die Spanier durch Magier zu verzaubern. Dann schickte er ihnen Gesandte entgegen, um sie von einem weiteren Eroberungszug abzubringen und sie vor allem von seiner Hauptstadt fernzuhalten. Doch die reichen Goldgeschenke entfachten die Gier der Spanier und beflügelten ihren Vormarsch noch. Am 8. November 1519 erreichte CORTEZ mit seiner Truppe TENOCHTITLAN. Die auf einer Insel im salzigen Texcoco-See erbaute Hauptstadt des Aztekenreiches war mit über 300 000 Einwohnern eine der größten Städte der damaligen Welt.

„Malinche", die die Spanier Doña Marina nannten, übersetzt Cortez die Ansprache eines indianischen Abgesandten. Der jungen, intelligenten Adligen, die Cortez von besiegten Stämmen geschenkt bekam, verdankte er seine Kenntnisse von Land und Leuten.

Rekonstruktion von Tenochtitlan, der Hauptstadt des Aztekenreiches.

Tenochtitlan – die Hauptstadt des Aztekenreiches

Der Anblick TENOCHTITLANS vor den erloschenen Vulkanen des mexikanischen Hochlandes erfüllte die Spanier mit Staunen und Bewunderung. Ein Kranz „schwimmender Gärten" aus Schilfmatten und fruchtbarem Schlamm umgab die Stadt und half die Versorgung der Stadtbevölkerung zu verbessern. Die Gärten wurden wie die Stadt selbst durch kilometerlange Süßwasserleitungen versorgt. In die Dämme, über die allein der Weg vom Festland in die Stadt führte, waren Brücken eingelassen, die die Soldaten im Verteidigungsfall entfernten. Für Notzeiten standen Lebensmittel aus den unterworfenen Gebieten bereit. Die königlichen Provinzstatthalter ließen sie regelmäßig in einen der zahlreichen Vorratsspeicher der Stadt anliefern. Die Kanäle der Lagunenstadt wimmelten von Booten. So hatten die Azteken das Transportproblem gelöst, denn sie kannten weder das Rad noch Lasttiere.

Auf den geschäftigen Märkten wurden Waren aus ganz Mittelamerika gehandelt: Lebensmittel, Kleidung, Felle, Tiere, Gold und Edelsteine, Waffen aus Feuerstein, Tongefäße, Baumaterialien – aber auch Sklaven. Man tauschte in erster Linie Waren, da die Azteken keine eigene Währung hatten. Als eine Art Ersatzgeld benutzten sie Kakaobohnen und mit Goldstaub gefüllte Federkiele. Menschen aus allen Gesellschaftsschichten trafen sich auf dem Markt. Man konnte sie genau unterscheiden, denn strenge Kleidervorschriften legten fest, welche Stoffe und Farben oder welcher Schmuck jeder sozialen Gruppe erlaubt waren.

In Tenochtitlan gab es auch Schulen, allerdings nur für Jungen. Sie wurden ihrer Herkunft entsprechend auf den Dienst als *Krieger*, *Priester* oder königlicher *Beamter* vorbereitet. Strenge Erziehung und harte Strafen sollten sie eigenen Schmerzen gegenüber unempfindlich machen. Die Frauen hatten in der aztekischen Kriegergesellschaft wenig zu sagen. Die jungen Mädchen wurden auf ihre zukünftige Rolle als Hausfrau und Mutter vorbereitet. Mädchen aus Adelsfamilien konnten auch Priesterin werden.

Die Kinder sollten ein „steinernes Herz" und ein „steinernes Gesicht" bekommen. Ein zorniger Vater schimpft mit seinem Sohn und hält ihn über ein Feuer aus scharfen Chili-Schoten.

Kolumbus und die Folgen

Menschenopfer

Aztekisches Opfermesser mit scharfer Steinklinge.

Die Zerstörung des Aztekenreiches

Der Stufentempel des Sonnen- und Kriegsgottes HUITZILOPOCHTLI im Herzen der Stadt überragte die pyramidenförmigen Tempel der anderen aztekischen Götter. Hoch oben auf der Tempelplattform vollzogen aztekische Priester die tödliche Kulthandlung, zumeist an Kriegsgefangenen. Ihr Herzblut sollte dem Sonnengott als Nahrung dienen. Denn nur so glaubten die Azteken der Sonne bei ihrem Gang durch die Nacht die Leben spendenden Kräfte erhalten zu können. Die zur Opferung Erwählten erwartete nach aztekischer Vorstellung „im Reich der strahlenden Sonne" ein ehrenvolles Dasein.

Die Kriegsführung der Azteken zielte darauf ab, nicht möglichst viele Gegner zu töten, sondern im Kampf Mann gegen Mann lebende Gefangene zu machen. Gefangennahme und Opfertod entsprachen auch bei anderen Völkern Mittelamerikas dem Willen der Götter. Genaue Zahlenangaben über die Opfer sind nicht möglich, aber im ganzen Reich starben Jahr um Jahr mehrere Tausend. Diese blutigen Bräuche, deren Bedeutung den Spaniern völlig unverständlich blieb, erfüllten sie mit Abscheu und Entsetzen.

Doch noch so viele Menschenopfer konnten den Untergang des mächtigen Aztekenreiches nicht verhindern.

Cortez und seine rund 500 Soldaten näherten sich der Hauptstadt mit Hilfe einheimischer Lastträger und Dolmetscher in einem mühseligen Marsch durch das wüstenähnliche, kalte Hochland. Kriegerische Zusammenstöße unterwegs gewannen sie durch rücksichtsloses Vorgehen mit Gewehren und einer Kanone, denen die Indios nur Waffen aus Feuerstein entgegensetzen konnten. Die besiegten Indios stellten den Spaniern auf ihrem Zug gegen Tenochtitlan Hilfstruppen zur Verfügung. Beim Eintreffen in der Hauptstadt begrüßte der Herrscher Montezuma mit prächtigem Gefolge die Ankömmlinge und ließ sie als Ehrengäste in einem Palast unterbringen. Doch bereits einige Tage später nahm Cortez den Aztekenherrscher als Geisel. Andere Übergriffe, insbesondere die Zerstörung von Götterbildern, schufen eine feindliche Stimmung in der Stadt. Nach einem Massaker, das Cortez Stellvertreter unter den angesehensten Würdenträgern des Landes angerichtet hatte, wurden die Spanier in ihrem Palast belagert. Montezuma wollte seine Landsleute beruhigen, doch er wurde durch Steinwürfe getötet. Die Spanier versuchten verzweifelt aus der Stadt zu fliehen. Dabei kam die Hälfte der Mannschaft um und ein Großteil der Waffen und der Beute ging in den Fluten des Sees unter. Doch Cortez gab nicht auf. Mit verstärkten spanischen Truppen und treuen Indiokriegern begann er im Mai 1521 die Belagerung Tenochtitlans. Er ließ Schiffe bauen, die zerlegt zum See geschafft wurden. So konnten die Spanier die Versorgung der Stadt unterbinden. Nach erbitterten Kämpfen und geschwächt durch Pocken gaben die Verteidiger am 13. August 1521 auf. Die Stadt wurde vollständig zerstört. Auf ihren Ruinen steht heute die Hauptstadt des modernen MEXIKO.

Der Kampf um Tenochtitlan.

1 Warum erschienen den Spaniern die religiösen Bräuche der Azteken fremd und abstoßend? Gab es auch im christlichen Europa Hinrichtungen aus religiösen Gründen?

2 Nenne Gründe für den Sieg der Spanier über die Azteken.

Die neuen Herren

Die Cortez-Expedition war nur der Anfang der spanischen Eroberungen. In den Jahren 1532/33 stieß FRANCISCO PIZARRO in das *Inkareich* im heutigen PERU vor. So gerieten weite Teile Mittel- und Südamerikas unter spanische Herrschaft.

Den *Konquistadoren* und ihren Soldaten folgten Glücksritter und nachgeborene Adelssöhne, die vom väterlichen Erbe ausgeschlossen waren und nun in der Ferne raschen Reichtum, Ruhm und Ehre suchten. Die schweren Arbeiten in den Gold- und Silberminen zwangen sie den unterworfenen Indios auf. Auch die meisten Siedler, die in zunehmender Zahl ins Land kamen, begegneten den Eingeborenen mit Verachtung und sahen in ihnen nur billige Arbeitskräfte für eine gewinnträchtige Plantagenwirtschaft. Schon im Jahre 1503 verpflichtete ein königliches Gesetz die einheimische Bevölkerung, die den unmenschlichen Belastungen oft zu entfliehen suchte, zur Arbeit. Von guter Behandlung und Entlohnung, die Königin Isabella den Eingeborenen zusicherte, war in Wirklichkeit keine Rede. Im Gegenteil, die Europäer benahmen sich in der Neuen Welt wie uneingeschränkte Herren. Die Indiovölker wurden nach der militärischen Unterwerfung durch Arbeitszwang, religiöse Entwurzelung und eingeschleppte Krankheiten wie Pocken und Masern nahezu ausgerottet.

Zu Sklaven geboren?

Die Spanier glaubten zu ihrem Tun berechtigt zu sein, denn sie hatten heidnische Länder entdeckt und erobert. Mit der Heidenmission begründete der Papst, das Oberhaupt der Christenheit, im Jahre 1493 die Herrschaft der spanischen Krone in Amerika.

Vielen lieferte der Prinzenerzieher und königliche Geschichtsschreiber JUAN DE SEPULVEDA die willkommene Rechtfertigung für ihr brutales Vorgehen gegen die Indios:

> Da die Indianer ihrer Natur nach Sklaven, Barbaren, rohe und grausame Gestalten sind, lehnen sie die Herrschaft der Klugen, Mächtigen und Vortrefflichen ab, anstatt sie zu ihrem eigenen Besten zuzulassen, wie es einer natürlichen Gerechtigkeit entspricht. Denn der Körper muss der Seele, die Begierde der Vernunft, die rohen Tiere dem Menschen, das heißt also das Unvollkommene dem Vollkommenen, das Schlechtere dem Besseren unterworfen sein. Denn das ist die natürliche Ordnung.
>
> Ein weiterer Grund ist die Ausrottung des entsetzlichen Verbrechens Menschenfleisch zu verzehren, was ganz besonders der Natur zuwider ist. Weiterhin die Vermeidung, dass anstelle Gottes Dämonen angebetet werden, was insbesondere den göttlichen Zorn hervorruft, vor allem in Verbindung mit jenem ungeheuerlichen Ritus Menschen als Opfer darzubringen.
>
> (J. de Sepulveda, Democrates segundo, 1545, in: R. Konetzke, Lateinamerika seit 1492, Stuttgart 1971, S. 8, vereinf.)

Indianer werden als Arbeitssklaven ausgebeutet.

1 Nimm Stellung zu den einzelnen Begründungen, mit denen Sepulveda die Herrschaft über die Indios beansprucht.
2 Was konnte Menschen dazu bringen ihre Heimat zu verlassen, um in der unbekannten „Neuen Welt" zu leben?

Kolumbus und die Folgen

Der Anwalt der Indios

Allerdings regte sich in Spanien gegen die gewaltsame Missionierung und Ausbeutung auch Widerstand, vor allem in den Reihen der Priester. Der Dominikanermönch BARTOLOMÉ DE LAS CASAS (1484 bis 1566), der als junger Kaufmannssohn selbst gegen die Indios gekämpft und auch Land mit Leibeigenen erhalten hatte, machte sich als *Bischof* zu ihrem Anwalt:

> Der Missionierung und Bekehrung dieser Menschen wurde nicht mehr Aufmerksamkeit und Mühe zugewendet, als wenn die Indianer Klötze oder Steine, Katzen oder Hunde gewesen wären ... Die zweite Vorschrift, dass jeder Häuptling eine bestimmte Zahl von Leuten zu stellen habe, führte der Gouverneur so aus, dass er die zahlreiche Bevölkerung der Insel Hispaniola vernichtete.
>
> Die Spanier schleppten die verheirateten Männer viele Kilometer zum Goldgraben fort und ließen die Frauen in den Häusern und Farmen zurück, um dort Feldarbeit zu verrichten. Dabei hatten sie aber zum Umgraben keine Hacken oder gar ochsenbespannte Pflüge ... Sie mussten Arbeiten verrichten, die bei weitem nicht mit den schwersten Feldarbeiten unserer Landarbeiter in Kastilien vergleichbar sind ... So kam es, dass die Geburten fast aufhörten. Die neugeborenen Kinder konnten sich nicht entwickeln, weil die Mütter, vor Anstrengungen und Hunger erschöpft, keine Nahrung für sie hatten.
>
> Bald nach Ausfertigung dieser Königlichen Verfügung starb die Königin ohne von dieser grausamen Vernichtung etwas zu ahnen.
> (Las Casas, Historia II, Kap. 12–14, in: Geschichte in Quellen 3, München 1966, S. 69 ff., vereinfacht)

Ein bewaffneter und bekleideter schwarzer Krieger führt einen am Hals gefesselten nackten Sklaven zum Sammelplatz einer Sklavenkarawane.

Herren und Knechte

Obwohl Las Casas den spanischen König zu Gesetzen zum Schutz der Indios bewegen konnte, besserte sich deren Lage nicht. Denn die Kolonisten im fernen Amerika entzogen sich jeder Kontrolle. So hat in nicht einmal hundert Jahren die Herrschaft der Spanier die Lebensgrundlagen der einheimischen Bevölkerung zerstört. Nach spanischem Vorbild angelegte Städte, Siedlungen und Straßen tilgten die Spuren der gewaltsam vernichteten indianischen Kulturen. Auf den Westindischen Inseln, in Mittel- und Südamerika und im Süden Nordamerikas führten die Eroberer als Plantagen- oder Minenbesitzer, als Händler oder königliche Beamte das Leben einer Herrenschicht.

Als nicht einmal zwei Generationen später fast 70 Millionen Indios ausgerottet waren, brachten Schiffe europäischer Kaufleute *Negersklaven* in die Neue Welt. Das „Schwarze Gold", wie man die Sklaven nannte, ersetzte die einheimischen Arbeitskräfte. Kein Las Casas prangerte das Los der Afrikaner an, die aus ihrer Heimat entführt und wie Vieh zusammengepfercht über den Atlantik geschafft wurden, um unterdrückt und ausgebeutet ihr Leben zu fristen.

1 Stelle die Vorwürfe von Las Casas zusammen und formuliere mit eigenen Worten einen Brief an den König von Spanien.
2 Warum wurden afrikanische Sklaven nach Amerika transportiert?

Die Landung von Cortez in Mexiko. Gemälde von Diego Rivera, 1951. Cortez bezahlt einen Sklavenhändler, dessen „Ware" Soldaten mit einem glühenden Eisen brandmarken. Ein spanischer Schreiber notiert das Geschäft. Die Frau neben Cortez, Dona Marina, trägt ihren gemeinsamen Sohn Martin auf dem Rücken.

1492 – „Begegnung zweier Welten"?

Die Gegner der 500-Jahr-Feier haben die „Begegnung" aus der Sicht der Indios dargestellt. Heute führt – in ihren Augen – der US-Kapitalismus Unterwerfung und Ausbeutung fort.

1992 feierte Spanien die „Entdeckung" Amerikas mit großem Aufwand und stellte die offiziellen Festlichkeiten unter das Motto „Begegnung zweier Welten". Doch meldete sich starker Protest gegen die Gedenkfeiern, vor allem gegen den Begriff „Entdeckung". Denn ein besiedeltes und kultiviertes Gebiet wird nur von denjenigen entdeckt, die es vorher nicht kannten. In diesem Fall war Amerika „Neuland" für die Europäer. Für die dort lebenden Menschen handelte es sich um eine Invasion, ein gewalttätiges Eindringen in ihren Lebensraum. Den Gegnern der Erinnerungsfeiern ging es im Grunde darum, die Folgen der „Entdeckung" bewusst zu machen. Und diese Folgen waren fürchterlich: fast vollständige Ausrottung der Urbevölkerung, Zerstörung vorhandener Kulturen und Ausplünderung eines Kontinents. Für die Nachfahren der Indios gibt es auf dem südamerikanischen Kontinent nichts zu feiern. Bis heute werden sie in vielen Ländern von der weißen Herrenschicht diskriminiert.

1 Was wollen die Gegner der 500-Jahr-Feier mit ihrer Darstellung kritisieren?
2 Diskutiert das Pro und Contra einer solchen Feier.

Die Weltwirtschaft

Europa beherrscht den Welthandel

Spanien und Portugal beherrschten zu Beginn des 16. Jh. die neuen Handelsrouten nach Übersee. Von hier aus gelangten die überseeischen Produkte nach Norden und verhalfen zuerst Antwerpen und später Amsterdam zu ungeahnter Blüte. Die Kaufleute in den oberitalienischen und süddeutschen Handelsstädten bekamen diese Veränderungen zu spüren. In den Atlantikhäfen stapelten sich nun „Kolonialwaren" aus aller Welt. Darunter viele Kulturpflanzen, die in Amerika seit Jahrhunderten angebaut wurden und die heute selbstverständlich auf unserem Speiseplan stehen: Mais, Kartoffeln, Tomaten, Paprika, Kürbis, Ananas, Erdnüsse, Sonnenblumen, Kakao. Kakao kann sich heutzutage jeder leisten, aber lange Zeit galt eine Tasse gesüßter Schokolade als Luxus, nur für den Adel und das reiche Bürgertum erschwinglich. Der in Europa heißbegehrte Zucker machte die Zuckerrohrplantagen auf den Westindischen Inseln zu wahren Goldgruben.

Durch die „Ware Mensch" blühten Städte wie Liverpool, Bristol und Nantes auf, denn in die Hände der dort ansässigen Kaufleute floss der Gewinn aus dem Dreieckshandel zwischen Europa, Afrika und Amerika.

1 Ordne Kolonien oder Handelsstützpunkte den europäischen Kolonialmächten zu. Nenne die Handelswaren und ihre Herkunftsländer.

2 „Der Dreieckshandel ist ein besonders einträgliches Geschäft, denn an jeder Spitze des Dreiecks klingelt die Kasse." Erläutere diese Aussage.

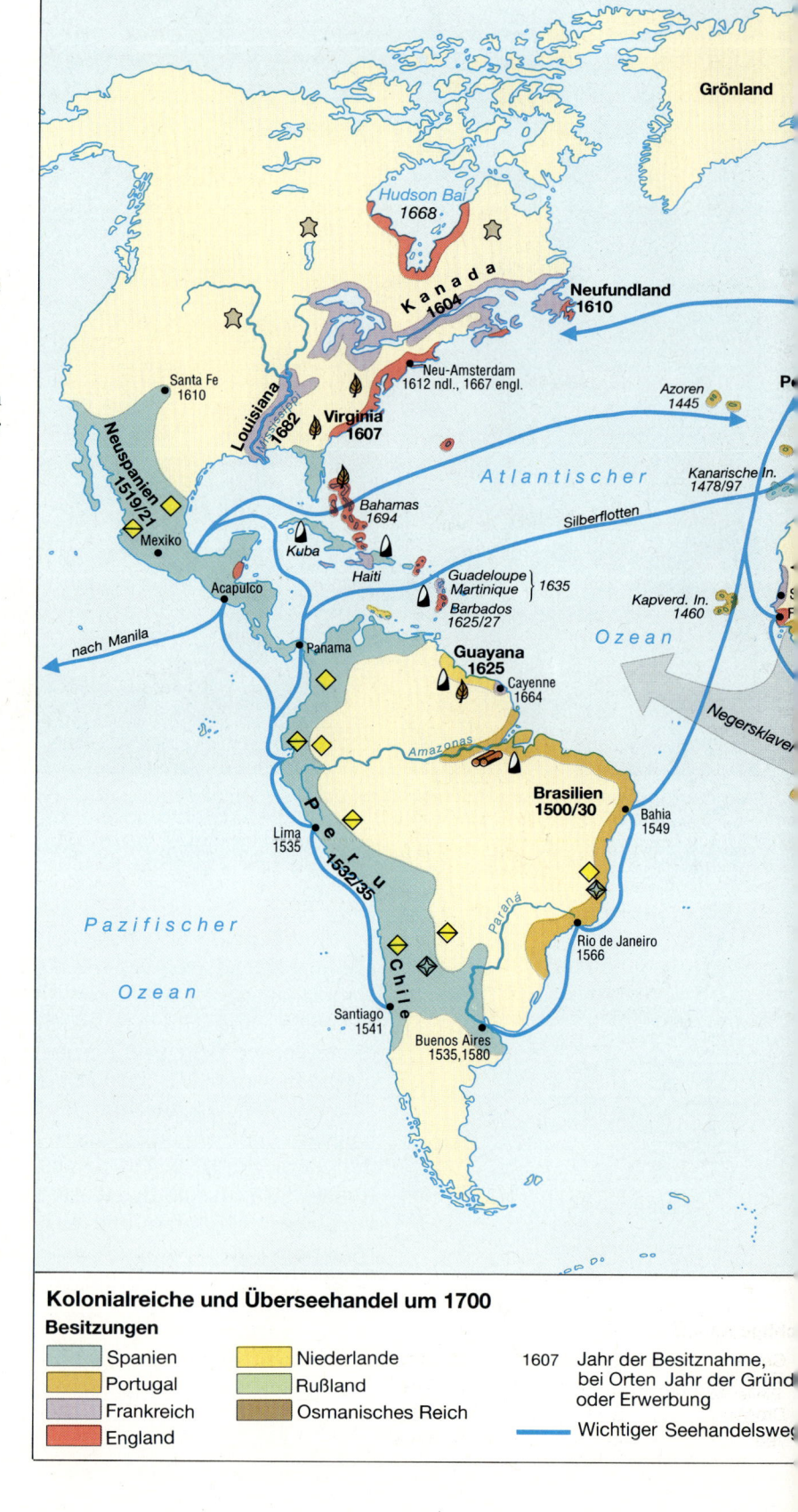

Kolonialreiche und Überseehandel um 1700

Besitzungen

- Spanien
- Portugal
- Frankreich
- England
- Niederlande
- Rußland
- Osmanisches Reich

1607 Jahr der Besitznahme, bei Orten Jahr der Gründung oder Erwerbung

— Wichtiger Seehandelsweg

123

Wichtige Handelswaren

- Gewürze (Zimt, Nelken, Pfeffer, Muskat)
- Drogen
- Tee
- Kaffee
- Weihrauch
- Zucker
- Edelhölzer
- Tabak
- Reis
- Indigo
- Seide
- Baumwollwaren
- Teppiche
- Pelze, Häute
- Perlen
- Elfenbein
- Porzellan
- Lackwaren
- Duftstoffe

Bergbau

- Gold
- Silber
- Zinn
- Salpeter
- Diamanten
- Sklaven

Orte und Jahreszahlen

- Niederlande
- Osmanisches Reich
- Rußland
- Mongolei
- Japan
- China
- Persien
- Arabien
- Indien
- Siam
- Philippinen 1564
- Borneo
- Australien
- Neuguinea
- Angola 1574/1650
- Kapland 1602/52
- Kapstadt 1652
- Moskau
- Tobolsk
- Jakutsk
- Astrachan
- Samarkand
- Isfahan
- Basra
- Hormuz
- Mekka
- Maskat
- Aden
- Sokotra
- Diu
- Daman
- Bombay
- Goa 1510
- Madras
- Pondicherry
- Kotschin 1663
- Kalkutta 1698
- Ceylon 1658
- Malakka
- Sumatra
- Batavia 1619
- Java
- Manila
- Macao 1551
- Ning-po
- Peking
- Kyoto
- Malindi 1520
- Sansibar
- Mocambique 1507
- Madagaskar
- Bourbon
- Mauritius 1598
- Ft. Dauphin 1642
- Accra
- Alexandria

nach Amerika

Pazifischer Ozean — Indischer Ozean

0 — 5000 km

Die Weltwirtschaft

Der Kampf um die Vormacht

Seit 1595 überflügelten die *Niederländer* auf der Ostseeroute die hanseatische Konkurrenz mit einem langgestreckten Frachtschiff, das an Laderaum, Schnelligkeit und Segelkomfort alles bisher Dagewesene übertraf. Mit einer nur sechsköpfigen Besatzung befuhren die holländischen „Fleuten" mehrmals im Jahr die Ostsee. Die Kaufleute machten mit Herings- und Getreidehandel ein Vermögen. Die Niederländer, die neuen „Spediteure der Meere", verdrängten bald auch die Portugiesen von den Gewürzinseln. Im Jahre 1619 eroberten sie JAVA. Zeitweilig besaßen die Niederländer, die als Welthandelskaufleute immer offener gegen die Herrschaft des spanischen Königs in ihrem Land aufbegehrten, mehr Schiffe als alle anderen Länder Europas zusammen.

Von der „Freiheit der Meere", die der niederländische Jurist GROTIUS 1609 für handeltreibende Nationen forderte, wollten auch die *Engländer* Gebrauch machen. So geriet *Spanien*, dessen Silberflotte ohnehin unter den Kaperfahrten des englischen Seeräubers FRANCIS DRAKE zu leiden hatte, zusätzlich in Bedrängnis. Im Jahre 1588 versuchte der spanische König PHILIPP II. mit Waffengewalt die Vorherrschaft seines Landes zu verteidigen. Die unerwartete Niederlage seiner *Armada*, einer gewaltigen Flotte von 130 Schiffen, veränderte die Machtverhältnisse in Europa und Amerika zu Gunsten *Englands*.

Auch *Frankreich* wollte die Neue Welt nicht Spanien allein überlassen. 1610 erklärte die Mutter des Königs, KATHARINA VON MEDICI, ohne Umschweife: „Wir haben den spanischen König nie als Herrn von Indien anerkannt. Wenn unsere Untertanen vor der amerikanischen Küste zusammenstoßen, ist der Stärkere der Herr."

Modell eines holländischen Handelsschiffes. Aufgrund seines geringen Tiefgangs konnte das Schiff in den meisten Häfen anlegen.

Stolz zeigt der holländische Kaufmann auf die Schiffe der Ostindischen Handelskompanie, die im Hafen von Batavia (heute Djakarta) liegen, dem Zentrum des niederländischen Kolonialreiches in Ostasien (um 1650).

Die Fugger

Fernhändler und Verleger

„Ich will Gewinn machen, solange ich lebe", verkündete ohne Umschweife JAKOB FUGGER (1459–1525). Seine Vorfahren waren 1367 als Weber vom Land nach AUGSBURG eingewandert und hatten sich auf den Tuchhandel verlegt, der in einer Zeit rascher Bevölkerungszunahme Gewinn versprach. Als erfolgreiche *Fernhändler* heirateten sie in angesehene Familien der Stadt ein und gelangten schnell in den Stadtrat und ins Patriziat.

Standesgemäß erlernte Jakob Fugger in den beiden Handels- und Finanzzentren des 14. Jahrhunderts, in VENEDIG und ROM, den Beruf des Kaufmanns. Er eignete sich all die Kenntnisse an, die für die Leitung eines großen Handelshauses nötig waren. Um jederzeit über Gewinne und Verluste genau Bescheid zu wissen, um die Risiken abzuwägen und seine An- und Verkäufe planen zu können, führte Jakob Fugger wie die erfolgreichen Handelsherren in Norditalien seine Geschäftsbücher nach der neuen Methode der *doppelten Buchführung*.

Mit unermüdlichem Arbeitseifer und ausgeprägtem Gespür für einträgliche Geschäfte sowie durch Skrupellosigkeit gegenüber der Konkurrenz steigerte „Jakob der Reiche", wie ihn seine Zeitgenossen nannten, den Gewinn seiner Handelsgeschäfte zwischen 1512 und 1525 um 1000 %!

Mit ähnlich hohen Gewinnspannen wie ein Fernhändler konnte auch ein *Verleger* rechnen. So nannte man im 14. und 15. Jh. einen Kaufmann, der nicht nur Rohstoffe einführte, sondern sie zur Weiterverarbeitung Handwerkern auf dem Land „vorlegte". Auch im weiten Umland von Augsburg lebten solche Handwerker, die keiner Zunft angehörten und denen der Verleger die notwendigen Arbeitsmittel auslieh. Zusammen mit der ganzen Familie arbeiteten sie oft nur für einen Hungerlohn für die Fugger. Die steigende Nachfrage nach billigen Kleidungsstücken ließ durch das Verlagsgeschäft die Kasse des Fernhandelshauses noch einmal klingeln.

Jakob Fugger mit seinem Buchhalter Matthäus Schwarz. Der Aktenschrank zeigt einige wichtige Handelsniederlassungen bzw. Faktoreien (Miniatur von 1520).

Bankiers der Fürsten

So mehrte sich rasch das Vermögen der Firma „Jakob Fugger und seiner Brüder Söhne". Für alle, die Geld leihen oder verleihen wollten, war das Fuggerhaus am Augsburger Weinmarkt eine gute Adresse. Zunächst hatten die Handelsherren ganz im Stil eines Familienbetriebes das eigene Geld in ihre Unternehmungen gesteckt und mit dem Gewinn ihre Geschäfte ausgedehnt. Bald genossen die Fugger ein solches Ansehen, dass reiche Bischöfe oder kapitalkräftige Bürger ihr Geld zu einem festen Zinssatz in dem Augsburger Unternehmen wie in einer *Bank* anlegten. Damit erhielten die Fugger nun die Möglichkeit, ihrerseits im großen Stil *Kredite* zu gewähren. An das kirchliche Zinsverbot, das bis 1543 noch offiziell bestand, hielt sich schon längst kein Kaufmann mehr. Die Zeiten, in denen Geldgeschäfte ausschließlich in den Händen der Juden lagen, weil für sie das Zinsverbot des Kirchenrechts nicht galt, waren vorbei. So borgten die fürstlichen *Landesherren* die Summen, mit denen sie ihre Residenzen ausbauten und ihre Söldnerheere unterhielten, bei der Fuggerbank. Da die Fürsten oft weder ihre Schulden tilgen noch die Zinsen bezahlen konnten, ließen sich die Fugger *Landbesitz* und *Handelsmonopole* als Sicherheiten übertragen.

Die Weltwirtschaft

Bergknappenaltar der Annenkirche zu Annaberg im Erzgebirge um 1500: Gewinnung des Erzes (Mitte), Verhüttung (links), Schlagen von Münzen (rechts).

Aufschwung im Bergbau

Noch größere Vorteile versprachen sich die Fugger jedoch von *Schürfrechten* im Blei-, Kupfer- und Silberbergbau. Denn gegen Ende des 14. Jh. hatte der *Bergbau* einen ungeahnten Aufschwung genommen. Grubenentwässerung und Stollenausbau erlaubten es, auch in größeren Tiefen metallhaltiges Gestein abzubauen. Ein neues Schmelzverfahren garantierte eine erhöhte Silberausbeute. Silber ließ sich zu Münzgeld schlagen und angesichts des steigenden Geldbedarfs waren Silbertaler bald ein begehrtes Zahlungsmittel. Die zunehmende Nachfrage nach Haushaltsgeräten, vor allem aber nach Waffen, beschleunigte den Abbau von Blei und Kupfer zusätzlich. Allerdings waren die Förder- und Verhüttungsanlagen technisch aufwändig und von daher sehr kostspielig. Nur wer schon genügend Geld besaß, konnte daran denken, Bergleute anzuwerben und Gruben zu betreiben.

Über Kontakte zum Krakauer Kaufmann Thurzo, dem Bergwerke und Hütten im Erzgebirge gehörten, stiegen die Fugger ins *Bergwerks- und Hüttengeschäft* ein. Sie übertrumpften ihre Konkurrenz, als sie in Tirol, Kärnten und Spanien Gruben übernahmen, die ihnen die *Habsburger* seit 1486 gegen immer höhere Kredite verpfändeten. Kritik an diesem Metallmonopol wies der Herrscher stets ab.

1 Beschreibe den Aufstieg der Fugger.
2 Suche auf der Karte Orte mit den Fuggerniederlassungen. Erkläre, warum sie sich gerade dort befinden.

Ein Kaiser von Gottes oder von Fuggers Gnaden?

Mit 851 985 Gulden kaufte KARL V. aus dem Hause *Habsburg* und seit 3 Jahren schon König von Spanien die Stimmen der Kurfürsten für seine Wahl zum *Kaiser* im Jahre 1519. Damit konnte er seinen Konkurrenten, König FRANZ I. von Frankreich, ausstechen. 543 585 Gulden stammten aus der *Fuggerbank*. An diese heute etwa 30 Millionen DM erinnerte JAKOB FUGGER den Kaiser in einem Brief am 24. 4. 1523:

> Eure Kaiserliche Hoheit wissen ohne Zweifel, wie ich und meine Vettern bisher dem Hause Österreich zu dessen Wohlfahrt alleruntertänigst zu dienen geneigt gewesen sind ... Es ist auch bekannt und liegt am Tage, dass Eure Kaiserliche Majestät die Römische Krone ohne meine Hilfe nicht hätte erlangen können, wie ich denn solches mit eigenhändigen Schreiben der Kommissare Eurer Majestät beweisen kann ... Denn wenn ich hätte vom Hause Habsburg abstehen und Frankreich fördern wollen, so hätte ich viel Geld und Gut erlangt ... Welcher Nachteil aber hieraus Eurer Kaiserlichen Majestät und dem Hause Österreich erwachsen wäre, das haben Eure Majestät aus hohem Verstande wohl zu erwägen.
> (in: R. Ehrenberg [Hrsg.], Das Zeitalter der Fugger, Jena 1912, Bd. I, S. 112, zitiert nach: Praxis Geschichte, 5/92, S. 24)

1 Welchen Nutzen, geschäftlich und privat, konnte ein Handelsherr aus der Geldnot eines Fürsten wohl ziehen?
2 Entwirf für Karl V. einen Antwortbrief.

Das Bank- und Handelshaus der Fugger zu Beginn des 16. Jh.

- Zentrale des Hauses Fugger
- Handelsniederlassungen (Faktoreien) der Fugger

Bergwerks- und Hüttenbetriebe in der Hand der Fugger
- Gold
- Blei
- Silber
- Quecksilber
- Kupfer
- Salz

Von den Fuggern bevorzugte
- Straßen
- Schifffahrtswege
- Grenze des Deutschen Reiches
- Habsburgische Länder
- Länder des Deutschen Reiches

Die Weltwirtschaft

Frühe Kapitalisten – ihrer Zeit voraus?

Mit ihren Krediten hatten sich die Fugger 1519 auf Gedeih und Verderb an das Haus Habsburg gebunden. In einem Reich, in dem die Sonne niemals unterging, schienen sich für die Fugger weltweite Handelsverbindungen und neue Quellen des Reichtums zu eröffnen. Im Jahre 1531 machte KARL V. als Herr der Neuen Welt seine Kreditgeber zur größten privaten Kolonialmacht, als er ihnen die südamerikanische Pazifikküste von PERU bis FEUERLAND überließ.

Doch ließen sich die Fugger durch die Verlockungen der Neuen Welt nicht blenden. Zur Absicherung ihrer Handelsrisiken hatten sie umfangreichen Landbesitz erworben und dank kaiserlicher Privilegien zu einer Adelsherrschaft ausgebaut. Als 1575 der spanische König den Staatsbankrott erklärte und seine Schulden in Millionenhöhe nicht zurückzahlte, brach zwar das Handelsgeschäft der Fugger zusammen. Doch führten sie als *Grafen von Babenhausen* auf ihren Gütern in Schwaben nun ein fürstliches Leben. Das Schloss ist noch heute in ihrem Besitz und beherbergt ein *Fugger-Museum*.

Die geschickte Verbindung von Waren- und Geldgeschäft, verstärkt durch das Verlagswesen und den gewinnträchtigen Bergbau, hatte auch in anderen Städten den Fuggern ähnliche Familienunternehmen hervorgebracht: die TUCHER und IMHOF in Nürnberg, die EHINGER und SCHAD in Ulm. Glanzvolle Hochzeiten wie die von HANS PAUMGARTNER, dem Juniorchef des gleichnamigen Nürnberger Handelshauses, und REGINA FUGGER, der Nichte Jakobs des Reichen, verraten neben Selbstbewusstsein gegenüber dem Adel auch etwas vom Geschäftssinn dieser Unternehmerfamilien.

Sie alle sahen in der Vermehrung ihres Vermögens die wichtigste Aufgabe ihrer Arbeit. Deshalb investierten sie die mitunter riesigen Gewinne immer wieder in die eigene Firma. Weil sie hierin den modernen Unternehmern des 19. und 20. Jahrhunderts gleichen, bezeichnet man Männer wie Jakob Fugger als „Frühkapitalisten".

Doch besaßen nicht alle frühen Kapitalisten den kaufmännischen Weitblick eines Jakob Fugger. Manch einer wurde das Opfer seiner Risikobereitschaft. Den Augsburger Handelsherrn BARTHOLOMÄUS WELSER führte das Südamerikageschäft geradewegs in die Armut. Dem Fugger-Konkurrenten AMBROSIUS HÖCHSTETTER blieb nach dem Bankrott seines Unternehmens der Schuldturm nicht erspart.

Nicht nur das Schicksal vieler Konkurrenten in diesem internationalen Geschäft flößte manchem erfolgreichen Unternehmer Zweifel ein. Der Kölner Bürgermeister und Kaufmann JOHANNES RINCK, der aus Angst um sein Seelenheil 1511 dem Kaufmannsleben den Rücken kehrte, bedachte die Armen seiner Heimatstadt in seinem Testament mit einer ansehnlichen Stiftung. Ganz ohne Hintergedanken wird auch Jakob Fugger nicht gewesen sein, als er in Augsburg die Fuggerkapelle und die *Fuggerei*, eine Sozialsiedlung für hundert arme Familien, errichten ließ. Noch heute beherbergt die Fuggerei gegen einen geringen symbolischen Mietpreis etwa 350 Bewohner.

Schautaler von 1518. Jakob Fugger wurde 1511 vom Kaiser geadelt und 1514 in den Grafenstand erhoben.

Die Bewohner der Fuggerei, mit deren Bau 1516 begonnen wurde, zahlten nur geringe Miete, beteten aber täglich für den Stifter.

1 Der Herrscher und sein Kreditgeber – wer ist von wem abhängig?
2 Inwiefern verkörpert Jakob Fugger ein neues Wirtschaftsdenken?
3 Die Fuggerei – „eine menschlich-christliche Großtat Jacob Fuggers"? Nimm Stellung zu dieser Bewertung.

Zusammenfassung

1350	1400	1450	1500	1550	1600
	Renaissance	Buchdruck	erster Globus — Kolumbus	Eroberung der Neuen Welt	Europäischer Welthandel

Ein neues Bild von der Welt

Im Jahre 1492 landete KOLUMBUS auf der Suche eines Seewegs nach INDIEN auf der mittelamerikanischen Inselgruppe der Bahamas. Ohne es zu ahnen, hatte er damit das Weltbild der Europäer entscheidend verändert. Aber nicht nur Seefahrer wie Kolumbus, sondern auch Forscher, Künstler und Gelehrte waren im 15. Jahrhundert auf der Suche nach neuen Wegen. In den reichen und politisch unabhängigen Städten Norditaliens und dann bald in ganz Europa erlebte die Antike eine Wiedergeburt *(Renaissance)*. Mit einer neuen Sicht schienen Kunst und Wissenschaft den Menschen und seine Welt aus einem finsteren Mittelalter zu befreien. Indem alte Ängste nüchterner Überlegung wichen, fassten die Menschen größeres Zutrauen zu ihren eigenen Fähigkeiten.

Erfindungen wie der *Buchdruck* und die Uhr zeigten die neue Rastlosigkeit und Neugier. Neue Techniken in Bergbau und Schifffahrt verrieten den Willen die Natur zu beherrschen und auszubeuten. Die Eroberung fremder Kontinente lockte nicht nur Abenteurer, sondern eröffnete auch einen weltweiten *Handel*. Mit einem bisher nie dagewesenen Gewinnstreben sprengten einige wenige *Kaufleute* den bis dahin üblichen Rahmen. Als Fernhändler, Verleger, Grubenbesitzer und Bankiers ähnelten sie modernen Unternehmern. Die klassischen Zentren des mittelalterlichen Handels traten ihre führende Stellung an die aufblühenden Hafenstädte Westeuropas ab.

Die Berechnungen des KOPERNIKUS und die Beobachtungen von GALILEI hoben das bisherige Weltbild aus den Angeln. Ihre Lehre, nach der die Sonne den Mittelpunkt unseres Universums bildet und nicht die Erde, setzte sich gegen den Widerstand der Kirche durch. Mit den neuen Erkenntnissen setzte das Zeitalter des Umbruchs gerade in einer Zeit der Seuchen, des Hungers und der Gewalt auch Ängste frei. Denn wer die gewohnten Bahnen verließ und bisherige Bedenken in den Wind schlug, büßte damit auch die vertraute Sicherheit ein.

Wichtige Begriffe

- Azteken
- Buchdruck
- Dreieckshandel
- Frühkapitalismus
- Fugger
- Heliozentrisches Weltbild
- Humanismus
- Inka
- Kolonialmacht
- Medici
- Renaissance
- Verleger

Geschichtslabor

Der Prozess des Galileo Galilei

„Und sie bewegt sich doch!"

Wenigstens dieses wenn auch nur kurze, trotzige Bekenntnis zum kopernikanischen Weltbild musste GALILEO GALILEI vor sich hingemurmelt haben. So stellte es sich jedenfalls der Verfasser einer 1761 veröffentlichten Geschichte vom Prozess gegen Galilei vor. Er mochte nicht glauben, dass der zu seiner Zeit schon berühmte Mathematiker, Physiker und Astronom sich sang- und klanglos dem Willen des Inquisitionsgerichts in Rom unterworfen hatte. Mit einem Male sollte Galilei seine Beweise für die Eigenbewegung der Erde für falsch und die durchs Fernrohr entdeckten Jupitermonde für eine Täuschung halten? Das war doch kaum zu glauben. Und doch war es so. Der über die Grenzen Italiens hinaus bekannte Forscher hatte alle seine Erkenntnisse, die die vom Papst 1616 als ketzerisch verurteilte Lehre des KOPERNIKUS stützten, widerrufen.

Was war Galileo Galilei für ein Mann? Was kann den 70-jährigen veranlasst haben sich der *Inquisition* zu unterwerfen und damit die Forschungen seines ganzen Lebens für nichtig zu erklären? Was mag er wohl selbst dabei gedacht haben? Hatte er Angst vor den Drohungen der Inquisition? War er ein Feigling? Oder war er schlauer als seine Gegner?

Macht euch selbst ein Bild von Galilei und seiner Zeit! Vielleicht mögen einige von euch in Galileis Haut oder die seiner Gegner schlüpfen und ihre Rolle spielen. Nachrichten über das Leben des Galileo Galilei und Hinweise zu den Argumenten seiner Gegner helfen euch dabei.

Im „Sternenboten" veröffentlichte Galilei 1610 die Mondphasen, wie er sie durch sein Fernrohr sah. Bahnbrechend sind die Berge und Täler, denn bislang galt der Mond als glattpolierte Kugel.

Die Erde geht über dem Mond auf. Foto aus der Mondsonde „Snoopy" vom Mai 1969.

…ILEO GALILEI in PISA geboren. Durch
…händler aus Florenz, erhielt er eine
…künstlerische Ausbildung.
…or für Mathematik in Pisa. 1592 ging
…zu Venedig gehörende Padua, des-
…nsehen genoss und als sehr freiheit-
…ers als seine Kollegen: er verband
…isch-technischen Arbeit. Er infor-
…enezianischen Werften mit ihren
…e Maschinen, deren Funktions-
…erläuterte und oft verbesserte. Er wollte physikalische
Gesetze experimentell beweisen. Und falls seine Experimente den
Meinungen der gelehrten Autoritäten, vor allem dem Werk des griechischen Philosophen ARISTOTELES widersprachen, wagte er es, Aristoteles in Frage zu stellen. Er entwarf Maschinen zur Bewässerung
der Felder, er berechnete die Geschossbahnen von Waffen, er schrieb
über Befestigungsanlagen, er erdachte und baute mathematische und
physikalische Instrumente.

1609 begeisterte Galilei die Senatoren Venedigs mit seinem *Fernrohr*, das er zwar nicht erfunden, aber entscheidend verbessert hatte. Für die Politiker war der militärische Nutzen ausschlaggebend. Galilei selbst schliff neue Linsen und verstärkte das Fernrohr bis zur 30fachen Vergrößerung. Damit konnte er aufsehenerregende Entdeckungen am Sternenhimmel machen, die er 1610 in dem Buch *Der Sternenbote* veröffentlichte. Die Tatsache, dass der Planet Jupiter von 4 Trabanten umkreist wird, bestätigte die Vermutungen des NIKOLAUS KOPERNIKUS. Die Vorstellung des griechischen Gelehrten PTOLEMÄUS konnte nicht richtig sein, denn in dessen Erklärungsmodell hängen die Sterne an kristallenen Schalen, damit sie nicht herunterfallen. Die Trabanten würden aber diese Gewölbeschalen, die die Erde umschließen, zerstören.

1610 zog Galilei nach FLORENZ. Die Zahl seiner Gegner erhöhte sich, als er 1611 in einem Streit über die Frage, warum Eis schwimmt, seine sich auf Aristoteles berufenden Kollegen widerlegen konnte. Doch bei vielen europäischen Fachleuten fand Galilei Anerkennung für seine Forschungen. Auch die päpstlichen Astronomen stimmten seinen Erkenntnissen zu – nicht aber seiner Interpretation. Es gelang Galilei nicht, sie für das kopernikanische Weltbild zu gewinnen. 1616 wurde die Lehre des Kopernikus offiziell verurteilt, da sie der Heiligen Schrift und den Auslegungen der Theologen widersprach.

1632 erschien mit der Zustimmung des Papstes Galileis Hauptwerk „Dialog über die beiden hauptsächlichen Weltsysteme". Das Buch stellt in der Form eines Gesprächs die Theorien des Ptolemäus und Kopernikus als zwei mögliche Theorien vor – aber der Vertreter der kopernikanischen Lehre hat die besseren und überzeugenderen Argumente. Der Papst fühlte sich von Galilei hintergangen und lächerlich gemacht, zumal das Buch von Gelehrten in ganz Europa mit großer Begeisterung aufgenommen wurde.

Galilei geriet erneut ins Visier seiner Gegner, die ihn vor die Inquisition riefen, indem sie wissenschaftliche Fragen auf die religiöse Ebene zogen. 1633 zwangen sie ihn zum Widerruf: ein für die Freiheit von Wissenschaft und Forschung verhängnisvoller Moment.

Portrait des Galilei aus der Schule des Florentiner Hofmalers J. Sustermans, 1640.

Fernrohre Galileis. Ihr Durchmesser beträgt nur 3 cm, sie sind sehr lichtschwach.

Geschichtslabor

Der dramatische Moment des Schwurs, nachempfunden von einem Maler unserer Zeit.

Der Schwur des Galilei

Ich, Galileo, Sohn des Vinzenz Galilei aus Florenz, siebzig Jahre alt, berühre die heiligen Evangelien mit der Hand und schwöre, dass ich immer geglaubt habe, auch jetzt glaube und mit Gottes Hilfe auch in Zukunft alles glauben werde, was die Heilige Katholische und Apostolische Kirche für wahr hält, predigt und lehrt.

Es war mir auferlegt worden, dass ich völlig die falsche Meinung aufgeben müsse, dass die Sonne der Mittelpunkt der Welt ist und dass sie sich nicht bewegt und dass die Erde nicht der Mittelpunkt der Welt ist und dass sie sich bewegt. Es war mir weiter befohlen worden, dass ich diese falsche Lehre nicht vertreten dürfe und dass ich sie in keiner Weise lehren dürfe, weder in Wort noch in Schrift. Es war mir auch erklärt worden, dass jene Lehre der Heiligen Schrift zuwider sei. Trotzdem habe ich ein Buch geschrieben und zum Druck gebracht, in dem ich jene bereits verurteilte Lehre behandele ...

Daher schwöre ich mit aufrichtigem Sinn und ohne Heuchelei ab, verwünsche und verfluche jene Irrtümer und Ketzereien, die der heiligen Kirche entgegen sind. Ich schwöre, dass ich in Zukunft weder in Wort noch in Schrift etwas verkünden werde, was mich in einen solchen Verdacht bringen könnte ...

Ich, Galileo Galilei, habe abgeschworen, geschworen, versprochen und mich verpflichtet, wie ich eben näher ausführte. Zum Zeugnis der Wahrheit habe ich diese Urkunde meines Abschwörens eigenhändig unterschrieben und sie Wort für Wort verlesen, in Rom im Kloster der Minerva am 22. Juni 1633.

(nach: Ludwig Bieberbach, Galilei und die Inquisition, München 1938, S. 108)

Der Jesuit und Kardinal Bellarmin (1542–1621) war einer der ersten Gegner Galileis. 1930 wurde er heiliggesprochen.

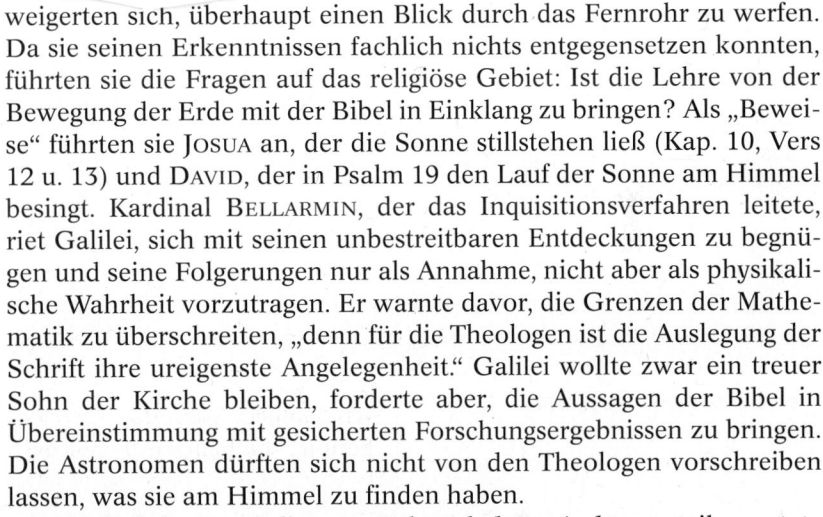

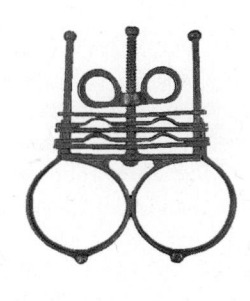

„Man zeigte mir die Instrumente" antwortete Galilei auf die Frage seines Schülers, warum er widerrufen habe.

... das grundlegende mathematische Wissen und weigerten sich, überhaupt einen Blick durch das Fernrohr zu werfen. Da sie seinen Erkenntnissen fachlich nichts entgegensetzen konnten, führten sie die Fragen auf das religiöse Gebiet: Ist die Lehre von der Bewegung der Erde mit der Bibel in Einklang zu bringen? Als „Beweise" führten sie JOSUA an, der die Sonne stillstehen ließ (Kap. 10, Vers 12 u. 13) und DAVID, der in Psalm 19 den Lauf der Sonne am Himmel besingt. Kardinal BELLARMIN, der das Inquisitionsverfahren leitete, riet Galilei, sich mit seinen unbestreitbaren Entdeckungen zu begnügen und seine Folgerungen nur als Annahme, nicht aber als physikalische Wahrheit vorzutragen. Er warnte davor, die Grenzen der Mathematik zu überschreiten, „denn für die Theologen ist die Auslegung der Schrift ihre ureigenste Angelegenheit." Galilei wollte zwar ein treuer Sohn der Kirche bleiben, forderte aber, die Aussagen der Bibel in Übereinstimmung mit gesicherten Forschungsergebnissen zu bringen. Die Astronomen dürften sich nicht von den Theologen vorschreiben lassen, was sie am Himmel zu finden haben.

1616 ließ der Papst die neue Lehre als *ketzerisch* verurteilen, setzte das Werk des Kopernikus auf den *Index* und ließ Galilei ermahnen die Lehre weder zu behaupten noch zu verteidigen. Der Gelehrte unterwarf sich der Weisung. Die päpstlichen Astronomen, von denen sich einige seiner Position näherten, erhielten den ausdrücklichen Befehl sich nicht gegen die alte Lehre zu äußern.

1633 musste sich Galilei in Rom vor dem *Inquisitionsgericht* verantworten, weil er die Lehre des Kopernikus trotz des Verbots doch weiter verteidigt hatte. Indem Galilei abschwor und sein Lebenswerk wenigstens nach außen – verleugnete, konnte er sein Leben retten. Er durfte in sein Haus bei Florenz zurückkehren, stand aber bis zu seinem Tod im Jahre 1642 unter Hausarrest.

Die katholische Kirche brauchte lange Zeit, um ihre Haltung gegenüber Galilei zu ändern. Erst 1992 erfolgte die offizielle Rehabilitierung, d. h. die Aufhebung des Ketzerei-Vorwurfs und des Urteils. „Das schmerzliche Missverständnis zwischen Wissenschaft und Glauben gehört der Vergangenheit an", erklärte Papst JOHANNES PAUL II. Indem die Theologen zur Zeit des Galilei darauf beharrten, dass die Erde Mittelpunkt des Weltraums ist, machten sie nach den Worten des Papstes einen Irrtum, aber in gutem Glauben. Der Papst hob hervor, dass sich die Bibel in Wirklichkeit nicht mit Details der physischen Welt beschäftigt; das Wissen darüber sei vielmehr der Erfahrung und der menschlichen Vernunft anvertraut.

A·D·
1547

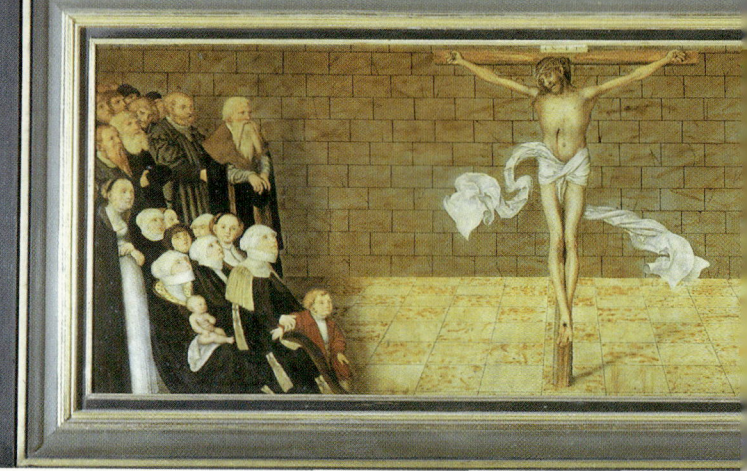

Schuld an der unseligen Kirchenspaltung gab.

Der berühmte Maler Lucas Cranach der Ältere hat auf diesem unteren Bild des Flügelaltars den Reformator Luther dargestellt, wie er seine Gemeinde auf die Grundlagen des neuen evangelischen Glaubens verweist: Mit der einen Hand zeigt er auf den gekreuzigten Christus, mit der anderen auf die aufgeschlagene Bibel.

Die großen Bilder des Altars veranschaulichen die Sakramente der neuen Konfession: in der Mitte das Abendmahl, links die Taufe und rechts die Buße. Auch hier hat der Maler zwei Reformatoren abgebildet: Der Pfarrer, der das Kind tauft, ist Luthers Freund Philipp Melanchthon. Der die Beichte abnimmt, ist Johann Bugenhagen, der Reformator Norddeutschlands und Dänemarks.

Haupt und Gliedern zu erneuern.

In Deutschland nahm die *Reformation* mit dem Auftreten von MARTIN LUTHER ihren Anfang. 1517 veröffentlichte er 95 Leitsätze gegen die Ablasspraxis der Kirche. Dieser eigentlich geringe Anlass hatte große Auswirkungen. Eine neue *Konfession* entstand und damit eine bis heute andauernde Spaltung des christlichen Glaubens. Luther nannte das neue Bekenntnis „evangelisch", weil er im Evangelium die alleinige Glaubensquelle sah. Es entstanden evangelische *Landeskirchen*, an deren Spitze die Landesfürsten standen.

Die Reformation war nicht nur ein religiöses Ereignis. Glaube und Kirche bestimmten damals in einem viel größeren Maße das Denken und Handeln der Menschen. Daher führte der von Luther ausgelöste Streit um den richtigen Glauben zu schweren Unruhen in Gesellschaft und Politik, ja sogar zum Krieg zwischen dem katholischen Kaiser KARL V. und den lutherischen Landesfürsten im Deutschen Reich. Dahinter stand aber auch der alte Gegensatz zwischen Kaisermacht und Selbstständigkeitsstreben der Landesfürsten.

Es gab weder Sieger noch Besiegte. Der im Jahre 1555 geschlossene *Augsburger Religionsfriede* beendete diese ersten Glaubenskämpfe. Die lutherische Konfession wurde endgültig neben der katholischen anerkannt. Damit verfestigte sich die religiöse Spaltung des Reiches.

Luthers Angriff auf die Kirche 137

Ein Spottbild auf die Mönche: Hochmut, Ausschweifung und Habgier halten den Mönch am Gängelband. Ein Bauer stopft ihm die Bibel in den Mund. Die Armut droht mit der Faust (Holzschnitt 1521).

Kirche und Volksfrömmigkeit

Missstände in der Kirche

Auf dem *Konzil von Konstanz* (1414–1418) war JAN HUS als *Ketzer* verbrannt worden. Eine Reform der Kirche an „Haupt und Gliedern" gelang dort jedoch nicht. Viele Missstände in der Kirche blieben weiter bestehen: Die Ordnung in den Klöstern ließ zu wünschen übrig. Mönche und Nonnen führten oft ein ausschweifendes Leben. In den Städten und Dörfern besorgten ärmliche, schlecht bezahlte und mangelhaft ausgebildete Priester das Lesen der Messe und die Seelsorge. Auch ihr Lebenswandel bot häufig genug Anlass zu Klagen. In einem Hirtenschreiben des Bischofs von Konstanz, THOMAS BÄRLOWER, aus dem Jahr 1495 heißt es:

> Trotzdem achten, was wir schweren Herzens beklagen, ziemlich viele auch unter euch Priestern die heiligen Satzungen und die in ihnen enthaltenen Strafen gering. Bar jeder Scham und Gottesfurcht verzehren sie sich in beständiger Begehrlichkeit um verdächtige Frauenspersonen in ihren Wohnungen oder anderswo öffentlich zu unterhalten; und sie bemühen sich nicht diese zu entlassen und wegzuschicken, noch auch in sich zu gehen und angemessene Buße zu tun. Andere wieder achten die genannten heiligen Bestimmungen der Kirche gering, lassen den Zügeln der Ausgelassenheit freien Lauf, ergeben sich dem Würfelspiel, nehmen in Kneipen und an andern Orten öffentlich und privat an Tanzanlässen teil, brechen in Lästerungen aus auf unsern erhabenen Erlöser und seine gütigste Mutter und Jungfrau Maria und die Heiligen. Sie tragen herausfordernde Waffen, legen die ihrem Stand entsprechenden Kleider ab und ziehen andere an nach Art der Laien. Sie zeigen sich schändlicherweise bei liederlichen Zechereien und anderen Eitelkeiten der Welt.
> (nach: A. Bucher, W. Schmid [Hrsg.], *Reformation und katholische Reform 1500–1712*, Aarau 1958, S. 3, gekürzt)

Luthers Angriff auf die Kirche

Die jüngeren Söhne des Adels, die nicht erbten, kauften sich einträgliche Domherren- oder Abtstellen, von deren Einkünften *(Pfründen)* sie standesgemäß leben konnten. Oft hatte ein Adliger mehrere dieser Gewinn bringenden hohen Kirchenämter inne. Die seelsorgerischen Pflichten, die mit den Stellen verbunden waren, ließ er von einfachen, schlecht bezahlten Priestern wahrnehmen. Einige Bischöfe waren gleichzeitig mächtige Reichsfürsten. Sie verbanden ihr geistliches Amt mit weltlicher Herrschaft und nahmen aktiv an den politischen Auseinandersetzungen teil. Mancher von ihnen mag sich in seiner Rüstung wohler gefühlt haben als in seinem Messgewand.

Besonders augenfällig wurden die Missstände in ROM. Unter dem Einfluss der Renaissance fühlten sich die Päpste nicht mehr so sehr als oberste Seelenhirten, sondern als weltliche Fürsten, Gelehrte oder Künstler. Als Herrscher über den *Kirchenstaat* versuchten sie auch mit kriegerischen Mitteln ihre Macht in Italien zu vergrößern. Ihre verschwenderische Hofhaltung verschlang große Summen. 1506 begann man mit dem Neubau der *Peterskirche*. Die berühmtesten Baumeister und Künstler ihrer Zeit, unter ihnen MICHELANGELO und RAFFAEL, traten in den Dienst des Papstes um einen Dom zu errichten, der alle anderen Bauwerke der Christenheit an Größe und Pracht übertreffen sollte. Die Päpste beschafften das notwendige Geld vor allem aus Deutschland, denn hier hatte sich der Handel mit hohen Kirchenämtern zu ihrer wichtigsten Einnahmequelle entwickelt.

Papst Leo X. (1513–1521) aus dem Haus Medici mit Lupe und Handschrift. Welchen Eindruck von der Person des Papstes soll das Gemälde von Raffael erwecken?

1 Es heißt, die katholische Kirche sei im ausgehenden Mittelalter „verweltlicht". Was spricht für diese Meinung?
2 Wie erklärst du dir den Geldbedarf der Päpste und Bischöfe?
3 Betrachte das Bild von Stefan Lochner. Wie stellten sich die Menschen im Mittelalter das Jüngste Gericht vor?

Das Gemälde vom Jüngsten Gericht von Stefan Lochner (um 1400–1451) zeigt drastisch die Ängste und Hoffnungen der Menschen jener Zeit.

Die Volksfrömmigkeit – Ausdruck der Sorge um das Seelenheil

Gibt es eine Hölle?
„Glauben Sie, daß es eine Hölle gibt, in der Menschen nach dem Tode bestraft werden?"

Die Frage bejahten (in Prozent):
- BUNDESBÜRGER (WEST): 24
- PROTESTANTEN: 20
- KATHOLIKEN: 34

Umfrage des Magazins DER SPIEGEL 1994.

Teufel führen einen Papst und einen Bischof in den Rachen der Hölle. Aus diesem französischen Holzrelief (Anfang 16. Jh.) spricht deutlich der Zorn der Gläubigen über die Papstkirche.

Trotz dieser offensichtlichen Missstände in der Kirche blieb die Frömmigkeit des Volkes ungebrochen. Vor allem das Wüten der Großen Pest, die Mitte des 14. Jahrhunderts fast jedem Dritten in Europa den Tod brachte, löste in den Ländern nördlich der Alpen eine gewaltige Welle der Religiosität aus. Manche sahen hierin ein Strafgericht Gottes für das sündige Leben, denn mehr noch als um ihr körperliches Wohl bangten die Menschen damals um ihr ewiges Heil. Bei sehr vielen Menschen herrschte das Gefühl vor, das Ende der Zeiten sei gekommen und die Welt bewege sich auf das Jüngste Gericht zu. Für sie war die Welt voll von dämonischen Wesen, die sich um ihre Seelen stritten. Immer wieder malten Künstler jener Zeit Bilder vom Jüngsten Gericht. Sie spiegeln eindrucksvoll die *Höllenangst* und *Todesfurcht* der Menschen, aber auch ihre Hoffnung auf *Erlösung* wieder.

Die Kirche konnte den von ihrer Sündenangst gepeinigten Menschen nicht helfen, denn sehr viele Geistliche boten längst kein Beispiel mehr für echte Frömmigkeit. Daher versuchten die Leute, sich ihres Seelenheils durch eigene religiöse Anstrengungen zu vergewissern. Mit *guten Werken* hofften sie die Gnade und Vergebung Gottes zu erlangen. Manche Gläubige flehten Maria und die Heiligen um Fürbitte an und stifteten ihnen kostbare Altäre, Bildertafeln oder Abendmahlskelche. Andere unterstützten mit *Stiftungen* die Armen, Alten und Kranken in den Städten. Großen Anklang fanden die oft beschwerlichen Reisen zu berühmten *Wallfahrtsorten*. Dort wetteiferten die Gläubigen in der Verehrung der Jungfrau Maria und der Schutzheiligen. *Volksprediger*, also nicht geweihte Priester, zogen durch das Land und hatten großen Zulauf. Sie forderten die Gläubigen zu Buße und tätiger Nächstenliebe auf.

In der Kirche verstand kaum jemand die vom Priester lateinisch gelesene Messe. Die Menschen begannen Bittgesänge oder geistliche Volkslieder auf Deutsch zu singen. Da sie mit dem unverstanden Kehrreim „Kyrie eleison" (griech. = Herr, erbarme dich!) endeten, nannte man sie „Leisen". Sie bilden den Anfang des deutschen Gemeindegesanges. Große Verehrung fanden *Reliquien*. So nennt man Überreste oder Gegenstände von Heiligen. Durch den Kauf von *Ablassbriefen* versuchten viele Menschen, einen Nachlass zeitlicher Strafen für begangene Sünden zu erwirken.

Die spätmittelalterliche Volksfrömmigkeit hatte aber auch ihre bedenkliche Seite. Weil es an Unterweisung und Führung durch die Kirche mangelte, war die Volksfrömmigkeit durchsetzt vom Glauben an Geister und Hexen. Christlicher Glaube und Aberglaube ließen sich in damaliger Zeit oft nicht trennen. Daher konnte sich auch der *Hexenwahn* ungehindert ausbreiten, der im 16. Jh. einen Höhepunkt erreichte. Ungezählte Frauen und Männer fanden bei den Hexenverfolgungen den Tod auf dem Scheiterhaufen oder starben durch das Beil.

Enttäuscht von der Kirche wandten sich daher viele Leute MARTIN LUTHER zu, als dieser Kirche und Papst heftig kritisierte und den Menschen einen Weg zu ihrem Seelenheil zeigte.

1 Wie äußerte sich im ausgehenden Mittelalter die Volksfrömmigkeit?
2 Beweise mit Hilfe der SPIEGEL-Grafik, dass nicht nur im Mittelalter die Höllenfurcht im Leben der Menschen eine große Rolle spielte.

Luthers Angriff auf die Kirche

Luthers Bruch mit der Kirche

Martin Luther

Martin Luther als Augustinermönch 1523. Ein Jahr später legte der Reformator für immer die Mönchskutte ab.

MARTIN LUTHER wurde 1483 in EISLEBEN als Sohn eines Bergmanns geboren. Ein Jahr später zog die Familie ins nahe Mansfeld. Martin und seine acht Geschwister wurden sehr fromm erzogen. Er besuchte die Lateinschulen in Magdeburg und Eisenach. Sein Vater, der es durch Anteile an den Mansfelder Kupferminen zu Wohlstand gebracht hatte, ließ ihn an der Universität Erfurt Rechtswissenschaften studieren; denn ein solches Studium bot gute Voraussetzungen für eine angesehene Stelle am fürstlichen Hof. Diese Hoffnung des Vaters erfüllte sich nicht. Im Sommer 1505 geriet der junge Student in ein schweres Gewitter. Als ein Blitz in seiner Nähe einschlug, rief er in seiner Todesangst die Schutzpatronin der Bergleute an: „Hilf, heilige Anna, ich will ein Mönch werden."

Trotz der Empörung seines Vaters hielt er das Gelübde und trat in das *Augustinerkloster* der Stadt ERFURT ein. Vor seiner Weihe zum Priester im Jahre 1507 studierte Luther auf Wunsch seines Ordens an der dortigen Universität Theologie. Im Auftrag des Augustinerordens unternahm er 1510 eine Fahrt nach Rom. Beunruhigt über die weltliche Pracht des Papsttums und den Mangel an Frömmigkeit unter den Geistlichen kehrte Luther zurück. 1512 erwarb er an der Universität in WITTENBERG die Doktorwürde in Theologie. Damit war damals die Berechtigung zur Professur verbunden. Luther hielt fortan Vorlesungen zur Auslegung des Alten und Neuen Testaments.

Luthers Rechtfertigungslehre

Bereits als junger Mensch quälte Luther das Gefühl ein hoffnungsloser Sünder zu sein. Er fürchtete sich vor Gottes Zorn und den Höllenstrafen. Selbstquälerisch stellte er sich immer wieder die eine Frage: Wie finde ich Gnade vor Gott? Als Mönch versuchte Luther sich das Seelenheil zu sichern, indem er die Regeln seines Ordens besonders streng einhielt, betete, beichtete, fastete und sich sogar bis zur völligen Erschöpfung geißelte. Das alles konnte ihn aber nicht von seiner Angst befreien ein von Gott Verworfener zu sein. Bei der Beschäftigung mit dem *Römerbrief* des Apostels PAULUS in der kleinen Turmstube des Wittenberger Augustinerklosters fand er im Frühjahr 1513 plötzlich Antwort auf die ihn quälende Frage nach der Sündenvergebung. Paulus sagt darin, dass der sündige Mensch sich nicht durch gute Werke vor Gott rechtfertigen könne, sondern nur durch den Glauben an Gottes Barmherzigkeit. Der Glaube allein macht selig, nicht die guten Werke!

Der Ablassstreit

Im Jahr 1515 übernahm Luther neben seiner Professur das Amt eines Predigers und Seelsorgers an der Wittenberger Stadtkirche. In jener Zeit hatte Papst LEO X. für den Bau der Peterskirche in Rom einen *Ablass* ausgeschrieben. Darunter verstand die Kirche nicht die Vergebung der Sünden, sondern nur den Erlass von Sündenstrafen, die nach kirchlicher Lehre auf Erden oder im Jenseits abzubüßen waren. Der Ablass war wirksam, wenn der Sünder Reue zeigte und gute Werke vollbrachte. Im späten Mittelalter wurde es jedoch üblich, dass Gläubige den Ablass in Form eines *Ablassbriefes* kaufen konnten. Die Gelder, die Papst Leo X. durch diesen Ablasshandel zuflossen, gingen zur Hälfte an den Erzbischof ALBRECHT VON MAINZ.

Tetzel mit seinem „Ablass-Kram": Oben Papst Leo X. sowie ein Behälter (eine „Bulle") mit Ablassbestätigungen für die gewährten Nachlassjahre, unten links eine Geldtruhe und rechts ein Ablassbrief (zeitgenössisches Flugblatt).

Dieser finanzierte damit seine Einsetzung in die Bistümer Magdeburg, Halberstadt und Mainz. In Norddeutschland verkaufte der Dominikanermönch JOHANNES TETZEL den Ablass. Schamlos war die Art, in der er die Gläubigen zum Kauf der Ablassbriefe überredete. Er bestärkte sie in der Ansicht seine Sünden brauche man nicht mehr zu bereuen, wenn man dafür Ablassgeld bezahlt habe, ja man könne auch für Verstorbene Ablass erwerben und damit ihre Seelen aus dem Fegefeuer in den Himmel befördern.

Der Kurfürst von Sachsen hatte den Verkauf des Ablasses in seinem Lande untersagt. Als Tetzel aber im nahen brandenburgischen Jüterbog sein Quartier aufschlug, begaben sich auch viele Gläubige aus Luthers Gemeinde dorthin um Ablassbriefe zu kaufen. Im Beichtstuhl redete er ihnen ins Gewissen und hielt ihnen ihre Sünden vor. Sie zeigten ihm ihre Ablassbriefe und erklärten, dadurch hätten sie sich von allen Sünden und aller Reue losgekauft. Aus Sorge um ihr Seelenheil schrieb Luther an den Erzbischof von Mainz:

> Es wird im Land umhergeführt der päpstliche Ablass unter Euer Gnaden Namen zum Bau von Sankt Peter. Ich will dabei gar nicht über der Ablassprediger großes Geschrei Klage führen. Aber ich beklage die falsche Auffassung, die das arme, einfältige, grobe Volk daraus entnimmt und die jene Prediger allenthalben marktschreierisch rühmen. Denn die unglücklichen Seelen glauben infolgedessen, wenn sie nur Ablassbriefe lösen, seien sie ihrer Seligkeit sicher; weiter glauben sie, dass die Seelen ohne Verzug aus dem Fegefeuer fahren, sobald man für sie in den Kasten [Geld] einlege; diese Ablassgnade sei ferner so kräftig, dass keine Sünde so groß sein könne, dass sie nicht erlassen und vergeben werden könnte. Ach, lieber Gott, so werden die Eurer Sorge anvertrauten Seelen, teurer Vater, zum Tode unterwiesen...!
> (K. Steck [Hrsg.], Luther, Frankfurt/M. 1955, S. 30f.)

Als immer häufiger Ablasskäufer bei Luther nicht mehr beichten wollten, veröffentlichte er am 31. Oktober 1517 95 lateinische *Thesen* gegen die Ablasspraxis der Kirche. Über diese „Lehrsätze" wollte er mit gelehrten Theologen diskutieren. So zum Beispiel:

> 1. Wenn unser Herr und Meister Jesus Christus sagt: „Tut Buße!", so will er, dass das ganze Leben der Gläubigen Buße sei.
> 21. Es irren die Ablassprediger, die sagen, dass durch des Papstes Ablässe der Mensch von allen Sündenstrafen losgesprochen und erlöst werde.
> 27. Die predigen Menschentand, die vorgeben, dass, sobald der Groschen im Kasten klingt, die Seele ... aus dem Fegefeuer fahre.
> 36. Jeder Christ ohne Ausnahme, der wahrhaft Reue empfindet, hat völlige Vergebung von Strafe und Schuld, die ihm auch ohne Ablassbrief gebührt.

An die Tür der Schlosskirche in Wittenberg schlug Luther vermutlich ein Plakat mit seinen Thesen. Die ursprüngliche Holztür wurde im 7-jährigen Krieg zerstört. Dieses Bronzeportal stiftete der preußische König 1858.

1 Wie erhält ein Christ nach Luthers Rechtfertigungslehre Vergebung?
2 Warum stimmt die Kirche Luthers Ablassthesen nicht zu?

Luthers Angriff auf die Kirche

Der Bruch mit Rom

Der Bapftesel zu Rom

Zwei Spottbilder aus der Zeit der Reformation. Oben: „Der Papstesel" von einem unbekannten Künstler (1523). Unten: „Luther – des Teufels Dudelsack" von Erhard Schoen, 1521.
Was halten beide Künstler von der Reformation und wie spiegelt sich ihre Auffassung in den Bildern wider?

Auf *Flugblätter* gedruckt, verbreiteten sich die 95 Thesen in zwei Wochen über ganz Deutschland. Sie fanden überall begeisterte Zustimmung. Der *Nuntius*, also der Botschafter des Papstes in Deutschland, hatte schon ein Jahr vorher gewarnt: „Viele, viele warten hier nur auf den richtigen Mann um das Maul gegen Rom aufzutun." Luther schien der Wortführer der vielen Menschen zu sein, die ihre aufgestaute Unzufriedenheit mit der Kirche endlich einmal frei äußern wollten. Auch bedeutende Persönlichkeiten wie der berühmte Humanist PHILIPP MELANCHTHON (1497–1560) stellten sich offen auf seine Seite. Er wurde Luthers treuer Freund und Berater.

Der Papst schätzte die „Luthersache" zunächst als ein lästiges „Mönchsgezänk" ein. Bald erkannte er jedoch, dass mehr auf dem Spiel stand als der Ablassmissbrauch. In einem Streitgespräch mit dem berühmten Ingolstädter Theologen JOHANNES ECK im Juli 1519 in Leipzig behauptete Luther, dass Päpste und Konzilien irren könnten und die Heilige Schrift die einzige Quelle des Glaubens sei. Er vertrat auch die Ansicht, die Kirche bedürfe keines irdischen Hauptes, da ihr Haupt Christus sei.

Nach diesen Äußerungen musste er als *Ketzer* mit dem Kirchenbann rechnen. Er forderte die Exkommunikation geradezu heraus, als er 1520 mit seinen Studenten in Wittenberg die Bannandrohungsbulle des Papstes öffentlich verbrannte.

Im gleichen Jahr 1520 legte Luther in drei großen Programmschriften die Grundsätze seiner Reform nieder. In der ersten „An den christlichen Adel deutscher Nation von des christlichen Standes Besserung" ruft er den Adel dazu auf, die Kirche zu reformieren und von Rom zu lösen. Er begründet diesen Auftrag damit, dass nach dem Evangelium nicht nur die Geistlichen, sondern alle Gläubigen Priester seien. Die zweite Schrift „Von der babylonischen Gefangenschaft der Kirche" befasst sich mit den sieben Sakramenten. Nur drei von ihnen fand Luther in der Bibel bestätigt: das Abendmahl, die Taufe und die Buße. Die vier übrigen, nämlich Firmung, Eheschließung, Priesterweihe und Letzte Ölung wollte er abschaffen. In der dritten Schrift „Von der Freiheit eines Christenmenschen" erklärte Luther den neuen evangelischen Glauben. Der Text war eine Zusammenfassung seiner Rechtfertigungslehre und für den Papst bestimmt.

Der Bruch mit Rom war vollzogen, obwohl es Luther zunächst gar nicht um eine neue Kirche, sondern um deren Erneuerung ging! Die römische Kirche antwortete auf die Reformbestrebungen mit altbekannten Mitteln. Anfang Januar 1521 wurde Luther vom Papst wegen der Verbreitung von Irrlehren *gebannt*.

Nach alter Rechtsauffassung musste daraufhin der weltliche Herrscher über den Reformator unverzüglich die Reichsacht verhängen, das heißt ihn für rechtlos und vogelfrei erklären. Doch die nach dem Tod von Kaiser MAXIMILIAN I. im Jahre 1519 eingetretene politische Entwicklung verhinderte das.

1 Stelle in einer Tabelle Luthers Lebensstationen bis 1520 zusammen.
2 Berichte über die Ereignisse, die zu Luthers 95 Thesen führten.
3 Welche reformatorischen Lehren Luthers trafen die römische Kirche besonders hart?

Reformation und Politik 143

Luther vor Kaiser und Reich

Die Kaiserwahl von 1519

Kaiser Maximilian I. war im Januar 1519 verstorben. Sein Enkel Karl, der schon mit 16 Jahren Herzog von Burgund und König von Spanien geworden war, bewarb sich um die Kaiserkrone. Obwohl er als Fremder galt und nicht einmal die deutsche Sprache beherrschte, wurde der Neunzehnjährige im Juni 1519 von den sieben Kurfürsten einstimmig als KARL V. zum Kaiser gewählt.

Karl V. hatte sich seine Wahl mit hohen Bestechungsgeldern erkauft und den Reichsfürsten wichtige *Mitspracherechte* zugestanden. So musste er die Regierung in die Hände der Fürsten legen, wenn er nicht im Reich war. Er versprach auch keinen Deutschen ohne Verhör vor dem Reichstag zu verurteilen und zu ächten.

Wie stark die Macht der Reichsfürsten gewachsen war, erfuhr der neue Kaiser, als er für 1521 seinen ersten Reichstag nach WORMS einberief. Den Streit um Luther konnte er nicht mit einem Machtwort aus der Welt schaffen. Im Gegenteil! Viele Reichsfürsten standen auf der Seite Luthers. Sie setzten es durch, dass auch der vom Papst gebannte Ketzer auf diesen Reichstag geladen wurde. Dort sollte geprüft werden, ob dessen Lehre wirklich ketzerisch sei. Dann erst sollte dem Kirchenbann die *Reichsacht* folgen.

1415 war in Konstanz JAN HUS als Ketzer verbrannt worden. Voller Angst, es könnte Luther genauso ergehen, erwirkte dessen Landesherr, Kurfürst FRIEDRICH DER WEISE, beim Kaiser freies Geleit für ihn hin und zurück. Der Jubel der Bevölkerung begleitete Luther auf seiner Reise von Wittenberg nach Worms. Am 16. April traf er dort ein und wurde mit einem Trompetensignal vom Domturm begrüßt. Der päpstliche Gesandte ALEANDER war Augenzeuge bei Luthers Ankunft:

> Schon hatte ich meinen letzten Brief geschlossen, als ich aus dem hastigen Rennen des Volkes entnahm, dass der große Ketzermeister seinen Einzug hielt. Mit drei Genossen in einem Wagen sitzend zog er in die Stadt ein, umgeben von etwa acht Berittenen, und nahm seine Herberge in der Nähe seines sächsischen Fürsten; beim Verlassen des Wagens schloss ihn ein Priester in seine Arme, rührte dreimal sein Gewand an und berühmte sich im Weggehen, als hätte er eine Reliquie des größten Heiligen in Händen gehabt: Ich vermute, es wird bald von ihm heißen, er tue Wunder. Dieser Luther, als er vom Wagen stieg, blickte mit seinen dämonischen Augen im Kreis umher und sagte: „Gott wird mit mir sein." Dann trat er in eine Stube, wo ihn viele Herrn aufsuchten, mit deren zehn oder zwölf er auch speiste, und nach der Mahlzeit lief alle Welt hin, ihn zu sehen.
> (Depeschen des Nuntius Aleander vom Wormser Reichstage 1521, hrsg. von P. Kalkhoff, Halle 1897; Brief 18, S. 166 ff., gekürzt)

Karl V. (1500–1558). Das Gemälde zeigt den Kaiser etwa zur Zeit des Wormser Reichstags von 1521.

1 Was könnten die Menschen in Worms Luther zugerufen haben?
2 Warum berichtet eigentlich der päpstliche Gesandte die Nebensächlichkeit nach Rom, mit wem Luther gespeist hat?
3 Warum sympathisierten viele Reichsfürsten mit Luther?

Reformation und Politik

Luthers Verhör auf dem Wormser Reichstag (Buchtitel von 1521).

Der Reichstag von Worms

Schon am Tag nach seiner Ankunft wurde Luther vor die Versammlung der *Reichsstände* geladen. Der Vertreter des Erzbischofs von Trier legte zwei Packen Bücher auf eine Bank vor Luther und forderte ihn auf seine Lehren zu widerrufen. Luther erbat Bedenkzeit. Bereits am folgenden Tag gab er die Antwort. Sie endete mit den Worten:

> Weil denn Eure allergnädigste Majestät und fürstliche Gnaden eine einfache Antwort verlangen, will ich sie ohne Spitzfindigkeiten und unverfänglich erteilen, nämlich so: Wenn ich nicht mit Zeugnissen der Heiligen Schrift oder mit offenbaren Vernunftgründen besiegt werde, so bleibe ich von den Bibelstellen besiegt, die ich angeführt habe ... Denn ich glaube weder dem Papst noch den Konzilien allein, weil es offenkundig ist, dass sie öfters geirrt haben. Widerrufen kann und will ich nichts, weil es weder sicher noch geraten ist etwas gegen sein Gewissen zu tun. Gott helfe mir, Amen.
> (nach: Luther, Hrsg. K. Steck, Frankfurt/M. 1955, S. 101)
>
> *Am Tag darauf gab Kaiser Karl V. die folgende Erklärung ab:*
> Ihr wisst, dass ich abstamme von den allerchristlichsten Kaisern der edlen deutschen Nation, die alle bis zum Tod getreue Könige der römischen Kirche gewesen sind, Verteidiger des katholischen Glaubens. Ein einfacher Mönch hat sich erhoben gegen den Glauben, den alle Christen seit mehr als 1000 Jahren bewahrten, und er behauptet dreist, dass alle Christen sich bis heute geirrt hätten. Und ich erkläre auch, dass es mich gereut, dass ich es so lange aufschob, gegen Luther und seine falsche Lehre vorzugehen. Ich werde ihn nie wieder hören. Er habe sein Geleit; aber ich werde ihn fortan als Ketzer betrachten.
> *(nach: Geschichte in Quellen, Bd. 3, hrsg. von W. Lautemann und M. Schlenke, München 1976, S. 126, gekürzt)*

Das Wormser Edikt

Am Ende des Verhörs breitete sich Unruhe aus. Jeder spürte, dass die Weigerung Luthers, seine reformatorische Lehre selbst vor Kaiser und Reich nicht zu widerrufen, weitreichende Folgen haben würde. Unmittelbar nach dem Verhör fiel noch keine Entscheidung. Der Kaiser wartete, bis die lutherisch eingestellten Fürsten abgereist waren. Erst Ende Mai 1521 erließ er das *Wormser Edikt*. Es verkündete die *Reichsacht* gegen Luther. Er wurde für vogelfrei erklärt, und die Verbreitung sowie der Besitz seiner Schriften wurden verboten.

Luther auf der Wartburg

Diese gefährliche Entwicklung hatte Friedrich der Weise vorhergesehen. Er ließ den Reformator auf dessen Rückreise nach Wittenberg im Thüringer Wald zum Schein überfallen und auf die WARTBURG bei Eisenach bringen. Als junger Adliger verkleidet und in einem Turmstübchen versteckt begann Luther damit, die Bibel ins Deutsche zu übersetzen. Das war keine leichte Aufgabe, denn eine einheitliche deutsche Sprache gab es noch nicht. Er bemühte sich um eine Sprachform, die jedermann verstehen konnte. Dazu benutzte er die sächsische Amtssprache und anschauliche Ausdrücke aus den deutschen Mundarten. Die Sprache der *Lutherbibel* entwickelte sich allmählich zu unserer hochdeutschen Schriftsprache.

Als „Junker Jörg" lebte Luther ein Jahr auf der Wartburg (Gemälde von Lucas Cranach d. A., 1522).

1 Karl V. und Luther zeigten sich unnachgiebig in Worms. Worauf beriefen sie sich in ihren gegensätzlichen Standpunkten?
2 Was gab Luther die Sicherheit in Worms nicht zu widerrufen?
3 Das Edikt von Worms ließ Karl V. auf den 8. Mai 1521 zurückdatieren. Welchen Anschein wollte er damit wohl erwecken?
4 Die Reformation ist ohne die Erfindung der Buchdruckkunst nicht denkbar. Erläutere diese Aussage.

Die Wartburg bei Eisenach – heute durch das Lutherzimmer ein beliebtes Ausflugsziel.

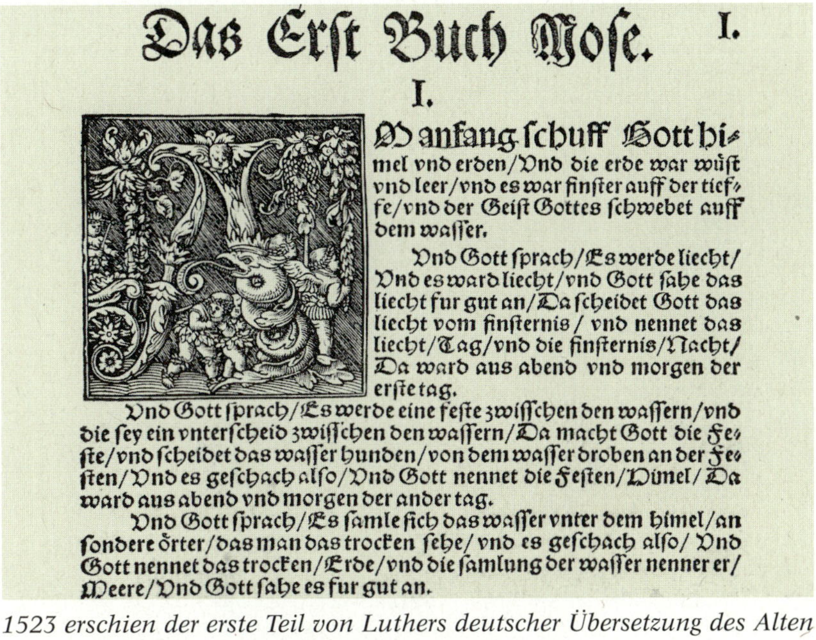

1523 erschien der erste Teil von Luthers deutscher Übersetzung des Alten Testaments. Es enthielt die fünf Bücher Moses. Worum geht es beim hier abgedruckten Bibelauszug?

Reformation und Politik

Soziale Unruhen

Der Aufstand der Reichsritter

Auf der *Ebernburg* des Reichsritters FRANZ VON SICKINGEN wurde seit 1521 lutherischer Gottesdienst gehalten. Manchmal war auch Sickingens Freund, der berühmte dichtende Ritter ULRICH VON HUTTEN dabei. Ihre Gespräche werden sich nicht nur um die Religion gedreht haben. Viel bedrängender war für diese kleinen Adligen die Frage, wie sie ohne Räuberei mit den knappen Einkünften aus ihren paar Dörfern ein standesgemäßes Leben auf ihren Burgen führen konnten. Wie sollten sie ihre Unabhängigkeit gegenüber den immer mächtiger werdenden Fürsten wahren, die bereits begehrliche Blicke auf die ritterlichen Besitzungen warfen?

Sickingen war durch Militärdienste beim König von Frankreich und beim Kaiser zu Geld und Einfluss gekommen. Daher glaubte er sich selbst helfen zu können: 1523 begann der gefürchtete Heerführer den „Pfaffenkrieg" gegen den Erzbischof von Trier. Damit wollte er der ritterlichen Freiheit und dem Evangelium zum Sieg verhelfen. Von der Reformation erhoffte er sich die Enteignung der geistlichen Gebiete zu Gunsten der Ritter und damit einen neuen Aufstieg seines Standes. Aber der Pfaffenkrieg misslang. Der Trierer Erzbischof erschien mit seinen Verbündeten, dem Kurfürsten von der Pfalz und dem Landgrafen von Hessen, vor Sickingens Burg *Landstuhl*. Der Belagerte starb, als eine Kanonenkugel ihm das Bein abriss. Mit seinem Untergang verloren die *Reichsritter* für immer ihre politische Bedeutung.

Der Reichsritter Franz von Sickingen (1481–1523).

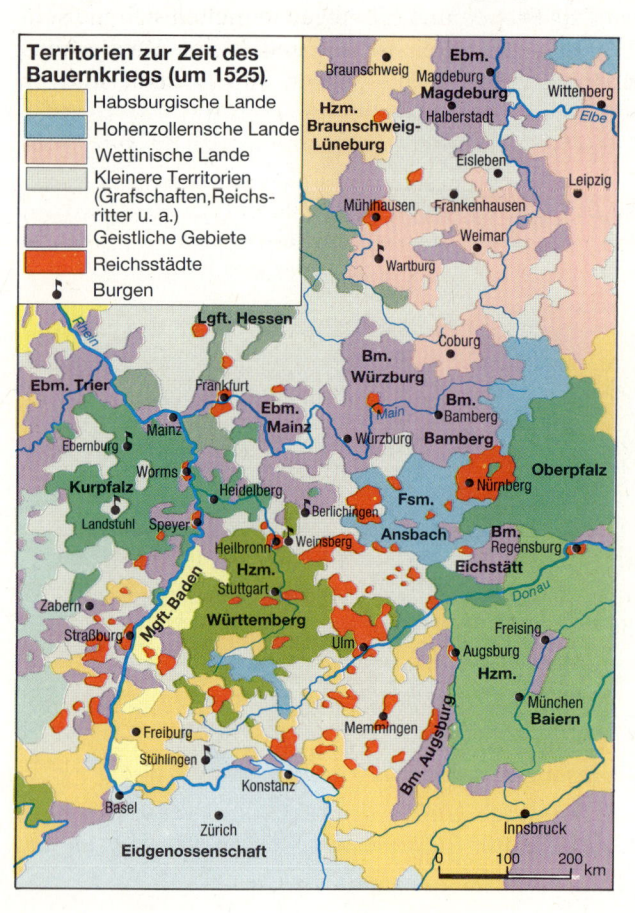

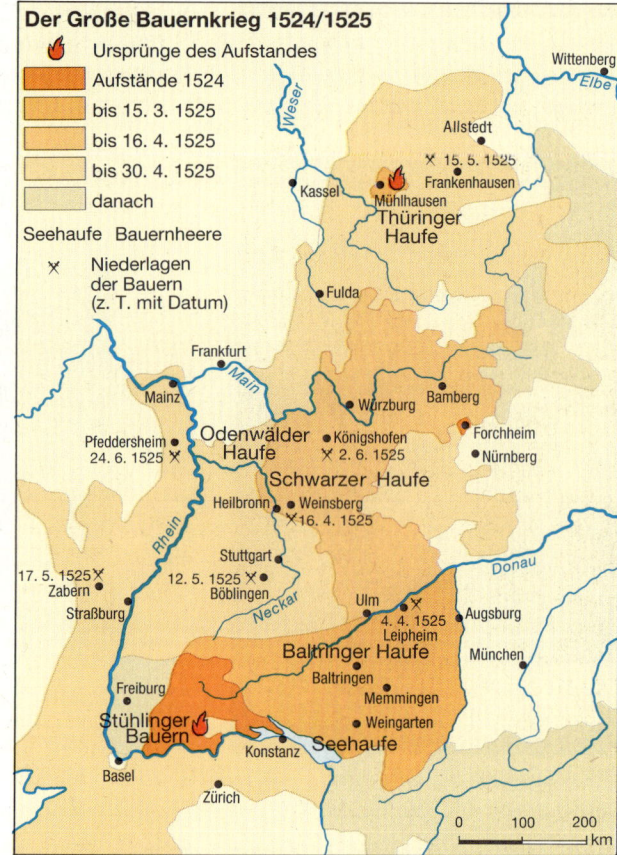

Die Lage der Bauern

> Der letzte Stand ist derer, die auf dem Lande in Dörfern und Gehöften wohnen und dasselbe bebauen. Hütten aus Lehm und Holz, wenig über die Erde emporragend und mit Stroh gedeckt, sind ihre Häuser. Geringes Brot, Haferbrei oder gekochtes Gemüse ist ihre Speise, Wasser und Molken ihr Getränk. Ein leinener Rock, ein paar Stiefel, ein brauner Hut ist ihre Kleidung. Das Volk ist jederzeit ohne Ruhe, arbeitsam, unsauber. Die einzelnen Dörfer wählen aus sich zwei oder vier Männer, die sie Bauermeister nennen; das sind die Vermittler bei Streitigkeiten und Verträgen und die Rechnungsführer der Gemeinde. Die Verwaltung aber haben sie nicht, sondern die Herren. Den Herren fronen sie oftmals im Jahr. Es gibt nichts, was dieses sklavische und elende Volk ihnen nicht schuldig sein soll.
> *(gekürzt nach: G. Franz, Quellen zur Geschichte des deutschen Bauernstandes in der Neuzeit, Darmstadt 1963, S. 3)*

So schilderte 1520 aus der Sicht eines Städters der Chronist JOHANNES BOEMUS die Lage der Bauern, zu denen damals rund vier Fünftel der deutschen Bevölkerung zählte.

Manche Bauern hatten es aber auch zu bescheidenem Wohlstand gebracht, denn auf den Märkten der wachsenden Städte konnten sie ihre Erzeugnisse gut verkaufen. Und doch fühlten sie sich seit langem rechtlos und wenig geachtet. Seit eh und je lebten sie in mancherlei Abhängigkeit von ihrem Grundherrn und mussten unwürdige Behandlung erdulden. Das Fronen und die Abgaben hielten sich meist in annehmbaren Grenzen. Arme Reichsritter und kleine Klosterherrschaften aber pressten das letzte an Abgaben und Dienstleistungen aus ihren Bauern heraus.

Ungünstig wirkte sich auch eine neue politische Entwicklung auf die Lage der Bauern aus. Die immer mächtiger werdenden Fürsten meldeten ihre Ansprüche an! Sie versuchten alle Bewohner ihrer Länder zu *Untertanen* zu machen. Sie duldeten es nicht mehr, dass die Bauern ihr Leben im Dorf selbst regelten. Alles sollte nach dem Willen der Landesherrn gehen.

Die *Amtleute* der Fürsten erschienen in den Dörfern und erhoben neue Steuern. Sie ersetzten auch die vertrauten Dorfgerichte durch gelehrte Richter. Diese urteilten nicht mehr nach dem vertrauten alten Gewohnheitsrecht, sondern nach neuem *römischen Recht*, dessen Latein die Bauern nicht verstanden. Besondere Verbitterung lösten die Bestrebungen der Landesfürsten und adligen Grundherren aus, den von alters her freien Gemeinbesitz an der Dorfweide, den Gewässern, Wäldern und Jagden einzuschränken. Dieser Besitz bildete für die Bauern und ihre Familien eine wichtige Lebensgrundlage, auf die sie angewiesen waren.

Die Wissenschaftler streiten darüber, ob das Bauernpaar Abgaben leistet oder zum Markt in die Stadt geht. Wofür würdest du dich entscheiden? (Kupferstich von Albrecht Dürer, 1512).

1 Franz von Sickingen erklärt einem anderen Reichsritter seine Pläne vom „Pfaffenkrieg". Erzähle!
2 Liste auf, was die Bauern an ihrem Dasein besonders beklagen.
3 Versetze dich in die Lage eines Bauern, dem der Grundherr den Wald und das Weideland weggenommen hat. Welche Folgen hatte das?
4 Beschreibe das Leben der Bauern anhand der Quelle.

Reformation und Politik

Von Bauernaufständen zum Bauernkrieg

Schon seit dem 14. Jahrhundert gab es in England, Frankreich und im Südwesten Deutschlands Bauernaufstände. Am Oberrhein kam es um 1450 unter dem Zeichen des bäuerlichen *Bundschuhs* zu Verschwörungen gegen die Willkür der Herren. Im Jahr 1514 ergriff ein anderer größerer Bauernaufstand, der *Arme Konrad*, ganz Württemberg. Die Fürsten warfen beide nieder.

Neuen Auftrieb erhielt die anhaltende Unzufriedenheit der Bauern durch die Reformation. Luthers Schrift von der „Freiheit eines Christenmenschen" zündete besonders bei den Bauern und wurde von ihnen sehr wörtlich auf die eigene Lage bezogen.

In der zweiten Hälfte des Jahres 1524 flackerten in der Herrschaft STÜHLINGEN am Hochrhein die Bauernunruhen wieder auf. Sie weiteten sich im Frühjahr 1525 zum großen deutschen *Bauernkrieg* aus. Eigentlich ist dieser Ausdruck etwas irreführend, denn es bildeten sich im oberen Schwarzwald, am Bodensee, im Elsass, Odenwald und Allgäu sowie in Franken und Thüringen einzelne Bauernheere, die sogenannten *Haufen*. Diese führten aber keinen gemeinsamen und planmäßigen Feldzug. Nur über die Ziele ihres Aufstands bestand Einigkeit. In der Reichsstadt MEMMINGEN verfasste der Kürschnergeselle SEBASTIAN LOTZER eine Flugschrift mit zwölf Artikeln ihrer Forderungen.

Die zwölf Artikel der Bauernschaft

> 1. Art. Die Gemeinden sollen ihre Pfarrer frei wählen dürfen; die Predigt des Evangeliums soll erlaubt sein.
> 2. Art. Der Kornzehnt soll für die Bezahlung des Pfarrers und für die Armen verwendet werden. Der Viehzehnt soll abgeschafft werden, weil davon nichts in der Bibel steht.
> 3. Art. Die Bauern wollen der Obrigkeit zwar gehorchen, aber die Leibeigenschaft soll abgeschafft werden.
> 4. Art. Das Recht der Jagd und des Fischfangs soll den Gemeinden wieder zurückgegeben werden.
> 5. Art. Das Recht der Holznutzung soll den Gemeinden zurückgegeben werden.
> 6. Art. Die Frondienste sollen auf das frühere Maß zurückgenommen werden.
> 7. Art. Neu auferlegte Dienste sollen bezahlt werden.
> 8. Art. Überhöhter Pachtzins soll neu festgesetzt werden.
> 9. Art. Das alte Strafrecht soll wieder in Kraft gesetzt werden.
> 10. Art. Gemeindewiesen (Allmende) sollen zurückgegeben werden.
> 11. Art. Abgaben der Witwe beim Tod eines Bauern („Todfall") sollen abgeschafft werden.
> 12. Art. Wenn einer oder mehr Artikel hier aufgestellt sein sollten, die dem Wort Gottes nicht gemäß sind, dann wollen wir davon Abstand nehmen, wenn man uns das aus der Heiligen Schrift nachweist.
> *(Geschichte in Quellen, Bd. 3, München 1976, S. 145 ff.)*

Bauern schwören auf die Bundschuh-Fahne. Sie zeigt das Kreuz Christi auf einem Bundschuh stehend. Er galt als Symbol der Bauern im Gegensatz zum gespornten Ritterstiefel (1514).

1 Gegen welche Missstände wenden sich die einzelnen Artikel?
2 Wie begründen die Bauern ihre Forderungen? Welche Zusammenhänge bestehen zwischen Bauernaufstand und Reformation?
3 In welchen Artikeln werden radikale Neuerungen, in welchen wird die Wiederherstellung alter Rechte gefordert?

Thomas Müntzer und das „Gottesreich auf Erden"

In Thüringen ist der Bauernkrieg eng mit dem Namen eines Mannes verbunden: THOMAS MÜNTZER. Er war Theologe und zunächst Luthers Anhänger. Luther empfahl ihn als Prediger nach Zwickau in Sachsen. Dort schloss er sich den „Zwickauer Propheten" an. Diese frommen Leute glaubten, Gott offenbare sich nicht nur in der Bibel, sondern auch in Ahnungen und Träumen. Als Müntzer dies schwärmerische Christentum predigte, musste er aus der Stadt weichen.

Nach einer Wanderzeit bekam Müntzer 1523 wieder eine Pfarrstelle in Allstedt. In der kleinen thüringischen Stadt gründete er aus Bürgern, Bauern und Bergleuten den „Bund der Erwählten". Er rief sie auf in Armut, Gleichheit und Gütergemeinschaft das „Gottesreich auf Erden" zu errichten. Als der Herzog ihn bei der Ausrottung der Gottlosen nicht unterstützen wollte, drohte Müntzer mit dem Aufstand der kleinen Leute. Wieder musste er fliehen!

Zunächst begab er sich in die Reichsstadt MÜHLHAUSEN. Aber im September 1524 verfügte der Rat Müntzers Ausweisung, weil dessen Predigten immer radikaler wurden. Schon im Februar 1525 kehrte er nach Mühlhausen zurück. Müntzer stürzte mit seinen Anhängern den alten Rat und ersetzte ihn im Namen Gottes durch einen „Ewigen Rat", der Armen und Reichen gleiches Recht gewähren sollte.

Als sich im nahen Fulda die Bauern erhoben, sah Müntzer die Möglichkeit gekommen mit den Gottlosen und den Fürsten abzurechnen. Mit 300 „Erwählten" stellte er sich an die Spitze eines Heeres, das bei FRANKENHAUSEN sein Lager aufschlug. Die anrückenden Fürsten unter Landgraf PHILIPP VON HESSEN brachten ihre Kanonen rings um die Wagenburg, die das Bauernheer gebildet hatte, in Stellung. Da Müntzer den Bauern versprochen hatte, er werde die Kanonenkugeln der Fürsten „in seinem Ärmel auffangen", gerieten sie in Panik, als die ersten Kugeln Opfer forderten. Die Bauern flohen und die Fürsten hatten leichtes Spiel. Sie schonten niemand. 5000 Bauern wurden niedergemetzelt, nur 600 gefangen. Müntzer selbst wurde enthauptet.

Thomas Müntzer (1490–1525) Pfarrer, Prophet und Umstürzler.

Kurfürst Johann von Sachsen, einer der Sieger von Frankenhausen. In der Bildmitte das Bauernheer mit der von Müntzer entworfenen Regenbogenfahne. Das fürstliche Heer verlor nur 6 Mann.

Reformation und Politik

So stellte sich ein Zeichner im 19. Jh. einen Bauernhaufen vor.

Luther und der Bauernkrieg

Das Spottbild aus der Zeit um 1525 zeigt Luther als Mitglied des Bundschuhs. Es klagt den Reformator an die Bauern betrogen zu haben.

Große Hoffnungen hatten die Bauern in Süddeutschland auf Luther gesetzt. Der zögerte lange. Erst als die Bauern sich in ihrem Programm auf das Evangelium beriefen und ihre Gegner Luther die Schuld an den Unruhen gaben, veröffentlichte er Anfang Mai 1525 eine *Ermahnung zum Frieden*.

> An die Fürsten und Herren!
> Solchen Unrat und Aufruhr verdanken wir niemand anderem auf Erden als euch Fürsten und Herren, besonders euch blinden Bischöfen und tollen Pfaffen und Mönchen, die ihr im weltlichen Regiment nicht mehr tut, als dass ihr schindet und schatzt um eure Pracht und Hochmut zu führen, bis es der arme gemeine Mann nicht kann noch mag länger ertragen.
>
> An die Bauernschaft!
> Wenn ihr sprecht: Die Obrigkeit ist böse und unleidlich; denn sie wollen uns das Evangelium nicht lassen und drücken uns allzu hart und verderben uns also an Leib und Seele. So antworte ich: Dass die Obrigkeit böse ist, entschuldigt keine Rotterei noch Aufruhr.
> (Geschichte in Quellen, Bd. 3, München 1976, S. 149f.)

Die Fürsten dachten nicht daran, nachzugeben; sie brauchten aber einige Wochen um sich gegen die Bauernheere zu rüsten. In dieser Zeit konnten die aufständischen Bauern militärische Erfolge erzielen, wurden erstmals Schlösser und Klöster in Brand gesteckt. Ein Bauernhaufe eroberte die *Burg Weinsberg* bei Heilbronn, wobei es zur einzigen schweren Bluttat kam, die uns überliefert ist: Die Bauern ergriffen Graf LUDWIG VON HELFENSTEIN und jagten ihn zusammen mit der ritterlichen Besatzung „durch die Spieße" – eine besonders demütigende Form der Hinrichtung.

Als Luther von den Verwüstungen der Bauern hörte, fürchtete er um die christliche Ordnung und um seine Lehre. Er verfasste einen zweiten, diesmal an die Fürsten gerichteten Aufruf mit dem Titel „Wider die räuberischen und mörderischen Rotten der Bauern".

> Aufruhr ist nicht schlichter Mord, sondern wie ein großes Feuer, das ein Land anzündet und verwüstet; also bringt Aufruhr mit sich ein Land voll Mords, Blutvergießen und macht Witwen und Waisen und verstöret alles, wie das allergrößte Unglück. Drum soll hier zuschmeißen, würgen und stechen, wer da kann, und gedenken, dass nichts Giftigeres, Schädlicheres, Teuflischeres sein kann als ein aufrührerischer Mensch. Ein Fürst und Herr muss hier denken, dass er Gottes Amtmann und seines Zornes Diener ist, dem das Schwert über solche Buben befohlen ist. Drum, liebe Herren, erbarmet euch der armen Leute, steche, schlage, würge hie, wer da kann!
> *(Geschichte in Quellen, Bd. 3, München 1976, S. 154 f.)*

Das Ende des Bauernkrieges

Ähnlich wie in Frankenhausen sind alle Kämpfe der Bauern ausgegangen. Das Strafgericht der siegreichen Herren über die Bauern, die dem Gemetzel entkamen, war von abschreckender Grausamkeit. In Franken und Thüringen gab es Massenenthauptungen. Den Dörfern wurden hohe Strafgelder auferlegt und die Bauern zum Wiederaufbau der zerstörten Burgen, Schlösser und Klöster verpflichtet.

Die Bauern scheiterten, weil sie in ihren Reihen keine erfahrenen militärischen Führer fanden, die ihre Aktionen planen und aufeinander abstimmen konnten. Außerdem mangelte es ihnen an Kanonen und Reiterei um die erste Überrumpelung der Fürsten auszunutzen. In den Städten fanden sie keine Partner, weil deren Bürger die Ausdehnung des Aufstands auf ihre Gebiete befürchteten. Zudem wurde ihr Vertrauen in Luther und in den Kaiser bitter enttäuscht.

Im Herbst 1525 war das Land wieder „befriedet". Viele einst blühende Dörfer und kleine Städte hatten ihren Wohlstand und ihre letzten Freiheiten verloren. 300 Jahre lang waren die Bauern weiter zu einem harten Leben in Unfreiheit verurteilt. Sie hatten keine Kraft sich noch einmal zu erheben.

Bis in unsere Zeit blieb der Bundschuh ein Symbol des Widerstands.

1. Was erhoffte sich Thomas Müntzer vom Bauernaufstand?
2. Warum hat Müntzer Luther als „Bruder Leisetritt" verspottet? Vergleiche beide in ihrer Haltung gegenüber Fürsten und Bauern.
3. Warum änderte Luther seine Haltung gegenüber den Bauern? Welche politischen, welche religiösen Gründe sind erkennbar?

Das Ende des Aufstands: Gefangene Bauern werden abgeführt (zeitgenössischer Holzschnitt).

Das Ende der Glaubenseinheit

Kirchenordnung im Kfsm. Sachsen um 1535 (vereinfacht)

- **Landesherr** – Oberaufsicht
  - setzt ein Geistlichkeit → **Synode** (Versammlung aller Pfarrer, Beratung theologischer Fragen, Vorsitz: Kurfürstlicher Kanzler)
  - setzt ein Verwaltung → **Konsistorium** (Kirchenbehörde (Juristen, Theologen), Vermögensverwaltung, geistl. Gerichtsbarkeit, Ausbildung der Pfarrer)
- Synode → Visitation → **Superintendenten** (Aufseher eines Kirchenbezirks)
- Superintendenten → Visitation → **Pfarrer** (setzt ein)
- Pfarrer → Visitation → **Lehrer** (Konsistorium setzt ein)
- Pfarrer → Predigt u. Sakrament → **Gemeinde**
- Lehrer → Unterricht → **Gemeinde**

Die lutherischen Landeskirchen

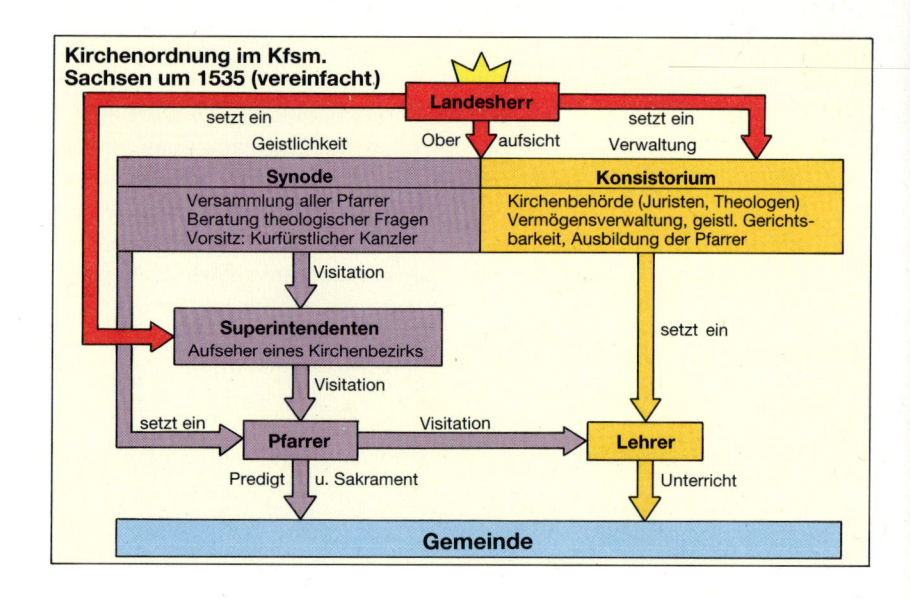

Der Landesherr als „Notbischof"

> Die Pfarreien liegen überall elend; da gibt niemand, da bezahlt niemand. So achtet der gemeine Mann weder Predigt noch Pfarrer. Wenn hier nicht eine tapfere Ordnung und staatliche Erhaltung der Pfarrer vorgenommen wird, gibt es in kurzer Zeit weder Pfarrhöfe, noch Schulen, noch Schüler, und so wird das Wort Gottes zu Grunde gehen. Eure Kurfürstliche Gnaden wird wohl Mittel finden. Es sind Klöster, Stifte, Kirchengüter und dergleichen Dinge genug vorhanden, wenn nur Eure Gnaden Befehle erteilt diese zu besichtigen, zu berechnen und zu ordnen.
> (Luthers Werke, Weimarer Ausg. 1883, Briefwechsel, Bd. 3, S. 595)

Im Bauernkrieg hatte sich Luther auf die Seite der Fürsten geschlagen. So wendet er sich auch in diesem Brief aus dem Jahr 1525 an seinen Landesherrn. In ihm als der von Gott eingesetzten Obrigkeit sieht er den geeigneten Leiter der neuen Kirche oder den „Notbischof".

Luthers Aufforderung bedeutete für Kurfürst JOHANN DEN BESTÄNDIGEN (1525–1532) eine günstige Gelegenheit endlich das Regiment des Papstes über die sächsische Kirche loszuwerden, deren Leitung selbst in die Hand zu nehmen und sich vor allem die reichen Besitzungen der katholischen Kirche anzueignen. So floss das Geld nicht mehr nach Rom, sondern blieb im eigenen Land. Andere Fürsten dachten ähnlich, bekannten sich zur lutherischen Lehre und setzten sich an die Spitze einer eigenen *Landeskirche*.

Da Luther in der Bibel die einzige Quelle des Glaubens sah, musste sich der Landesherr nun darum kümmern, dass ausgebildete Pfarrer das Evangelium in den Kirchen verkündigten, und er musste dafür sorgen, dass jeder lesen lernte. Deswegen bemühte sich vor allem PHILIPP MELANCHTHON, Luthers Freund und engster Berater, um den Aufbau eines Schulwesens in den lutherischen Ländern. Seine Freunde nannten ihn bald „praeceptor Germaniae", den Lehrmeister Deutschlands.

Kurfürst Johann Friedrich von Sachsen (1532–1554) mit den Reformatoren. Wie kommt in dem Bild zum Ausdruck, dass der Fürst ein wichtiger Träger der Reformation ist? (Gemälde von 1535).

Die Glaubensspaltung im Deutschen Reich

„Ein Reich, in dem die Sonne nicht untergeht"

> Römischer König, künftiger Kaiser, immer Augustus, König von Spanien, Sizilien, Jerusalem, der Balearen, der Kanarischen und Indianischen Inseln, sowie des Festlandes jenseits des Ozeans, Erzherzog von Österreich, Herzog von Burgund, Brabant, Steiermark, Kärnten, Krain, Luxemburg, Limburg, Athen und Patras, Graf von Habsburg, Flandern, Tirol, Pfalzgraf von Burgund, Hennegau, Pfirt, Roussillon, Landgraf im Elsass, Fürst in Schwaben, Herr in Asien und Afrika.
> (K. Brandi, Kaiser Karl V., 3. Auflage, München 1941, S. 97)

So lautete der Titel KARLS V. nach seiner Wahl zum Kaiser. Der junge Herrscher besaß ein Reich, in dem „die Sonne nicht unterging". Es reichte von Ungarn im Osten bis zu den spanischen Kolonien im fernen Amerika. In Europa bildete es kein zusammenhängendes Gebiet, sondern bestand aus vielen unterschiedlich großen Teilen. Allein die verschiedenen Sprachen und die großen Entfernungen machten es schwer, ein solches Land zu regieren.

Als Vertreter der Idee eines *universalen*, das heißt weltumspannenden Kaisertums wollte Karl V. ein christliches Weltreich schaffen, in dem er sich als weltliches Oberhaupt der Kirche sah. Dabei stieß er auf den erbitterten Widerstand des französischen Königs FRANZ I. Der zweite gefährliche Feind waren die *Türken*, die im 15. Jahrhundert den Balkan sowie große Teile Vorderasiens erobert hatten. Unter Sultan SULEIMAN II. bedrohten sie das Reich im Osten und stießen 1529 sogar bis WIEN vor. Aber auch die lutherischen Reichsfürsten waren nicht bereit sich dem universalen Herrschaftsanspruch des Kaisers unterzuordnen.

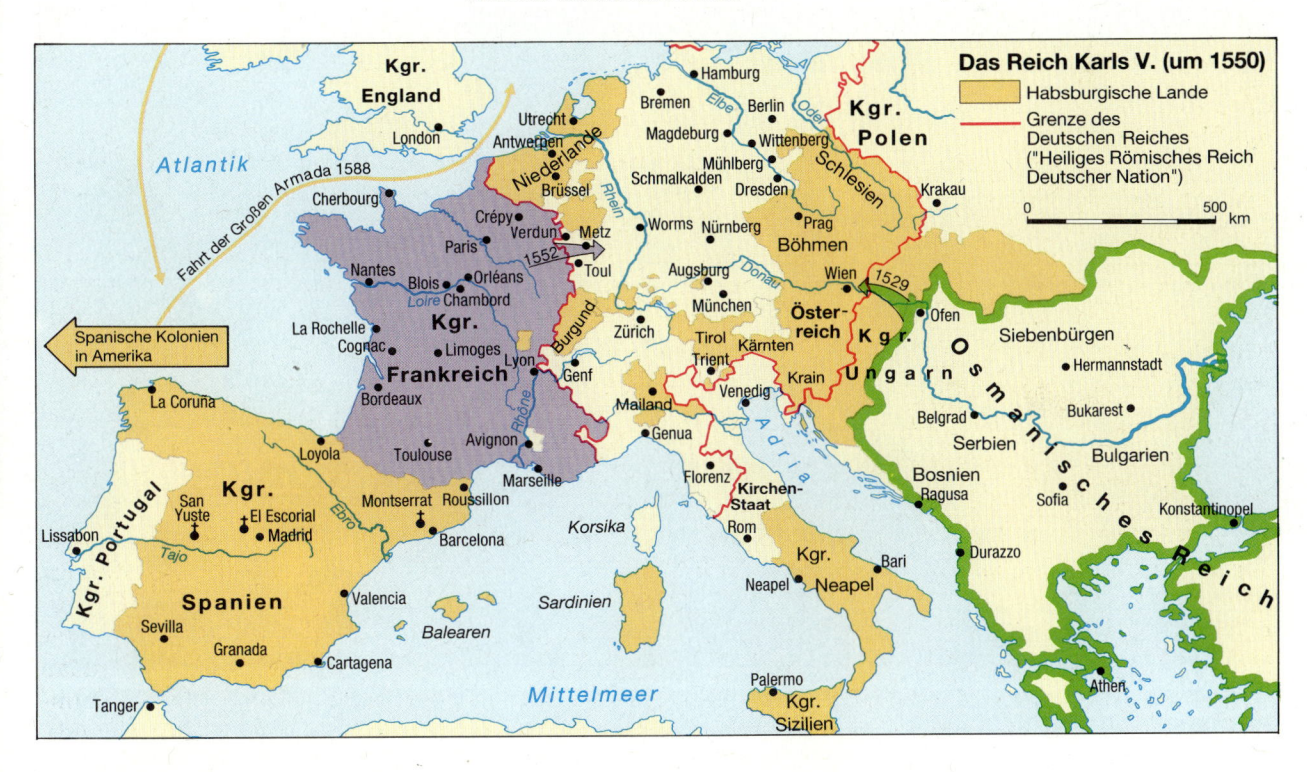

Das Reich Karls V. (um 1550)

Das Ende der Glaubenseinheit

Die Protestanten

Karl V. hatte 1521 in Worms geschworen den katholischen Glauben und die Einheit der Kirche zu verteidigen. Sein Plan, die Reformation gewaltsam zu zerschlagen, scheiterte daran, dass er ständig auf Kriegsschauplätzen in Frankreich, Italien und Ungarn gebunden war. Der Kaiser musste den Fürsten in Religionsfragen sogar nachgeben, da er ihre Unterstützung für seine Kriege um die Vorherrschaft in Europa brauchte. Auf dem ersten *Reichstag zu Speyer* wurde 1526 beschlossen, dass bis zu einem Konzil „jeder es mit der lutherischen Sache so halte, wie er es vor Gott und dem Kaiser verantworten könne".

Angesichts militärischer Erfolge des Kaisers beschloss jedoch die katholische Mehrheit auf dem zweiten Speyerer Reichstag 1529, das *Wormser Edikt* auszuführen. Dagegen protestierten sechs Fürsten und vierzehn Reichsstädte: „In Glaubens- und Gewissensfragen entscheidet kein Mehrheitsbeschluss!" Für diese evangelische Minderheit bürgerte sich fortan der Ausdruck *Protestanten* ein. Er wurde später auf alle übertragen, die sich vom alten Glauben abwandten.

Das Augsburger Bekenntnis

Erst 1530 kehrte der Kaiser nach Deutschland zurück und bat auf dem *Reichstag von Augsburg* um militärische Hilfe gegen die Türken. Diese waren 1529 vor WIEN zurückgedrängt, aber nicht geschlagen worden. Die protestantischen Fürsten stellten für eine solche Türkenhilfe die Bedingung die Reformation weiterführen zu dürfen.

Karl V. wollte auf diesem Reichstag auch einen Ausgleich im Religionsstreit anbahnen. Für die protestantischen Reichsstände fasste MELANCHTHON die lutherische Glaubenslehre in einer Bekenntnisschrift zusammen. Die katholischen Theologen lehnten diese in einem versöhnlichen Geist verfasste *Confessio Augustana* ab. Der Kaiser verlangte daraufhin die Unterwerfung der Protestanten.

Am 25. Juni 1530 verliest der Kanzler vor dem Kaiser und den versammelten Reichsständen das Augsburger Bekenntnis. Das Gemälde zeigt rechts die Besonderheiten des neuen Glaubens. Welche erkennst du?

Der Bund von Schmalkalden und die Niederlage der Protestanten

Nach der Zurückweisung des evangelischen Bekenntnisses auf dem Reichstag von Augsburg drängte der Kaiser auf die Durchführung des Wormser Ediktes. Um der ihnen drohenden Gefahr wirksam begegnen zu können schlossen sich die protestantischen Fürsten und Reichsstädte zum *Schmalkaldischen Bund* zusammen.

Doch Karl V. musste noch jahrelang warten, bevor er gegen die Protestanten militärisch vorgehen konnte. Erst nach dem Friedensschluss mit Frankreich und dem Waffenstillstand mit den Türken im Jahr 1545 hatte der Kaiser die Hände frei. Eindringlich forderte er die protestantischen Reichsstände auf, das im gleichen Jahr beginnende *Konzil von Trient* zu besuchen. Die Versammlung war vom Papst zur Sicherung der Einheit von Glauben und Kirche einberufen worden. Als die Protestanten sich weigerten, entschloss sich der Kaiser den Religionsstreit mit Waffengewalt zu lösen.

Im *Schmalkaldischen Krieg* fand er dabei unerwartete Hilfe beim protestantischen Herzog MORITZ VON SACHSEN. Heimlich war dieser ehrgeizige junge Fürst auf die Seite des Kaisers getreten. Er hatte es auf die Kurwürde seines Vetters in Wittenberg, des Kurfürsten JOHANN FRIEDRICH VON SACHSEN, abgesehen! Die Protestanten verloren den Krieg, nachdem sie 1547 bei MÜHLBERG an der Elbe eine schwere Niederlage erlitten hatten. Kurfürst Johann Friedrich von Sachsen, einer der beiden Anführer des Schmalkaldischen Bundesheers, wurde gefangengenommen. Eine zeitgenössische Quelle berichtet, wie der Kaiser mit dem Kurfürsten verfuhr:

> Der Kaiser ließ ihn vor sich bringen. Er kam ganz mit Blut aus der am linken Backen empfangenen Hiebwunde bedeckt, auf einem friesländischen Pferd. Johann Friedrich entblößte das Haupt und sagte: Großmächtigster und gnädigster Kaiser, ich bin Euer Gefangener. Dieser erwiderte: Jetzt nennt Ihr mich Kaiser, das ist eine Bezeichnung sehr verschieden von derjenigen, die Ihr mir früher beizulegen pfleget.
>
> So begannen denn Verhandlungen, wie man den Kurfürsten strafen und doch der kaiserlichen Gnade Raum geben könnte. Hinsichtlich des Todesurteils über Johann Friedrich gab es verschiedene Meinungen. Eines wie das andere erwägend, beschloss der Kaiser seiner Gemütsart gemäß, Johann Friedrich das Leben unter Bedingungen zu schenken, die ziemlich der Todesstrafe entsprächen, deren ihn viele wert erachteten.
> (Avila, in: Geschichte in Quellen, Bd. 3, München 1976, S. 186f., gekürzt)

In kurzer Zeit hatte Karl V. die Protestanten militärisch besiegt und stand auf dem Höhepunkt seiner Macht. Jetzt konnte er darangehen die religiöse Einheit in Deutschland wiederherzustellen und die Selbstständigkeit der Reichsfürsten einzuschränken.

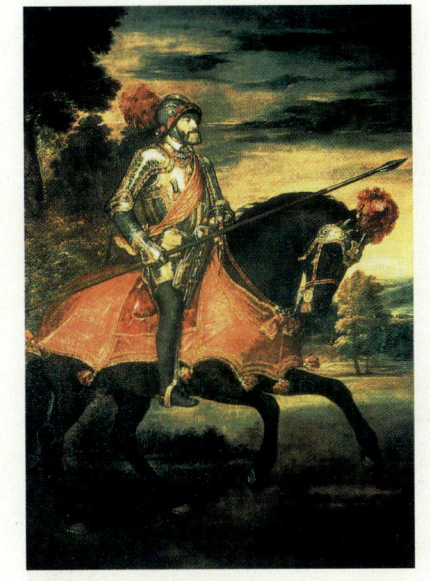

Karl V. – der Sieger in der Schlacht von Mühlberg. Das Bild bringt den Triumph des Kaisers zum Ausdruck (Gemälde von Tizian, 1548).

1 Welche Ziele verfolgten die Mitglieder des Schmalkaldischen Bundes?
2 Diskutiert, ob Moritz von Sachsen Politiker oder Verräter war.
3 Wie mag der Kaiser wohl den sächsischen Kurfürsten bestraft haben?

Das Ende der Glaubenseinheit

Der Augsburger Religionsfriede

Der Augsburger Religionsfriede hatte weit reichende Folgen. Noch 1731 wurden protestantische Bauern aus Salzburg vertrieben und fanden als Glaubensflüchtlinge eine neue Heimat in Brandenburg-Preußen.

Als der Kaiser 1551 die protestantischen Stände endgültig unterwerfen wollte, wechselte Moritz erneut die Seite. Er verbündete sich mit den protestantischen Fürsten und suchte Unterstützung beim französischen König. Moritz lieferte ihm dafür die Reichsstädte METZ, TOUL und VERDUN aus. 1552 rückten französische Truppen in Lothringen und die aufständischen deutschen Fürsten in Tirol ein. Der Kaiser entkam nur knapp der Gefangennahme. Er war endgültig gescheitert und dankte 1556 resigniert ab. Nur zwei Jahre später starb Karl V. im spanischen Kloster SAN YUSTE. FERDINAND, sein Bruder und Nachfolger, willigte 1555 in den *Augsburger Religionsfrieden* ein:

– Das lutherische Bekenntnis wird neben dem katholischen anerkannt. Andere Bekenntnisse sind ausgeschlossen.
– Nur die Fürsten und Reichsstände haben freie Wahl zwischen den beiden Bekenntnissen. Reichsstädte können beide Konfessionen nebeneinander zulassen.
– Wenn ein geistlicher Fürst zum Luthertum übertritt, verliert er sein Amt, sein Land bleibt katholisch.
– Wenn ein Fürst die Konfession wechselt, müssen ihm alle Untertanen darin folgen. Wollen sie das nicht, können sie in ein anderes Land ihrer Konfession auswandern, müssen aber ihren Haus- und Grundbesitz verkaufen.

1 Warum wurde Karl V. mit den protestantischen Fürsten nicht fertig?
2 Erkundige dich, welche Konfession an deinem Heimatort nach 1555 allein zugelassen war. Seit wann sind Angehörige der anderen Konfession bei euch ansässig?
3 Zu welcher Landeskirche gehören die Protestanten deiner Heimat?

Die Gliedkirchen der Evangelischen Kirche in Deutschland (EKD)
Stand: 1992

- Sitz der Kirchenleitung
- Sitz der evangelisch-reformierten Kirchen in Bayern u. Nordwestdeutschland (Gebiete farblich nicht hervorgehoben)
- SL. Schaumburg-Lippe
- L. Lippe
- Grenze der Kirchengebiete

Zusammenfassung

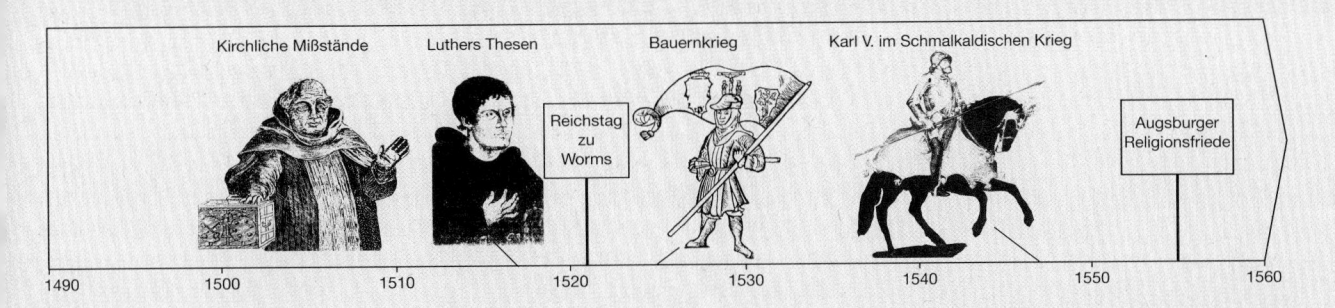

| Kirchliche Mißstände | Luthers Thesen | | Bauernkrieg | Karl V. im Schmalkaldischen Krieg | | Augsburger Religionsfriede |

| | | Reichstag zu Worms | | | | |

1490 — 1500 — 1510 — 1520 — 1530 — 1540 — 1550 — 1560

Die Reformation in Deutschland – eine Bilanz

Höllenangst und Todesfurcht prägten im ausgehenden Mittelalter das Lebensgefühl der Menschen. Trost und Beistand suchten sie bei der Kirche vergebens, denn viele Geistliche kümmerten sich vornehmlich um ihr eigenes Wohlbefinden und boten längst kein Beispiel mehr für eine echte Frömmigkeit. So wurde der Ruf nach einer Erneuerung der Kirche immer dringender.

Mit seinen 95 *Thesen* zum *Ablasshandel* leitete MARTIN LUTHER 1517 die *Reformation* ein. In der Auseinandersetzung mit der Kirche, die sich auf seine Reformvorschläge nicht einließ, entwickelte er in drei großen Programmschriften seine neue reformatorische Lehre. Wegen der Verbreitung von Irrlehren belegte ihn der Papst zu Beginn des Jahres 1521 mit dem Kirchenbann. Im gleichen Jahr verhängte der Kaiser auf dem *Reichstag zu Worms* über den Reformator die *Reichsacht*. Dennoch breitete sich Luthers Lehre rasch in Deutschland aus. Beschützt von seinem Landesherrn, übersetzte Luther auf der Wartburg das NEUE TESTAMENT und förderte damit entscheidend die Entstehung unserer heutigen hochdeutschen Schriftsprache.

Luthers Lehre ermunterte *Ritter* (1522/23) und Bauern (1524/25) für bessere Lebensbedingungen zu kämpfen. Beide Aufstandsbewegungen scheiterten an der militärischen Macht der Landesfürsten. Im Gegensatz zu THOMAS MÜNTZER hatte sich Luther dabei ganz auf die Seite der Fürsten geschlagen. Von ihnen erhoffte er die Wiederherstellung der kirchlichen Zucht und Ordnung, die im *Bauernkrieg* verloren gegangen war. Er ermunterte sie *Landeskirchen* zu gründen und als „Notbischof" an deren Spitze zu treten. Das verschaffte den Fürsten, die die Reformation unterstützten, reichen Gewinn an Kirchengut und einen weiteren Zuwachs an Macht und Ansehen.

Kaiser KARL V. war ein Gegner der Reformation. Seine Absicht, die sich ausbreitende reformatorische Bewegung in Deutschland mit militärischer Gewalt zu zerschlagen, scheiterte, weil er mit seinen Truppen ständig an ausländische Kriegsschauplätze gebunden war. Auf dem *Reichstag von Augsburg* wurde 1555 das gleichberechtigte Nebeneinander des katholischen und des lutherischen Bekenntnisses beschlossen und damit die *religiöse Spaltung* Deutschlands festgeschrieben. Sie dauert an bis in unsere Tage.

Wichtige Begriffe

Ablass
Augsburger Religionsfriede
Bauernkrieg
Konfession
Landeskirche

Protestanten
Reichsacht
Schmalkaldischer Bund
Thesen
Wormser Edikt

Geschichtslabor

Als es noch keine Zeitungen gab

Die „Klosterkatze" mit Nonnenhaube und Rosenkranz als Sinnbild der Scheinheiligkeit (aus einem Wittenberger Flugblatt von 1519).

Spottbilder als Waffen

Wie sehr die Diskussion von Luthers *Ablassthesen* die Menschen vor allem in deutschen Städten bewegte, sieht man am explosionsartigen Ansteigen der Druckschriften von etwa vierzig im Jahr 1517 auf das Tausendfache in den Jahren 1523/24. In einer Epoche, in der es weder Zeitungen noch Fernsehen gab, war der Hunger nach Informationen riesig. Und die Reformer in WITTENBERG, aber auch ihre Anhänger und Gegner in Städten wie BASEL, NÜRNBERG oder LEIPZIG, setzten gezielt den *Buchdruck* als *Propagandamittel* ein.

Gewöhnlich handelt es sich nicht um richtige Bücher, sondern um sogenannte *Flugschriften* oder Flugblätter, auf denen in großen Bild-Holzschnitten die Gedanken in boshaft-witziger Form dargestellt sind. Da nur 5 bis 10 % der Bevölkerung lesen konnte, wurden die Bilder in Wirtshäusern herumgezeigt und gemeinsam diskutiert, während ein Lesekundiger die kurzen, häufig gereimten Texte vorlas. Dabei gingen die Propagandisten nicht zimperlich mit ihren Gegnern um; der „Papstesel" (S. 142) oder die „Klosterkatze" links sind noch die harmloseren Beispiele der Verhöhnung.

„Umb gelt ein sack vol ablas"

Die beiden großen Bilder unten sind typische Beispiele für solche Karikaturen. Sie spiegeln die Auseinandersetzung zwischen den Parteien besonders deutlich wider, weil sie sich aufeinander beziehen. Der links unten abgebildete „Siebenköpfige Luther" ist das Titelbild einer Schmähschrift von JOHANNES COCHLAEUS, die 1529 in LEIPZIG gedruckt wurde. Luther liest aus einem Buch mit jedem Kopf etwas anderes heraus: Der Doktor der Theologie spricht anders als der Mönch Martinus, der „Luther"-Kopf trägt den türkischen Turban der Ungläubigen, der mittlere Kopf ist als Priester verkleidet, den Schwärmer umschwirren die Wespen, der Visitierer maßt sich Bischofsfunktionen an und der Mörder Barrabas stiftet die Bauern zum Aufstand an.

Dieser Hieb hat offenbar gesessen, denn Luthers Anhänger in NÜRNBERG revanchierten sich 1530 mit dem unten abgebildeten Flugblatt „Das siebenhäuptige Papsttier", zu dem der berühmte HANS SACHS die Verse schrieb. Auch der Papst hat dort sieben Köpfe gleich dem Drachen aus der Bibel, der am Weltende von Gott in das Höllenfeuer geworfen wird. Er macht sich auf einer Geldkiste breit, die als Reich des Teufels gekennzeichnet ist. Zwei päpstliche Fahnen dienen als Bilder auf diesem „Altar". Und am Kreuz hängt statt Christus ein Ablassbrief mit der Aufschrift „Umb gelt ein sack vol ablas".

Dass solche Bilder in einer nachrichtenarmen Welt viel stärker gewirkt haben als heutige Karikaturen, kann man sich gut vorstellen.

Die Geldgier des Papstes ist eines der beliebtesten Themen der Zeit. Auf dem oben abgebildeten „Papstwappen" von Lukas Cranach dem Älteren dienen die Stangen der zerbrochenen Schlüssel als Galgen für Judas, den Verräter Christi, und einen Papst. Im Wappenschild hält eine Hand ein ganzes Bündel von Geldbeuteln. Dazu passen auch die Verse von Hans Sachs vom großen Flugblatt (rechts):
„Das Tier hat eins Löwen Mund,
Das bedeut't des Papsttums weiten Schlund,
Den doch gar nie erfüllen taten
Ablässe, Pallien noch Annaten,
Bann, Opfer, Beicht, Stift zum Gottesdienst,
Land und Leut', Königreich',
Renten und Zins:
Das hat er alles in sich verschlungen."

„Das siebenhäuptige Papsttier", Flugblatt aus Nürnberg, 1530

Europa im Glaubensstreit

Das Gemälde von Jan Asselyn aus dem Jahr 1634 führt uns mitten in die Glaubenskriege des 16. und 17. Jahrhunderts. Die dramatische Szene aus dem Dreißigjährigen Krieg ist Teil der berühmten Schlacht in der Nähe des sächsischen Dorfes Lützen im Jahr 1632. Sie zeigt den Schwedenkönig Gustav Adolf, den Führer der Protestanten, wie er hoch zu Ross in auffallend vornehmen Kleidern in die feindlichen Linien des kaiserlichen Heeres sprengt. Links hinter ihm zielt ein Musketier auf ihn, während ihm die kaiserlichen Reiter die tödlichen Wunden beibringen.

Den Tod des Schwedenkönigs bei Lützen haben viele Maler im Bild festgehalten. Über das ungeheure Elend der Bevölkerung, die unter der Mordbrennerei der Soldateska, unter Seuchen und Hungersnöten jahrzehntelang zu leiden hatte, stehen uns so anschauliche Dokumente kaum zur Verfügung.

Der 30-jährige Krieg war aus dem Streit um den neuen reformatorischen Glauben entstanden. Nach dem Augsburger Religionsfrieden von 1555 hatte es den Anschein gehabt, als sei der Streit beendet. Tatsächlich steigerte er sich nach einzelnen europäischen Kriegen im Vorfeld zu einem Ausbruch von Gewalt und Grausamkeit: Der Glaubenskrieg endete in Mord und Totschlag.

Europa im Glaubensstreit

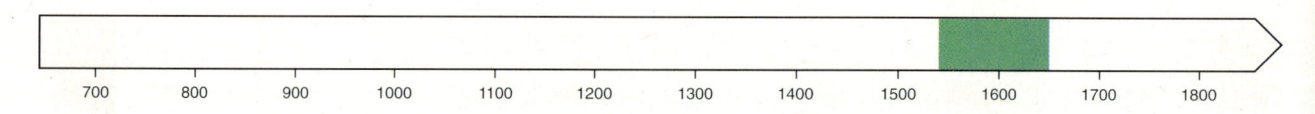

Glaube und Macht

Wer heute Europa bereist, stellt fest, dass er sowohl durch katholische als auch durch evangelische Länder kommt. Bei den *Katholiken* findet er prachtvoll ausgestaltete Kirchen und viele religiöse Bräuche, bei den *Protestanten* wenig Kirchenschmuck und kaum sichtbare Religiosität in der Öffentlichkeit. Frankreich, Spanien und Italien gehören beispielsweise zu den katholischen Ländern, England, die Niederlande und die skandinavischen Staaten zu den evangelischen. Nur die deutschsprachigen Länder weisen einen etwa gleich starken Anteil beider Konfessionen auf. Wie ist es dazu gekommen?

Die alte Kirche konnte die Herausforderung der Reformation nicht auf sich beruhen lassen und musste sich selbst reformieren. Das war umso dringender, als sich die Anhänger eines weiteren Reformators ausbreiteten, die *Calvinisten*, so genannt nach dem Genfer Reformator JOHANNES CALVIN. Verlorenes Gebiet von den protestantischen Landesherren zurückzugewinnen war nicht leicht. Gewalt erzeugte Gegengewalt, sodass es in allen Ländern Europas zu Kriegen kam. Auf dem Boden des Reiches tobte er dreißig Jahre. Für die Bevölkerung hatte dieser Krieg verheerende Folgen, denn er führte in Deutschland zum wirtschaftlichen Zusammenbruch. Etwa jeder Dritte verlor durch Kriegswirren, Hungersnöte und Seuchen das Leben.

Die Kriege machten deutlich, dass die Verteilung der Konfessionen in Europa auch eine Frage der *politischen Macht* war. In vielen Gegenden wollten Landesherren oder Städte eine politische oder kirchliche Vorherrschaft abschütteln, z. B. in England oder in deutschen Fürstentümern, in den Niederlanden oder in der Schweiz.

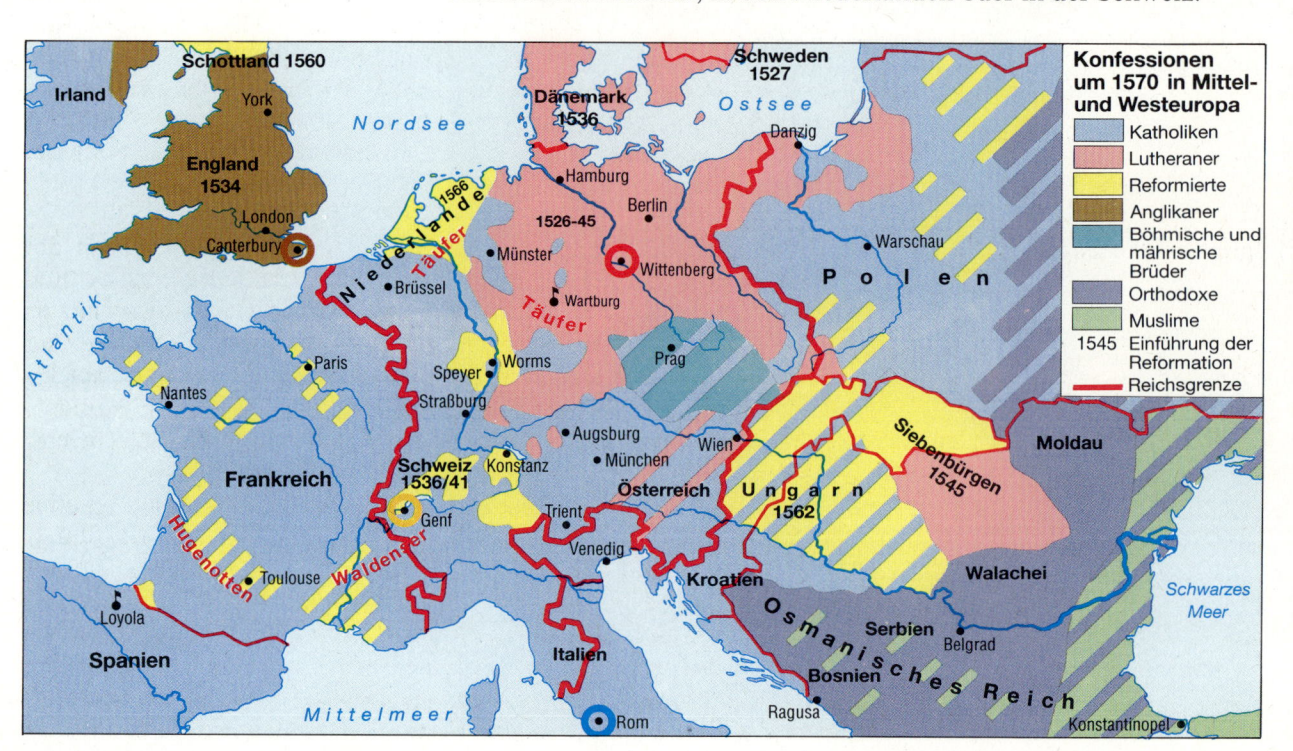

Das Erstarken der alten Kirche 163

Der Jesuit und Maler Andrea Pozzo (1642–1709) hat von 1684–1694 die Kirche S. Ignatio in Rom mit einem Deckengemälde ausgestattet. Es zeigt die „Aufnahme des heiligen Ignatius in das Paradies" und feiert dessen Sieg über die Ketzer, die an den Bildrändern in die Tiefe stürzen.

Die Jesuiten

Spanien als katholische Vormacht

Die stärkste Bastion der alten Kirche war *Spanien*. Hier hatten die Könige im 15. Jahrhundert die Leitung der Kirche praktisch selbst übernommen und Staat und Kirche eng miteinander verbunden. Nun setzte nicht mehr der Papst die Bischöfe ein, sondern der König. PHILIPP II., Sohn Karls V. und seit 1556 spanischer Herrscher, wachte streng darüber, dass niemand vom katholischen Glauben abfiel. Ketzer ließ er unerbittlich durch die Inquisition verfolgen. Er förderte alle inneren Reformen der Kirche; besonders kümmerte er sich um die vielfältigen Formen der Volksfrömmigkeit wie Wallfahrten, Prozessionen und Reliquienverehrung. Größte Sorgfalt galt der Erziehung der Kinder.

Ignatius von Loyola

Aus Spanien kam auch der Mann, der besonderen Anteil an der Erneuerung der alten Kirche hatte: IGNATIUS VON LOYOLA (um 1491–1556). Dieser Sohn eines Edelmannes war erst 26 Jahre alt, als ihm bei einem Kriegseinsatz eine Kugel das Bein zerschmetterte. Auf dem Krankenlager festigte sich seine Überzeugung, zum Kampf für die katholische Kirche berufen zu sein. Er wurde Priester und gründete 1534 mit einigen Gleichgesinnten die *Gesellschaft Jesu* (lat. societas Jesu), die der Papst schon 6 Jahre später als *Orden* anerkannte.

Aus der kleinen „Gesellschaft Jesu", die beim Tod des Ignatius schon 1000 Mitglieder zählte, entwickelte sich in den nächsten fünfzig Jahren die „Elitetruppe" des Papstes. Fast 16 000 *Jesuiten*, die aus verschiedenen Ländern stammten, verwendeten ihre ganze Energie darauf, überall in Europa die Menschen, die zum protestantischen Glauben übergetreten waren, für die katholische Kirche zurückzugewinnen. Darüber hinaus sorgten sie durch *Mission* in Asien und Südamerika für die Ausbreitung des katholischen Glaubens in der Welt.

Das Erstarken der alten Kirche

Der Jesuitenorden

Wie eine Glaubensarmee hatten sich die Jesuiten dem Befehl des Papstes unterstellt. An ihrer Spitze stand ein Ordensgeneral. Ihm waren die Vorsteher der Ordensprovinzen untergeordnet, denen wiederum die Rektoren der einzelnen Ordenshäuser (Kollegien). Ihren Vorgesetzten gegenüber waren die Jesuiten wie Soldaten zu bedingungslosem Gehorsam verpflichtet. Regelmäßige 30-tägige „geistliche Übungen" *(Exerzitien)* schulten die Willens- und Glaubenskräfte der Ordensbrüder.

Anders als die Mönchsorden des Mittelalters lebten die Jesuiten nicht in klösterlicher Abgeschiedenheit, sondern suchten vielmehr den Kontakt zu Menschen. Auch deshalb verzichteten sie auf die für Mönche typische Ordenstracht. In Deutschland ließen sie sich bewusst in den Residenzstädten katholischer Fürsten nieder um als Beichtväter und Prinzenerzieher Einfluss auf die Politik nehmen zu können. Zu jedem Jesuitenkolleg gehörten eine Kirche und eine Lateinschule, die auch Söhnen aus evangelischen Familien offenstanden. Mit anschaulichen Mitteln, z. B. Theaterstücken über den Glaubenskampf der Heiligen, unterwiesen die Jesuiten das einfache Volk im Glauben. So wurden die in ganz Europa verbreiteten Jesuitenkollegien zu Zentren der *Gegenreformation*.

1 Nenne die Unterschiede zwischen mittelalterlichen Orden und dem Jesuitenorden.
2 Erläutere die Absicht der Schulgründungen durch die Jesuiten.
3 In verschiedenen Staaten stießen die Jesuiten auf den Widerstand der Landesherren oder wurden sogar ausgewiesen. Warum wohl?

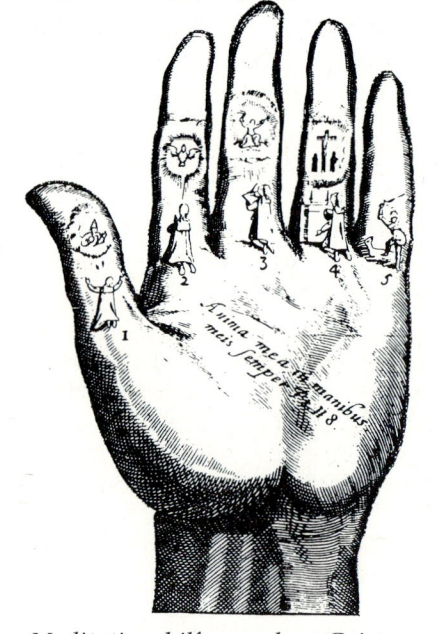

Meditationshilfe aus den „Geistlichen Übungen" (Diagramm zur schrittweisen Gewissenserforschung): 1. Sage Gott Dank; 2. Bitte um Erleuchtung; 3. Prüfe dich selbst; 4. Bereue; 5. Fasse einen Vorsatz.

Die Jesuitenschule St. Salvator in Augsburg, erbaut 1581/84: Im Vordergrund das Gymnasium, die Kirche und das Lyzeum, dahinter das Kolleggebäude mit den beiden Türmen, ganz hinten Garten und Wirtschaftsgebäude.

Das Konzil von Trient

Kaiser und Konzilsidee

Die Herrscher des 16. Jahrhunderts waren überzeugt, dass ein einheitlicher Glaube unerlässliche Voraussetzung der politischen Einheit ihrer Länder sei.

Anders als sein Sohn PHILIPP II. von Spanien beschritt KARL V., der zugleich deutscher Kaiser war, vorerst einen friedlichen Weg um den Ausgleich zwischen Katholiken und Protestanten zu erreichen: Er ließ Religionsgespräche veranstalten. Es war sein Ziel, die Glaubensspaltung durch ein *Konzil* endgültig zu beenden, an dem auch die Protestanten teilnehmen sollten. Es war also an ein Religionsgespräch auf höchster Ebene gedacht.

Verlauf und Ergebnis des Konzils

Da das Konzil unter päpstlicher Leitung stand, lehnten die Protestanten es entgegen den Wünschen des Kaisers ab. So versammelten sich nur katholische Bischöfe, als das Konzil 1545 in TRIENT zusammentrat und es verfehlte damit seinen ursprünglichen Zweck.

Das Konzil legte fest, dass als Grundlage des Glaubens nicht die Bibel allein, wie Luther sagte, sondern auch die *Überlieferung*, z. B. die Schriften der Kirchenväter, zu gelten habe. Auch stellten die Bischöfe anders als Luther heraus, dass nicht der Glaube allein, sondern zusätzlich die *guten Werke* des Christen zu dessen Seligkeit notwendig seien. Konzilsbeschlüsse und Entscheidungen des Papstes in Glaubensfragen waren fortan für die ganze Kirche gültig. Die Verehrung der *Heiligen* und *Reliquien* wurde ausdrücklich empfohlen, *Latein* zur *Kirchensprache* erklärt. Damit entfielen Bibellektüre und Gottesdienst in der Volkssprache. Ausbildung und sittliche Lebensführung der Geistlichkeit sollten verbessert werden. Zu den zentralen Beschlüssen gehörten auch die *sieben Sakramente*:

> Von den Sakramenten im Allgemeinen: Wollte jemand sagen, die Sakramente des Neuen Bundes seien nicht alle von Christus, unserm Herrn, eingesetzt und es gebe mehr oder weniger als sieben, nämlich Taufe, Firmung, Eucharistie, Buße, Letzte Ölung, Priesterweihe und Ehe, oder auch eines von diesen sei nicht in Wahrheit und wirklich ein Sakrament, der sei verflucht.
> Von dem heiligen Sakrament der Eucharistie: Sagt jemand, bei dem ehrwürdigen Sakrament der Eucharistie sei nicht in jeder Gestalt und nach vollzogener Trennung nicht in jedem einzelnen Teile der ganze Christus enthalten, der sei verflucht.
> Von der Priesterweihe: Sagt jemand, in der katholischen Kirche sei die Hierarchie, die aus Bischöfen, Priestern und Dienern besteht, nicht nach göttlicher Anordnung eingesetzt, der sei verflucht.
> (nach: H. Rinn, J. Jüngst [Hrsg.], Kirchengeschichtliches Lesebuch, Tübingen/Leipzig 1904, S. 219 f.)

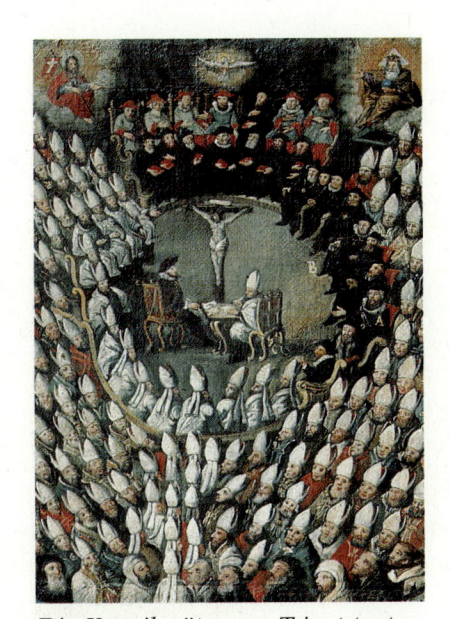

Die Konzilsväter von Trient tagten mit zwei mehrjährigen Unterbrechungen 18 Jahre. Sie sitzen hier im Halbrund, vor dem Kreuz der Protokollführer und der Abgesandte des Kaisers.

1 Stelle die Konzilbeschlüsse zusammen, die für einen Lutheraner unannehmbar waren.
2 Welche Konzilbeschlüsse trugen besonders zur Stärkung der katholischen Kirche bei?

Konfessionen in Europa

Calvin und die Reformierten

Calvins Lehre

Während sich im Reich der Gegensatz zwischen Katholiken und Protestanten verhärtete, trat in Frankreich ein junger Rechtsgelehrter und Humanist auf: JOHANNES CALVIN (1509–1564). Ursprünglich sollte er Priester werden und bereitete sich in Paris auf sein kirchliches Amt vor. Da verlangte plötzlich der Vater, der mit der Geistlichkeit in Konflikt geraten war, dass sein Sohn die Rechte studierte. Doch wegen einer reformatorisch gestimmten Rede seines Freundes musste Calvin aus Paris fliehen.

Längst war er Luthers Schriften begegnet und bewunderte den großen Reformator. So kam er als „Lutherischer" 1534 nach BASEL und veröffentlichte dort seine erste theologische Schrift: die „Unterweisung in der christlichen Religion". Von Luther unterschied sich Calvin vor allem dadurch, dass er von jedem Christen „gute Werke" unmittelbar einforderte. Doch achtete er strikt darauf, dass niemand diese „guten Werke" etwa als Verdienste vor Gott betrachtete. In seiner „Unterweisung" schrieb er:

> In der Tat sind die guten Werke ein Geschenk Gottes. Dennoch will er sie als „unsere guten Werke" bezeichnen. Er akzeptiert sie also, ja, mehr noch, er belohnt sie. Das hat er verheißen. Diese Verheißung soll uns anregen und ermutigen, nicht darin nachzulassen Gutes zu tun. Unsere Antwort darauf muss die Dankbarkeit sein. Allein Gottes Gnade gebührt die Ehre. Nichts, aber auch gar nichts finden wir an uns, das den Dank auf uns selbst lenken könnte. Alles Vertrauen auf Verdienste schmilzt dahin, ja, selbst von dem Wahn bleibt nichts mehr übrig.
> (Calvin, Institutio, III, zit. nach: Marijn de Kroon, Martin Bucer und Johannes Calvin, Göttingen 1991, S. 67)

Calvin, 1509 in Noyon (Picardie) geboren, veröffentlichte nach seiner Flucht aus Frankreich 1536 in Basel seine Glaubenslehre, die „Unterweisung", in der er hier liest (zeitgenössischer Kupferstich).

Für Calvin war die Kirche die Gemeinde der von Gott Erwählten. Als Dank für die Gnade der Erwählung sollten sie Gott im täglichen Leben verherrlichen.

Der Genfer Gottesstaat

In GENF machte sich Calvin auf Bitten des Stadtrates daran, das kirchliche Leben in der Stadt nach seinen Vorstellungen zu ordnen. Das bedeutete, dass die Zehn Gebote in einer sehr strengen Auslegung auf alle Bereiche des privaten und öffentlichen Lebens angewandt wurden. Ausschweifende Vergnügungen wie Glücksspiel, üppiges Essen und jede Art von Verschwendung passten nach Calvin nicht zu einer Gemeinde der von Gott Auserwählten. Wer dem Gebot, Gott durch sein Leben zu verherrlichen, dienen wollte, musste sich fügen. Eine Gruppe von Gemeindeältesten übte die Kontrolle aus und schon kleinere Vergehen ahndeten die Ältesten unerbittlich. So bekam ein Mädchen, das seine Mutter beschimpft hatte, drei Tage Arrest bei Wasser und Brot und musste öffentlich Reue zeigen.

1 Nenne die Textaussagen, die ein Katholik nicht akzeptieren würde.
2 Welche zentralen Aussagen bestimmen Calvins Lehre?

In der *Genfer Kirchenordnung* von 1561 heißt es über den Dienst der Ältesten, die vom Rat zum Kirchengericht abgeordnet waren:

> Ihre Aufgabe ist, über den Lebenswandel jedes einzelnen zu wachen und die in Liebe zu ermahnen, die sie straucheln und ein ungeordnetes Leben führen sehen. Entsprechend der Lage der hiesigen Kirche soll man dafür zwei aus dem Kleinen, vier aus dem Mittleren und sechs aus dem Großen Rat wählen, Leute von ehrbarem Lebenswandel, untadelige Männer von gutem Ruf, die vor allem gottesfürchtig und mit Klugheit in geistlichen Dingen ausgerüstet sein müssen. Und bei ihrer Wahl wird man darauf achten müssen, dass jedes Stadtviertel berücksichtigt wird, damit sie überall ihre Augen haben können.
> *(nach: H. J. Hillerbrand, Brennpunkte der Reformation, Göttingen 1967, S. 212, gekürzt)*

Dieser „Temple de Charenton" bei Paris war vor seiner Zerstörung 1685 das Gotteshaus französischer Calvinisten. Welche Unterschiede siehst du im Vergleich zu katholischen Kirchen?

Die Bürger waren überzeugt, dass eine Stadt, die das göttliche Gesetz missachte, früher oder später die Strafe Gottes spüren würde. Glaube und Leben der Kirchengemeinde sollten den Alltag in der Stadt durchdringen. Wenn sich die Regierenden gegen das göttliche Gebot vergingen, musste dies für eine Stadt oder ein Land folgenschwer sein. Daher hielt Calvin – anders als Luther – den Widerstand gegen ungerechte Herren für geboten. Wilden Aufruhr lehnte er ab.

Calvin wollte die Bürger zu einem arbeitsreichen Leben erziehen und es galt ihm als heiliger Auftrag Gottes für Arbeit und Wohlstand zu sorgen. Es prägte den Charakter des *Calvinismus*, dass er in einer Stadt wie Genf entstand. Handel und Gewerbe galten als Wege, auf denen Christen zur Ehre Gottes wirken konnten. Calvin erlaubte das Zinsnehmen bis zu 6 %, während Luther dies als Wucher ablehnte. Er bewegte den Genfer Rat Handel und Industrie zu fördern. Gerade die französischen Glaubensflüchtlinge in Genf waren vor allem Kaufleute und Handwerker und gelangten bald zu Wohlstand.

Konfessionen in Europa

Die „Reformierte Kirche" Calvins

Im Jahr 1549 verband sich das von Calvin reformierte Genf mit den protestantischen Kantonen der Schweiz zu einer kirchlichen Einheit. Sie verständigten sich über die wichtigsten Punkte der Lehre: die Bedeutung des Abendmahls, die vom Menschen nicht zu beeinflussende Gnadenerwählung Gottes und über den Aufbau und die Aufgabenverteilung in der Gemeinde. Im Gegensatz zu den lutherischen Landeskirchen waren die calvinistischen Einzelgemeinden letztlich selbstständig und niemandem unterstellt. Hier arbeiteten *Laien* und *Geistliche* gleichberechtigt zusammen. Die Hausväter einer jeden Gemeinde bestimmten in einer Versammlung die Mitglieder des *Presbyteriums*. Dieser Rat der Ältesten leitete die Gemeinde und war ihr geistiges und politisches Zentrum. Den *Presbytern* zur Seite standen die *Prediger*, die im Gottesdienst der Gemeinde das Wort Gottes verkündeten, und die *Diakone*, die sich um die Armenpflege kümmerten. Niemand – auch nicht der Inhaber eines Amtes in der Kirchengemeinde – sollte über einem anderen stehen. So verwaltete sich jede Gemeinde selbst und bildete eine Kirche im Kleinen. Kontakte zu Nachbargemeinden stellte man auf *Synoden* her, zu denen der Ältestenrat jeder Gemeinde gewählte Abgeordnete entsandte.

Die schweizerischen Kirchen meinten, nur für ihre eigene kirchliche Erneuerung sei der Name „reformiert" angemessen, während die lutherischen Kirchen nicht ganz zum Ziel gelangt seien. Gegen Ende des 16. Jahrhunderts verwendeten deshalb die von Calvin ausgehenden Kirchen für sich die Bezeichnung „Reformierte Kirche".

Die Ausbreitung des Calvinismus

Schon zu Calvins Lebzeiten trugen Kaufleute, Handwerker und Studenten aus Genf die neue Lehre in viele Länder Europas. Auch Calvins reger Briefwechsel mit Königen und Fürsten, Bischöfen und Ratsherren von Schweden bis nach Italien, von Litauen bis nach Schottland lässt den internationalen Zuschnitt dieser zweiten protestantischen Konfession erkennen. Zudem entsandte Calvin in missionarischem Eifer in Genf ausgebildete Prediger nach Polen, Böhmen und Ungarn. Vor allem aber in den Niederlanden, in Schottland und Teilen Englands sowie in Süd- und Westfrankreich fand Calvins Lehre Verbreitung. Überall stand beim Aufbau der Gemeinden das Genfer Vorbild Pate und prägte die strengen calvinistischen Lebensformen. Umgekehrt entwickelte sich Genf zum Sammelpunkt für Glaubensflüchtlinge aus ganz Europa.

Auch im Reichsgebiet konnte der Calvinismus, wenn auch nur bescheiden, Fuß fassen: im Fürstentum Hessen-Kassel, in der Kurpfalz und einigen kleineren Territorien im Westen des Reiches zwischen der kurpfälzischen Residenz Heidelberg und den Niederlanden. Der brandenburgische Kurfürst aus dem Hause der Hohenzollern wandte sich zwar selbst dem Calvinismus zu, zwang aber seinen Untertanen eine „zweite Reformation" nicht auf.

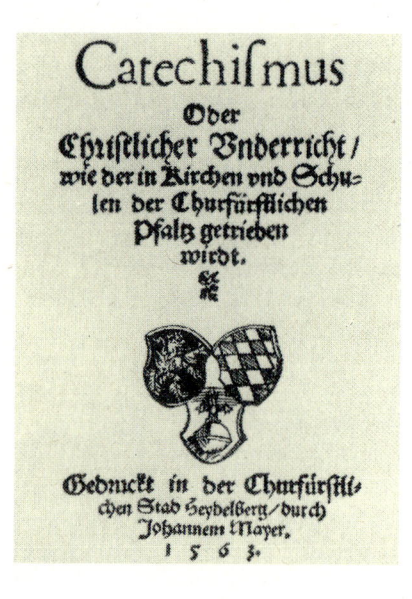

1 Erkläre, warum der Calvinismus in vielen Handelszentren Westeuropas so großen Zuspruch fand. Verfolge seine Verbreitung anhand der Karte auf der Einführungsseite.
2 Vergleiche den Gemeindeaufbau in den lutherischen Landeskirchen mit dem der calvinistischen Kirchen.

Protestanten in Westeuropa

Reformation von oben: England

Zur Zeit Luthers regierte in *England* König HEINRICH VIII. (1509–1547). Als Heinrich eine neue Ehe schließen wollte, lehnte der Papst die Auflösung der bestehenden ab. Der König berief daraufhin einen ihm treu ergebenen Mann zum Erzbischof von Canterbury, der seine Ehe sofort aufzuheben bereit war. Der Papst verurteilte diesen Schritt und exkommunizierte den englischen König, d. h. er schloss ihn aus der Kirche aus.

Nicht nur Heinrich reagierte erbost auf dieses Eingreifen des Papstes; auch die englische Bevölkerung unterstützte ihren König gegen Rom. So konnte Heinrich das Parlament 1534 dazu bewegen, ihn und seine Nachfolger als Oberhaupt der englischen Kirche einzusetzen und damit die Loslösung von Rom zu vollziehen.

Vergeblich versuchte seine Nachfolgerin auf dem englischen Thron, MARIA I. „die Katholische", diese Entwicklung rückgängig zu machen. Ihre Halbschwester ELISABETH I., Königin von 1558 bis 1603, entschied sich – gestützt auf Landadel und städtisches Bürgertum für die Kirchenpolitik ihres Vaters Heinrichs VIII. Als Oberhaupt der *anglikanischen Staatskirche* gab sie 1559 ihrer Kirche eine Gestalt, die bis heute gültig ist: die äußeren Formen blieben der katholischen Kirche ähnlich; in der Lehre näherten sich die *Anglikaner* der reformierten Kirche an.

In der *Uniformitätsakte* von 1559 legte die Königin gemeinsam mit dem Parlament fest:

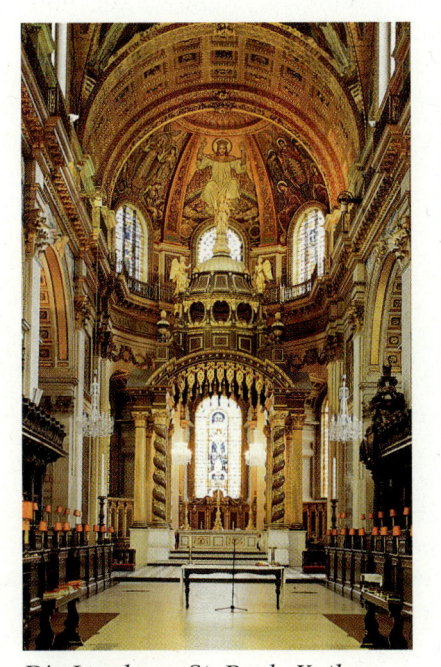

Die Londoner St. Pauls Kathedrale, erbaut im 17. Jh., ist Sitz des Bischofs von London. Mit ihrer prunkvollen Ausstattung gleicht sie katholischen Kirchenräumen.

> II. Es wird durch Ihre Königliche Hoheit mit Zustimmung der Lords und Gemeinen ... zum Gesetz erhoben, dass alle Geistlichen in sämtlichen Kathedralen oder Pfarrkirchen oder sonstwo im Königreich England, Wales oder den übrigen Herrschaftsgebieten der Königin ... verpflichtet sein sollen, die Morgen- und Abendgebete, die Abendmahlsfeiern und die Verwaltung jeglichen Sakraments sowie alle gemeinsamen und öffentlichen Gebete in derjenigen Ordnung und Form zu halten, wie sie im Jahre 1552 unter König Eduard VI. im allgemeinen Gebetbuch [= Common Prayer Book] festgelegt sind. [Das Common Prayer Book enthält neben der Gottesdienstordnung, den Sakramenten und Gebeten den Katechismus und das Glaubensbekenntnis.]
>
> XIII. Es ist angeordnet und zum Gesetz erhoben, dass Kirchenschmuck und Priestergewänder beibehalten und gebraucht werden sollen, wie sie in der Kirche von England 1549 unter König Eduard VI. eingeführt worden sind, und zwar solange, bis kraft Autorität Ihrer Königlichen Majestät mit Beirat der Mitglieder ihrer Kommission für kirchliche Angelegenheiten oder des Metropolitans dieses Königreichs [= Erzbischof von Canterbury] eine andere Ordnung erlassen wird.
>
> (Uniformitätsakte, 1559, übers. von F. Dickmann)

1 Welche Vorteile hatte der englische König durch die Trennung der anglikanischen von der römischen Kirche?

Konfessionen in Europa

Die Puritaner in England und Schottland

Den Kompromiss zwischen Reformation und alter Kirche mochten die Calvinisten in England nicht hinnehmen. Sie wollten die „reine" Kirche und wurden deshalb abschätzig *Puritaner* (lat. purus = rein) genannt.

Im Gottesdienst sollte allein die Predigt wichtig sein; festliche Gewänder der Geistlichen, Orgelspiel und mehrstimmiger Gesang galten bereits als Ablenkung vom wahren Gottesdienst. Als Calvinisten bestanden die Puritaner darauf, dass die Kirchenverfassung auf der Selbstverwaltung der Gemeinde aufbaute; dass Geistliche oder gar Bischöfe die Leitung der Kirche übernahmen, lehnten sie strikt ab. Deshalb bekämpften Königin Elisabeth I. und ihre Nachfolger die Puritaner, sodass viele von ihnen in die *Niederlande* oder sogar nach *Nordamerika* auswanderten.

Links: Puritanische Familie bei der Hausandacht (1563). Rechts: Puritanische Strenge: Frauen, die am Sonntag Flachs trocknen und spinnen, sterben den Feuertod (aus „Heilige Beispiele für die strengen Strafen Gottes", 1671).

In Schottland jedoch, wo der Reformator JOHN KNOX den Calvinismus tief in der Bevölkerung verwurzelt hatte, blieben die Puritaner unbehelligt. Auch als 1561 mit MARIA STUART eine katholische Königin den schottischen Thron bestieg, wagte diese es nicht, die Reformierten zu behindern.

Eine Katholikin auf Englands Thron?

Ihr Anspruch auf den englischen Thron fand bei PHILIPP II., dem katholischen König Spaniens, große Unterstützung. Als Elisabeth I. ihre Konkurrentin im Thronstreit gefangen nehmen und 1587 nach langer Kerkerhaft hinrichten ließ, erklärte Philipp England sogar den Krieg. Mit einer riesigen Schiffsarmada von 130 Schiffen und 22 000 Mann Besatzung wollte er das protestantische England niederkämpfen. Ein Sieg zur See sollte die uneingeschränkte Weltgeltung Spaniens als See- und Handelsmacht bestätigen. Doch blieben die Engländer, die zur See immer mächtiger geworden waren, Sieger.

Der Freiheitskampf der Niederlande

Handel und Schiffbau hatten die *Niederlande*, die dem spanischen König unterstanden, reich gemacht. Schon lange regte sich in der niederländischen Bevölkerung Widerstand gegen die als ungerecht und hart empfundenen Steuern der spanischen Herren. Als sich zudem immer mehr Niederländer nach 1550 der calvinistischen Reformation zuwandten, griff Spanien mit Gewalt ein.

Kannst du erklären, warum die Calvinisten diese katholische Kirche ausräumen? Beschreibe, was der Zeichner im Einzelnen dargestellt hat (niederländischer Stich um 1605).

Erkennst du die Symbole des Geusenbundes? Der hebräische Gottesname „Jahwe" zeigt den religiösen Hintergrund des Freiheitskampfes der Niederlande an (Stich von 1622).

PHILIPP, der einmal gesagt hatte, er wolle lieber hundert Tode sterben, als König von Ketzern sein, wollte die neuen religiösen Ideen in seinem Herrschaftsbereich auf keinen Fall dulden. Die Niederländer wehrten sich nun leidenschaftlich gegen jede Unterdrückung. Als sichtbare Zeichen der spanischen Herrschaft griffen sie katholische Kirchen an und verwüsteten sie.

Zur selben Zeit erhoben mächtige niederländische Adlige Einspruch gegen den Ausschluss von politischer Mitsprache in ihrem eigenen Land. Die spanischen Herren taten die Forderungen als die eines Haufens von „Bettlern" (frz. gueux) ab, denn für sie galten nur Grundbesitzer, nicht Kaufleute als reich. Fortan nannten sich die Niederländer trotzig *Geusen*, Bettler, und machten Bettelzeichen zu ihren Symbolen.

Der offene Krieg begann, als der spanische König den Herzog ALBA 1567 mit diktatorischen Vollmachten ausstattete und ihn beauftragte die Rebellen militärisch niederzuwerfen. Über 100 000 Calvinisten flohen, mehr als 18 000 wurden hingerichtet. Der langjährige Freiheitskampf verwüstete das Land und vernichtete den Wohlstand. Als 1609 die Waffen schwiegen, waren die Niederlande geteilt. Die nördlichen Niederlande hatten die spanische Herrschaft abgeschüttelt; der Süden, das heutige *Belgien* und *Luxemburg*, blieb spanisch und wurde wieder vollständig katholisch.

„Massaker der Bartholomäusnacht", zeitgenössisches Gemälde von François Dubois. Es zeigt im Bildausschnitt neben Plünderung und Mord, wie der Führer der Katholiken, der Herzog von Guise, den abgeschlagenen Kopf seines verhassten Gegners, Admiral von Coligny, betrachtet.

Die Hugenotten in Frankreich

Auch in *Frankreich* hatte die Lehre Calvins Anhänger gefunden. Die Katholiken nannten sie *Hugenotten*, vermutlich abgeleitet von „Eidgenossen" (= Iguenots). Zu ihnen gehörte eine Gruppe von Adligen, die eine weitere Ausdehnung königlicher Macht verhindern wollte. In den heftigen Verfolgungen festigten sich die Hugenotten zu einer gut organisierten Minderheit.

1572 fand die Hochzeit des hugenottisch gesinnten HEINRICH VON NAVARRA mit einer katholischen Prinzessin aus der königlichen Familie in PARIS statt. Die Vornehmsten der Hugenotten waren als Gäste nach Paris geladen, denn es sollte eine Versöhnungsfeier werden. Doch man traute einander nicht und trug insgeheim Waffen bei sich. Als bereits vereinzelt Blut geflossen war, nutzte die katholische Hofpartei die Gelegenheit. Gerüchte über einen geplanten Anschlag verbreiteten sich in der katholischen Pariser Bevölkerung, die zu den Waffen griff. In der „Pariser Blutnacht" vom 23./24. August 1572 und in den folgenden Wochen wurden tausende von Hugenotten ermordet.

Die Glaubenskämpfe setzten sich fort, bis 1594 Heinrich von Navarra den französischen Thron bestieg. Zwar trat Heinrich, um seine Thronrechte zu retten, zum katholischen Glauben über, doch sorgte er trotz großer Widerstände mit dem *Edikt von Nantes* 1598 dafür, dass die Hugenotten in Frankreich geduldet wurden und politische Gleichberechtigung erhielten. Aus Sicherheitsgründen blieb es ihnen aber verwehrt, Gottesdienst in Paris und der näheren Umgebung zu halten.

Der Dreißigjährige Krieg

Hintergründe und Kriegsursachen

Spannungen zwischen den Konfessionen

Im Deutschen Reich hatte der Religionsfriede von 1555 keinen wirklichen Frieden zwischen Katholiken und Protestanten bewirkt. Der Streit um Einflussbereiche schwelte weiter. Einige Territorien, wie z. B. die Pfalz, hatten den Calvinismus übernommen, der im Religionsfrieden überhaupt nicht anerkannt war.

Lutheraner konnten ihren Glauben nur unter einem lutherischen Fürsten ungehindert ausüben. Unter der Herrschaft eines katholischen Fürsten versuchten die Jesuiten, die verbliebenen Protestanten systematisch, vor allem mit Mitteln der Erziehung, zum katholischen Glauben zurückzuführen. Landstriche, die vormals mehrheitlich evangelisch gewesen waren, wie z. B. das Erzbistum Köln oder die Bistümer Münster, Paderborn, Würzburg, Bamberg und Salzburg, waren um 1600 wieder ganz katholisch. Derartige Erfolge der *Gegenreformation* steigerten die Spannungen zwischen den Konfessionen.

Als es in der Reichsstadt DONAUWÖRTH zu Streitigkeiten zwischen katholischer Minderheit und protestantischer Mehrheit um die Durchführung katholischer Prozessionen kam, griff der Kaiser ein und verhängte die Reichsacht. Herzog MAXIMILIAN VON BAYERN, ein Zögling der Jesuiten, sollte die Zwangsmaßnahmen durchführen. Er ließ die Stadt besetzen und den evangelischen Gottesdienst verbieten. Daraufhin fürchteten die evangelischen Fürsten um ihre Sicherheit. Sie schlossen 1608 ein Verteidigungsbündnis, die *Union*. Jetzt fühlten sich die katholischen Fürsten herausgefordert und verbanden sich 1609 zur *Liga*. Während sich die Union auf *England* und die *Niederlande* stützte, suchte die Liga Rückhalt bei *Spanien* und dem *Papst*.

Der Prager Fenstersturz

Im Jahr 1618 revoltierte der protestantische Adel in BÖHMEN gegen die Einschränkung seiner Vorrechte durch FERDINAND II., seit 1617 böhmischer König und kurz darauf deutscher Kaiser (1619–1637). Vor allem warf der Adel dem strenggläubigen katholischen König vor, dass er die verbürgte Religionsfreiheit für Protestanten missachten würde. Die harte Linie der Gegenreformation, welche die Kaiser in ihren habsburgischen Ländern verfolgten, hatte auch in Böhmen den konfessionellen Gegensatz ständig verschärft. Im Mai 1618 warfen aufgebrachte böhmische Adelige zwei kaiserliche Räte samt ihrem Sekretär kurzerhand aus dem Fenster der Prager Burg. Sie überlebten den Sturz, da sie nur auf einem Misthaufen landeten. Dieser *Prager Fenstersturz* löste den *Dreißigjährigen Krieg* aus.

Der protestantische Adel setzte Ferdinand II. ab und wählte den Führer der protestantischen Union und Kurfürsten von der Pfalz, FRIEDRICH V., zum neuen böhmischen König. Er war Calvinist und Schwiegersohn des englischen Königs. Um sich gegen den Kaiser zu wappnen, versuchten die Böhmen bei den protestantischen Mächten Europas Schutz zu finden.

Der „Prager Fenstersturz" ging für die kaiserlichen Räte glimpflich aus, wurde jedoch zum zündenden Funken für den Krieg.

1 Überlege, welche Bündnispartner die Böhmen in Aussicht nehmen konnten.
2 Nenne Gründe, weshalb der Kaiser den Verlust Böhmens nicht hinnehmen konnte.

Der Dreißigjährige Krieg

Der Krieg und die europäischen Mächte

Der böhmisch-pfälzische Krieg (1618–1623)

Nach seiner Absetzung als König von Böhmen erbat FERDINAND II. von der *Liga* Unterstützung, für die sich ihr Führer, der Bayernherzog, vom Kaiser die Erstattung der Kriegskosten und die pfälzische Kurwürde zusagen ließ. Nun zog der bayrische Feldherr TILLY mit den Truppen der Liga und des Kaisers gegen das böhmische Heer zu Felde. In der Schlacht am *Weißen Berge* in der Nähe von PRAG erlitt FRIEDRICH V. am 18. 11. 1620 eine vernichtende Niederlage. Der Kaiser nahm nun Rache an den Protestanten in Böhmen und ließ viele hinrichten. Dem evangelischen Adel nahm er seine Güter und zwang ihn zum katholischen Glauben zurückzukehren. Viele Adlige flüchteten und suchten Hilfe bei den protestantischen Fürsten im Reich. Damit kam der Krieg erst richtig in Gang. Tilly verfolgte Friedrich V. bis in die Pfalz und brachte nach langer Belagerung am 16. 9. 1622 dessen Residenzstadt HEIDELBERG, das Zentrum des deutschen Calvinismus, in seine Hand.

Werbetrommler – Lockvögel für die Armen.

Der dänische Krieg (1625–1629)

Nach der Flucht des „Winterkönigs", wie Spötter Friedrich von der Pfalz nannten, in die Niederlande, stellte sich König CHRISTIAN VI. von Dänemark an die Spitze der Protestanten. Er sicherte der Union zwar die Unterstützung Englands und der Niederlande, konnte aber Tillys Vordringen nach Norddeutschland und Dänemark nicht verhindern. Allein die Angst vor einem Eingreifen der protestantischen Schweden veranlasste den Kaiser zum Abzug aus Dänemark.

Wallenstein

Den Frieden mit Dänemark schloss der neue Feldherr des Kaisers, ALBRECHT VON WALLENSTEIN. Dieser böhmische Adlige hatte sich bereit erklärt eine Armee aus eigenen Mitteln zu finanzieren, denn er war durch den Ankauf enteigneter Güter böhmischer Protestanten reich geworden. Wallenstein hatte sich in den Krieg gegen Dänemark im Stil eines Unternehmers eingeschaltet. Nur der Erfolg zählte, Glaubensunterschiede waren ihm weniger wichtig. Er hatte sein Heer aus angeworbenen *Söldnern* aufgebaut, wie es in Europa seit langem üblich war. Diese Soldaten aus aller Herren Länder kämpften unterschiedslos für jeden, der sie bezahlte. In solchen Heeren Disziplin zu halten galt als besonders schwer. Die Söldner durften während der Feldzüge zur eigenen Versorgung plündern und machten dabei keinen Unterschied zwischen befreundeten oder feindlichen Gebieten. Städte, die verschont bleiben wollten, mussten Tribute zahlen. So war die Kriegskasse stets gefüllt. Während der Feldzugspausen ließ Wallenstein die bis zu 100 000 Soldaten zählende Armee aus eigenen Beständen versorgen. Seine Truppen verzehrten in wenigen Tagen ganze Viehherden.

Über Wallensteins Kriegführung klagten sogar die katholischen Kurfürsten, die allerdings noch mehr als die Verwüstung des Reiches den Verlust ihrer eigenen Macht fürchteten. Denn seit 1625 hatte Wallenstein mit seinen Siegen seine Macht und die des Kaisers im Reich beständig vermehrt. Der Druck der Fürsten und das Misstrauen gegenüber dem kleinen böhmischen Adligen, dem er das Herzogtum Mecklenburg übertragen hatte, brachten den Kaiser dazu, seinen erfolgreichen Feldherrn am 13. August 1630 zu entlassen.

Zwei Jungen nehmen Werbegeld aus der Hand eines Offiziers.

Der schwedische Krieg (1630–1635)

Jetzt sah der evangelische Schwedenkönig GUSTAV II. ADOLF die Möglichkeit die Protestanten im Reich zu unterstützen und dabei zugleich seine schwedische Ostseeherrschaft militärisch zu sichern. Er landete im Sommer 1630 mit seinem schwedischen Bauernheer an der Odermündung. Wenn auch zögernd schlossen sich ihm evangelische Reichsfürsten an. Mit diesen Bündnissen erlaubten die Reichsfürsten erstmals einer auswärtigen Macht sich in die inneren Angelegenheiten des Reiches einzumischen. Die Schlacht bei BREITENFELD in der Nähe von Leipzig (17. 9. 1631) begründete Gustav Adolfs Ruf von der Unbesiegbarkeit der Schweden. Der großen Beweglichkeit ihrer Truppen und deren Feuerkraft hatte Tilly wenig entgegenzusetzen. Nur ein halbes Jahr später fiel der kaiserliche Feldherr in der Schlacht bei RAIN am Lech in Süddeutschland (15. 4. 1632), wo Gustav Adolf das Heer der Liga völlig aufrieb. Nach diesem Sieg zog der Schwedenkönig Seite an Seite mit dem „Winterkönig" in München ein, der Residenz des bayerischen Kurfürsten.

> Das „Schwedenlied"
> Die Schweden sind gekommen,
> Haben alles mitgenommen,
> Haben's Fenster eingeschlagen,
> Haben's Blei davongetragen,
> Haben Kugeln daraus gegossen
> und die Bauern erschossen.
>
> *Zeitgenössisches Kinderlied.*

In dieser Situation rief Kaiser Ferdinand II. Wallenstein zurück, dessen rasch angeworbenes Heer im November 1632 in der Nähe Leipzigs einem schwedischen Angriff nicht standhalten konnte. Im Schlachtgetümmel jedoch war der Schwedenkönig gefallen. Anstatt diese Schwächung des Gegners auszunutzen und die führerlosen Schweden niederzuwerfen, zog Wallenstein den Krieg hin und begann sogar auf eigene Faust mit den Schweden zu verhandeln. Daraufhin setzte der Kaiser seinen ehrgeizigen Feldherrn, der sich gern „Herzog von Friedland" nannte, ab. Bei seiner Verhaftung, die seine Flucht zu den Schweden vereiteln sollte, wurde er im Februar 1634 in EGER ermordet.

Der französische Krieg (1635–1648)

Die weiteren Erfolge der kaiserlichen Truppen auch nach Wallensteins Tod führten 1635 zum offenen Kriegseintritt *Frankreichs*. Zwar waren schon seit 1624 das protestantische Schweden und das katholische Frankreich heimlich miteinander gegen Habsburg verbündet, doch hatte Frankreich bisher nur die Kriegskasse des Bündnispartners unterstützt. Kardinal RICHELIEU, der leitende Minister des französischen Königs, wollte nach der katastrophalen Niederlage der Schweden bei NÖRDLINGEN (6. Sept. 1634) einer Festigung der kaiserlichen Stellung im Reich nicht tatenlos zusehen. So tobte der Krieg, den der Kaiser und die protestantische Partei im *Frieden von Prag* (30. Mai 1635) schon beilegen wollten, noch weitere 13 Jahre. Für die geschwächten Schweden focht nun das katholische Frankreich gegen den katholischen Kaiser. Diesen Krieg, der damit vollends den Charakter eines Glaubenskrieges verloren hatte, bestimmten nur noch die rivalisierenden Machtinteressen europäischer Großmächte.

Lagerszene im 30-jährigen Krieg.

1 Von Anfang an hatten die Kriegsparteien nicht nur religiös-konfessionelle, sondern auch politische Ziele. Weise diese für den Kurfürsten von der Pfalz und die Könige von Dänemark, Schweden und Frankreich nach.
2 Überlege, warum der Glaubenskrieg sich seit seinem Beginn zu einem europäischen Krieg auszuweiten drohte.
3 Wo wurde in diesem Buch über andere Glaubenskriege berichtet?

Der Dreißigjährige Krieg

Die Zerstörung von Magdeburg 1631 (Kupferstich von M. Merian).

Leiden des Krieges

Die Bevölkerung hatte unsäglich unter den dauernden Kriegshandlungen zu leiden. Ein besonders bekanntes Beispiel für die Ungeheuerlichkeiten des Krieges ist die Belagerung von Magdeburg, einer lutherischen Stadt mit 40 000 Einwohnern. Gustav Adolf hatte 1631 eine kleine Besatzung zur Verteidigung in die Stadt gelegt, aber Tillys Truppen gelang die Eroberung dennoch und es begann eine Mord- und Plünderungsorgie ohnegleichen. Wer schließlich die Stadt auch noch anzündete, ist ungeklärt: Zurück blieb ein Trümmerfeld mit 30 000 Toten.

> *Im Jahr 1634 schreibt der Fähnrich Christian Schneiden aus dem Feldlager an seine Frau:*
> Ach, meine tausend herzallerliebste Agatha. Von Deiner Gesundheit einmal zu hören, wäre mir eine überaus große Freude wie auch ein tröstliches Schreiben zu empfangen. Mich belangend bin ich halb gesund, voller Läuse, nackend, die armseligste Kreatur und verlassen... Ob einer krank, gesund, stehend oder liegend sei, gilt alles gleich.
> Der Feind hat uns verfolgt und umgeben, gejagt bis nach Münster in Westfalen, liegen in Leibes- und Lebensgefahr, sind täglich am Feind. Wir liegen vor der Stadt unter freiem Himmel. Seit drei Monaten bin ich nicht aus den Kleidern gekommen... Hätte ich nur Stroh unter mir. Meine Sachen, mein Knecht und Pferd, wohl 400 Reichstaler Schaden, alles fort. In summa: kein Glück ist auf dieser Seiten; bleibt nichts als dass ich mein junges Leben verliere, wie es anderen täglich geschieht. Wir liegen auf der Straße wie das tote Vieh und leiden großen Mangel. In vier Tagen bekomme ich ein Pfund Brot und nicht mehr. Oh, es ist nicht auszusprechen, wie wir leiden.
> (aus: H. Frevert, M. Christadler [Hrsg.], Masken des Krieges, Baden-Baden 1979, S. 21)

Der jahrelange Krieg zerstörte nicht nur unzählige Städte. Noch wehrloser als die Städte waren die Dörfer den plündernden und mordenden Söldnern ausgeliefert. Wenn die Soldaten die Bauern nicht totschlugen, setzten sie sie dem Hungertod aus, weil sie das reife Getreide auf den Feldern anzündeten. So brach auch die Versorgung vieler Städte zusammen, deren entkräftete Bewohner vielerorts Opfer von Seuchen wurden. In manchen Gebieten des Reiches, z. B. in Mecklenburg und der Pfalz, ging die Bevölkerungszahl um 70 % zurück. Es dauerte fast hundert Jahre, bis dieser ungeheure Menschenverlust ausgeglichen werden konnte.

Der Dichter ANDREAS GRYPHIUS schrieb in seinem Gedicht „Tränen des Vaterlandes" (1636) über die Folgen des Krieges:

> Wir sind doch nunmehr ganz, ja mehr denn ganz verheeret!
> Der frechen Völker Schar, die rasende Posaun,
> Das von Blut fette Schwert, die donnernden Kartaun
> Hat aller Schweiß und Fleiß und Vorrat aufgezehret.
> Die Türme stehn in Glut, die Kirch ist umgekehret,
> Das Rathaus liegt im Graus, die Starken sind zerhaun,
> Die Jungfern sind geschändt, und wo wir hin nur schaun,
> Ist Feuer, Pest und Tod, der Herz und Geist durchfähret.
> Hier durch die Schanz und Stadt, rinnt allzeit frisches Blut.
> Dreimal sind schon sechs Jahr, dass unser Ströme Flut,
> Von Leichen fast verstopft, sich langsam fort gedrungen.
> Doch schweig ich noch von dem, was ärger als der Tod,
> Was grimmer denn die Pest und Glut und Hungersnot:
> Dass auch der Seelen Schatz so vielen abgezwungen.

Plünderung auf einem Bauernhof. Die Bildunterschrift lautet: Die Schurken tun sich noch mit ihren Streichen groß/verheeren alles rings und lassen nichts mehr los/der eine foltert, bis sie ihm das Gold verraten/der andere stachelt auf zu tausend Missetaten/und insgeheim vergehn sie sich an Alt und Jung/mit Diebstahl, Raub, Mord, Vergewaltigung.

Der Dreißigjährige Krieg

Der Westfälische Friede

Es war in den letzten Kriegsjahren keiner Seite mehr gelungen die andere zu besiegen. Nach mehrjähriger Vorbereitung schloss der Kaiser schließlich 1648 *Frieden*: in MÜNSTER mit den Franzosen und ihren Alliierten, in OSNABRÜCK mit den Schweden.

Der Friedensschluss hatte den Charakter eines Vergleichs. In der Religionsfrage bestätigte er den *Augsburger Religionsfrieden* von 1555 weitgehend, schloss jetzt aber auch die Calvinisten mit ein. Für die Reichspolitik war wichtig, dass die *Niederlande* und die *Schweiz* endgültig aus dem Reichsverband ausschieden. Dagegen wurden Frankreich und Schweden mit einzelnen Territorien Mitglieder des Reichsverbandes. Frankreich erhielt Gebiete im Ober- und Unterelsass und näherte sich so der Rheingrenze. Schweden bekam Vorpommern und die Bistümer Bremen und Verden. Auch Brandenburg, seit 1618 mit dem Herzogtum Preußen in Personalunion verbunden, konnte sich vergrößern. In Deutschland erhielten alle Reichsstände die fast vollständige Landeshoheit in ihren Gebieten auf Kosten der Macht des Kaisers. Sie konnten jetzt auch Bündnisse mit auswärtigen Mächten abschließen. Die kaiserliche Reichspolitik hing gänzlich von der Zustimmung der Landesfürsten ab.

Der „freudenreiche Postillion von Münster" verkündet den Frieden (Holzschnitt auf einem zeitgenössischen Flugblatt).

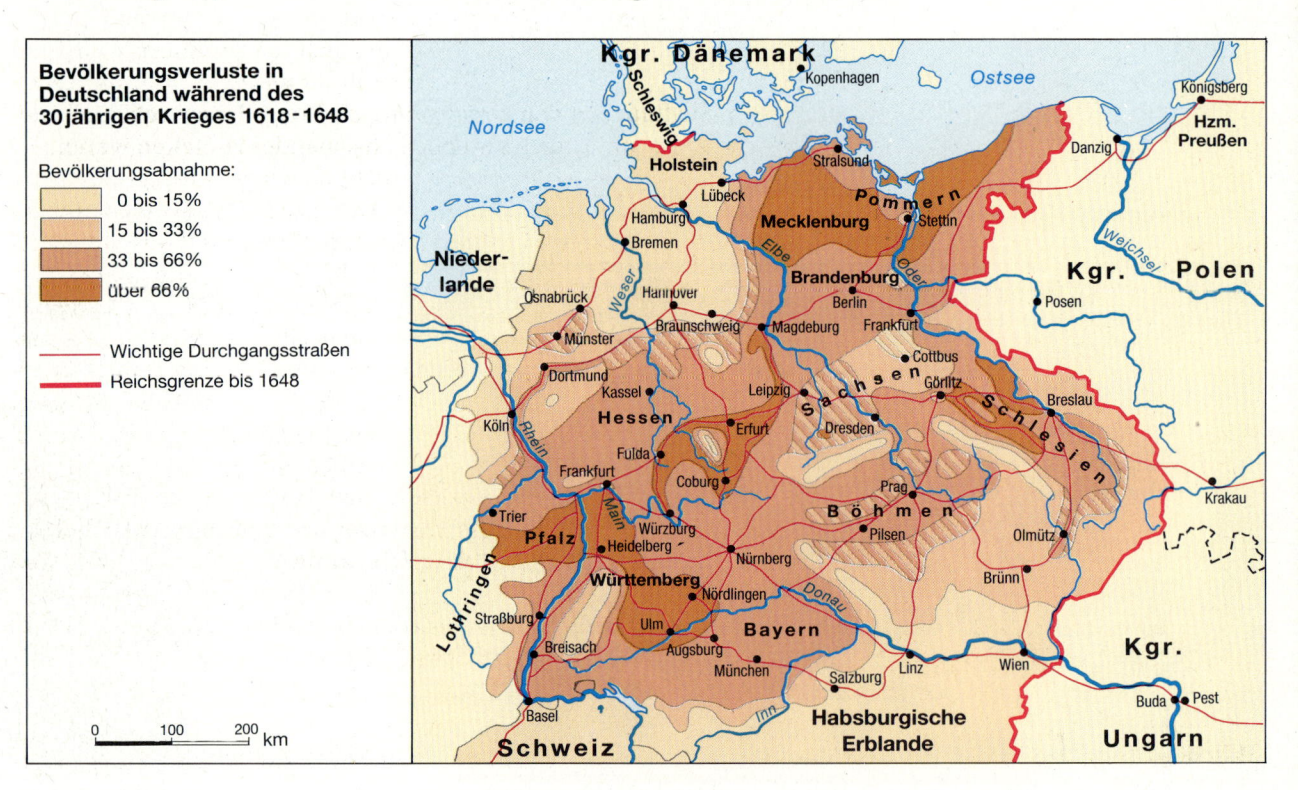

1 Stelle die Ergebnisse des Westfälischen Friedens zusammen. Welche Auswirkungen hatte er auf die politischen und konfessionellen Verhältnisse im Reich und in Europa?
2 Welche Gebiete waren vom Krieg am stärksten betroffen?
3 Wie wirkte sich der 30-jährige Krieg auf deinen Wohnort aus?

Zusammenfassung 179

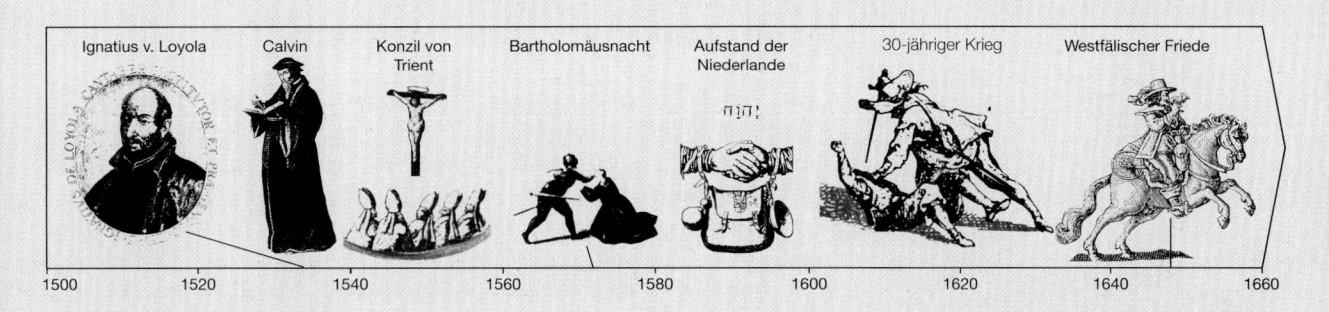

1500	1520	1540	1560	1580	1600	1620	1640	1660
Ignatius v. Loyola	Calvin	Konzil von Trient		Bartholomäusnacht	Aufstand der Niederlande	30-jähriger Krieg	Westfälischer Friede	

Die Glaubenskämpfe – eine Bilanz

Die katholische Kirche antwortete auf die Reformation mit einer *Reform* nach innen und dem Versuch, dort, wo es möglich war, Evangelische zum katholischen Glauben zurückzuführen *(Gegenreformation)*. Das wichtigste Instrument für die Rückgewinnung der Glaubensabtrünnigen war der Jesuitenorden.

In Westeuropa breitete sich die Reformation dennoch weiter aus. JOHANNES CALVIN gründete den streng nach religiösen Grundsätzen organisierten *Genfer Gottesstaat*. In Frankreich, den Niederlanden und Britannien folgten viele seiner neuen reformatorischen Lehre. In allen diesen Ländern verband sich der religiöse Konflikt mit schon bestehenden politischen Gegensätzen.

Die spanischen und die deutschen Habsburger waren als katholische Mächte eng verbunden. So konnte sich der jesuitisch erzogene Kaiser FERDINAND II. eine strikt antiprotestantische Politik im Reich erlauben. Sie führte in den *Dreißigjährigen Krieg*, dessen religiöse und politische Ziele am Ende kaum noch auseinander zu halten waren.

Eine klare Entscheidung ließ sich nicht erzwingen. Daher blieb die Konfessionskarte Europas nach 30 Jahren Krieg fast identisch, wenn auch charakteristische Unterschiede gegenüber der Zeit hundert Jahre zuvor festzustellen sind. Neben der Tatsache, dass mit dem *Westfälischen Frieden* die Calvinisten öffentlich anerkannt wurden, ergaben sich 1648 auch politische Weichenstellungen für die Zukunft: Frankreich näherte sich der Rheingrenze. Die Gebietsgewinne Brandenburgs legten den Grundstein für seinen künftigen Aufstieg. Schweden konnte trotz seiner Gewinne in Norddeutschland seine Position im Ostseeraum nicht dauerhaft behaupten. Dafür bedeutete die Unabhängigkeit der Niederlande den Anfang ihrer weltweiten Kolonialpolitik. Das Kaisertum blieb zwar den Habsburgern erhalten und ihre Machtgrundlage in Österreich wurde gestärkt, aber im Reich entscheidend geschwächt: Die deutschen Fürsten waren seit 1648 praktisch souverän, d. h. jeder von ihnen besaß nach innen und außen die oberste und unabhängige Gewalt in seinem Land.

Wichtige Begriffe

Anglikaner	Konzil von Trient
Bartholomäusnacht	Liga
Calvinisten	Puritaner
Dreißigjähriger Krieg	Reformierte
Gegenreformation	Söldner
Geusen	Synode
Hugenotten	Union
Jesuiten	Westfälischer Friede

Geschichtslabor

Johann Comenius – Toleranz und Glaubensstreit

Glaubensflüchtlinge

Zu den vielen Flüchtlingen des *30-jährigen Krieges* zählten auch die, die sich der Glaubensvorschrift des jeweiligen Fürsten nicht beugen wollten. Besonders die zwangsweise Wiedereinführung der katholischen Konfession im Reich der *Habsburger* nach 1620 löste eine große Flüchtlingswelle aus. 150 000 böhmische Evangelische zerstreuten sich als *Exulanten* (Vertriebene) in ganz Europa. Die meisten ließen sich im benachbarten lutherischen *Kursachsen* nieder. Der Kurfürst gab ihnen die Möglichkeit sich anzusiedeln, wie hier in JOHANNGEORGENSTADT im ERZGEBIRGE. Diesen Exulanten verdankt Sachsen das Aufblühen der Holz- und Textilverarbeitung sowie die Belebung des Silberbergbaus.

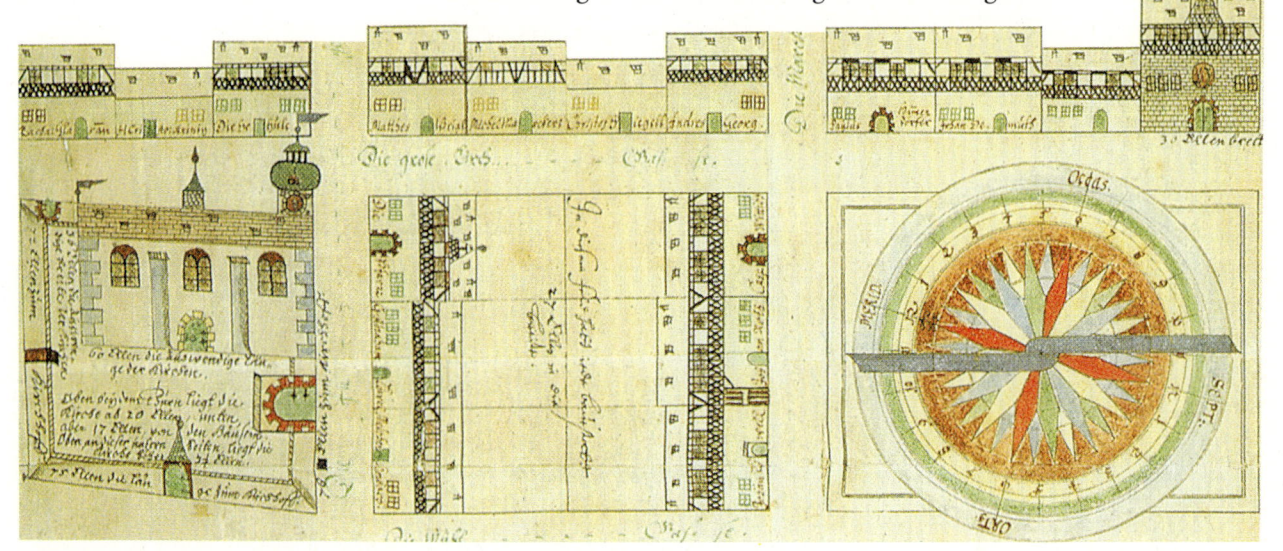

Johanngeorgenstadt, Ausschnitt aus dem Bebauungsplan von 1654 mit Wohnhäusern, Kirche und Rathaus.

Comenius – ein Flüchtlingsschicksal

Der evangelische böhmische Bischof und Lehrer JOHANN AMOS COMENIUS (1592–1670) fand keine solche dauerhafte neue Heimat. Mit seinen Glaubensbrüdern wandte er sich zuerst nach LISSA in Polen. Nach Aufenthalten in London, Holland und Schweden ließ er sich in schwedischen Diensten in der preußischen Stadt ELBING nieder, kehrte aber 1648 nach Lissa zurück. Tief enttäuscht, dass der *Westfälische Friede* seiner böhmischen Heimat die ersehnte Religionsfreiheit endgültig verweigerte, übernahm er eine Aufgabe im toleranten Fürstentum *Siebenbürgen*. Ein Krieg zwischen Polen und Schweden weckte nochmals Hoffnungen auf eine Rückkehr der Exulanten, endete aber mit der Plünderung von Lissa; große Teile von Comenius' Lebenswerk gingen in Flammen auf. Er fand mit seiner Familie Aufnahme in AMSTERDAM, wo er 14 Jahre später starb.

Der unversöhnliche Hass, mit dem die Menschen sich gegenseitig ihr Lebensrecht bestritten, ließ Comenius unablässig nach Voraussetzungen für eine stabile Lebensordnung suchen. Unter dem Wahlspruch „Alles fließe von selbst, Gewalt sei ferne den Dingen" suchte er als *Pfarrer* die Lösung in der Predigt und Seelsorge, als *Pädagoge* in der Erziehung. Seine Überlegungen führten Comenius zu modern anmutenden Forderungen nach *Demokratie* und *Toleranz*:

Johann Comenius, um 1660.

„Alles fließe von selbst, Gewalt sei ferne den Dingen"

Toleranz
„Wir wollen, dass man bei der Abfassung eines pansophischen (alle Wissenschaften und Künste umfassenden) Werkes alle, die über Frömmigkeit, Sitten, Wissenschaften und Künste erklärend geschrieben haben, ohne Rücksicht darauf, ob einer Christ oder Mohammedaner, Jude oder Heide sei, und welcher Sekte auch immer er unter jenen angehörte habe, ob er ... Grieche, Römer, alt oder modern, Doktor oder Rabbi gewesen sei, jede Kirche, Synode und Vereinigung – dass man, sage ich, sie alle zulässt und anhört, was sie Gutes bringen."
(Comenius, Vorspiele (1639), hrsg. von H. Hornstein, Düsseldorf 1963, S. 89)

Gleichstellung von Mann und Frau
„Auch das weibliche Geschlecht hat Anrecht auf jedwede Verständigkeit in der Weisheit. Es kann kein Grund dafür aufgefunden werden, dass das weibliche Geschlecht von der Kunst der Sprachen und der Weisheit ausgeschlossen bleiben sollte. Sie sind Menschen wie wir, wie wir Ebenbilder Gottes, Teilhaber an der Gnade und dem Königtum über das zukünftige Zeitalter; ihnen wurde ebenfalls ein Geist gegeben, der zum Erfassen der Weisheit geeignet ist, oft wurden sie mit einem Scharfsinn beehrt, der an Feinheit dem unseren überlegen ist ... Warum soll man sie also allein mit dem ABC abspeisen und warum sollen sie weiterhin von den Büchern vertrieben werden?"
(Comenius, Böhmische Didaktik (1628/32), hrsg. von K. Schaller, Paderborn 1970, S. 60)

Weltbürgertum
„Des Menschen Natur ist unwandelbar, er lässt sich seine angeborene Freiheit nicht völlig nehmen ... (Deshalb) lasst uns aber jetzt alle gleichsam im Anblick Gottes einen Vertrag schließen! Dass wir alle nur das eine Ziel haben, das Wohl des Menschengeschlechts ... Wir sind alle Bürger einer Welt, ja alle ein Blut. Einen Menschen hassen, weil er anderswo geboren ist, weil er eine andere Sprache spricht, weil er anders über die Dinge denkt, weil er mehr oder weniger als du versteht, welche Gedankenlosigkeit! Lassen wir ab davon! Denn wir sind alle Menschen, also alle unvollkommen, uns allen muss geholfen werden und wir sind dafür alle Schuldner. Zumal die, die Gott vor anderen mit Weisheit, Rat und Stärke ausgezeichnet hat, möchten Gott nachahmen und allen alles geben."
(Comenius, Panegersia (Weckruf), 1657, in: Comenius, Ausgewählte Werke, Bd. 3, hrsg. von K. Schaller, Hildesheim, New York 1977, S. 70 und 107 f.)

Das Bild illustriert den Wahlspruch des Comenius, der lateinisch „Omnia sponte fluant, absit violentia" lautet. Was bedeutet dieser Spruch und welche Geisteshaltung steht dahinter?

1 Welche Vorstellungen entwickelt Comenius zu den Aspekten Toleranz, Gleichberechtigung der Frau und Weltbürgertum? Welche Forderungen erhebt er?
2 Wie „modern" sind diese Gedanken in einer Zeit des religiösen Fanatismus, der Verfolgung Andersdenkender und des Obrigkeitsstaats? Haben sich die Vorstellungen von Comenius durchgesetzt?

Deutsches Reich

1024–1125	Königsdynastie der Salier
seit 1075	Investiturstreit zwischen Kaiser und Papst
1077	Heinrich IV. erwirkt in Canossa die Lösung vom Bann des Papstes
1122	Wormser Konkordat beendet den Investiturstreit
11./12. Jh.	Aufstieg der Städte
1138–1254	Königsdynastie der Staufer
1152–1190	Friedrich I. Barbarossa
1158/1183	Unterwerfung der lombardischen Städte
1180	Gelnhäuser Reichstag
seit 12. Jh.	Ostsiedlung
1212–1250	Friedrich II.
1220	Kaiserkrönung Friedrichs II.
1220/1232	Friedrich tritt den Fürsten königliche Privilegien ab; Territorialisierung des Reichs
1226	Staatsgründung des Deutschen Ordens in Preußen
seit 1237	Konflikt zwischen Friedrich II. u. dem Papst
1254–1273	Interregnum im Reich
13. Jh.	Entstehung der Hanse
1273–1291	Rudolf I. von Habsburg; Stärkung der Königsmacht; Aufstieg der Habsburger
1347–1378	Karl IV. von Luxemburg; die Luxemburger gewinnen Böhmen u. Brandenburg durch Hausmachtpolitik
1356	Goldene Bulle sichert den Kurfürsten die Königswahl
1414–1418	Konzil von Konstanz überwindet die abendländische Kirchenspaltung
um 1450	Erfindung des Buchdrucks
1517	Luthers Thesen gegen den Ablasshandel; Beginn der Reformation
1519–1556	Karl V.
1520	Reichstag zu Worms
1524–1525	Bauernkrieg
1545–1563	Konzil von Trient; katholische Reformen
1555	Augsburger Religionsfriede bestätigt Glaubensspaltung
1618–1648	Dreißigjähriger Krieg
1648	Westfälischer Friede

Frankreich

seit 987	Herrschaft der Kapetinger; Erbmonarchie
10./11. Jh.	Kirchenreform von Cluny
1096	Aufruf des Papstes zum Ersten Kreuzzug
1180–1223	Philipp II. August
1202/1204	Eroberung des englischen Festlandbesitzes
1209–1229	Albigenserkriege; Südfrankreich fällt an die Krone
1309–1377	Päpste in Avignon
1339–1453	Hundertjähriger Krieg
1429	Jeanne d'Arc erobert Orléans
1461–1483	Ludwig XI.; Stärkung der zentralen Königsmacht
1515–1547	Franz I. behauptet sich gegenüber Habsburg
1559–1598	Glaubenskrieg zwischen Katholiken und Hugenotten
1598	Edikt von Nantes

Italien

951	Otto I. gewinnt das Kgr. Italien (Reichsitalien)
11. Jh.	Normannen erobern Süditalien
11. Jh.	Aufstieg der oberitalienischen Städte
12.–13. Jh.	Staufer ringen um Reichsrechte in Italien; Konflikt mit Papsttum und lombardischen Städten
1189	Normannisches Kgr. Sizilien fällt an die Staufer
1198–1250	Friedrich II. Kg. v. Sizilien; 1220 deutscher Kaiser
1266	Karl v. Anjou erobert Sizilien; 1268 Hinrichtung des letzten Staufers Konradin
13. Jh.	Venedig, Pisa und Genua gewinnen die Herrschaft im Mittelmeer
seit 13. Jh.	Parteikämpfe zwischen Ghibellinen u. Guelfen in Oberitalien

England

9./10. Jh.	Vereinigung der angelsächsischen Königreiche
1066	Normannische Eroberung
1215	Magna Charta
1339–1453	Hundertjähriger Krieg mit Frankreich; Verlust des franz. Festlandbesitzes
1455–1485	Thronwirren (Rosenkriege)
1534	Errichtung der anglikanischen Staatskirche durch Heinrich VIII.
1558–1603	Elisabeth I.; Aufstieg zur führenden Seemacht
1642–1649	Bürgerkrieg zwischen Parlament und König; 1649 Hinrichtung Karls I.

Spanien

711	Araber vernichten das Westgotenreich
756–1031	Kalifat von Cordoba; maurische Kultur
8./9. Jh.	Christliche Königreiche im Norden; Beginn der Rückeroberung (Reconquista)
13. Jh.	Spanien unter christlicher Herrschaft; muslimisches Kgr. Granada bis 1492
1479	Isabella v. Kastilien und Ferdinand v. Aragon vereinigen ihre Länder
1492	Kolumbus entdeckt Amerika; Aufbau des span. Kolonialreichs
1494	Vertrag v. Tordesillas; Abgrenzung spanischer u. portugiesischer Einflusszonen in Übersee
1516–1556	Karl V. König von Spanien; seit 1519 deutscher Kaiser
1556–1598	Philipp II.
1566–1648	Freiheitskampf der Niederlande

Polen

10. Jh.	Einigung poln. Stämme
966	Taufe von Mieszko I.
992–1025	Boleslaw Chrobry erwirbt Schlesien und Pommern
999	Erzbistum Gnesen
13. Jh.	Einströmen deutscher Siedler
1386	Polnisch-Litauische Union
15. Jh.	Konflikte mit dem Ordensstaat
1525	Ordensstaat wird poln. Lehen; Polen Vormacht in Osteuropa
1569	Lubliner Union
1572	Wahlkönigtum
1660	Friede v. Oliva; Ende der Vormachtstellung

Russland

seit 9. Jh.	Wirtschaftliche Erschließung durch normannische Waräger; Reich von Kiew
seit 988	Christianisierung durch Byzanz
12. Jh.	Zerfall des Reichs in Teilfürstentümer
1236/1240	Beginn der Mongolenherrschaft
14. Jh.	Aufstieg des Großfürstentums Moskau
1462–1505	Iwan III. gründet den russischen Einheitsstaat; Ende der Tatarenherrschaft
16. Jh.	Expansion im Süden und Osten; Beginn der Kolonisation Sibiriens

Vorderasien

seit 7. Jh.	Islamisches Kalifenreich in Vorderasien
7./10. Jh.	Blütezeit des Byzantinischen Reiches
1054	Trennung von römischer u. griech.-orthodoxer Kirche
11. Jh.	Oberherrschaft türkischer Seldschuken in Vorderasien
1099	Kreuzritter erobern Jerusalem (1. Kreuzzug); Kreuzfahrerstaaten in Syrien u. Palästina
1256–1502	Mongolenherrschaft in Persien und Mesopotamien (Ilchane, Timuriden)
seit 14. Jh.	Aufstieg des Osmanischen Reiches (Türkei)
1453	Türken erobern Konstantinopel; Ende von Byzanz
seit 15. Jh.	Türken erobern SO-Europa u. Teile Vorderasiens

Amerika

13.–16. Jh.	Inka- und Aztekenreich
1492	Kolumbus landet in Amerika
1519–1521	Cortez zerstört das Azteken-Reich
1531–1534	Pizarro zerstört das Inka-Reich
seit 16. Jh.	Spanisches u. portugiesisches Kolonialreich
seit 1604	Englische u. französische Kolonien in Nordamerika

Minilexikon

Ablass. Der reuige Sünder musste für seine Sünden verschiedene Bußen auf sich nehmen, z. B. Gebete, Almosen, Wallfahrten. Erst danach wurde er von seinen Sünden losgesprochen. Nur diese Bußstrafen – und nicht wie oft angenommen die Sünden selbst – konnte man im Spätmittelalter durch einen Ablass verkürzen oder erleichtern. Aus dem Verkauf der päpstlichen Ablassbriefe entwickelte sich für die Kirche eine sprudelnde Einnahmequelle.

Anglikaner. In England ging die Reformation vom Herrscher aus. König Heinrich VIII. (1509–1547) trennte sich von Rom, als der Papst seiner Ehescheidung nicht zustimmte. 1542 machte sich Heinrich zum Oberhaupt der sogenannten anglikanischen Staatskirche. Ihre Erzbischöfe und Bischöfe werden bis heute vom jeweiligen Herrscher ernannt.

Augsburger Religionsfriede. Reichsgesetz, zwischen König Ferdinand I. und den → Reichsständen 1555 ausgehandelt. Er besiegelte die Glaubensspaltung des Reiches, indem er die Lutheraner rechtlich anerkannte. Die Landesfürsten erhielten Konfessionsfreiheit und schrieben nach dem Grundsatz „cuius regio, eius religio" (= wem das Land gehört, der bestimmt die Religion) ihren Untertanen das Bekenntnis vor. Wer damit nicht einverstanden war, musste auswandern.

Bartholomäusnacht. Anlässlich der Hochzeit Heinrichs von Navarra mit Margarete von Valois hatten sich die Führer der → Hugenotten in Paris versammelt. Am 24. August (Bartholomäustag) 1572 veranlasste die Königinmutter Katharina von Medici, dass sie zusammen mit Tausenden anderer Glaubensgenossen ermordet wurden. Man spricht daher auch von der „Pariser Bluthochzeit".

Bürger. Ursprünglich die Bewohner eines Ortes im Schutze einer Burg. Später die freien Einwohner der mittelalterlichen Städte. Sie erkämpften sich von ihren adligen Stadtherren zahlreiche Rechte, sodass manche Städte schließlich nur noch dem Kaiser untertan waren (→ Reichsstädte). Die Macht besaßen zunächst die reichen Kaufmannsfamilien (→ Patrizier), später auch die → Zünfte der Handwerker.

Bulle (lat. bulla = Kapsel). Eine Bulle ist das in eine Kapsel eingeschlossene Siegel einer Urkunde. Im Abendland benutzten Herrscher und Päpste bei besonders wichtigen Urkunden Gold- und Silberbullen. Seit dem 13. Jh. bezeichnet man die gesiegelte Urkunde selbst als Bulle.

Calvinismus. Bezeichnung für die Lehre des Reformators Johann Calvin (1509–1564). Grundlage ist die Prädestinationslehre, d. h. dass Gott von vornherein den Menschen entweder zum ewigen Heil oder zur ewigen Verdammnis bestimmt hat. Da man Gottes Gnade am äußerlichen Erfolg der Arbeit zu erkennen glaubte wirkte der C. wirtschaftlich sehr anspornend. Calvin führte eine strenge Kirchenzucht ein, der auch das Privatleben unterlag. Die Gemeinde, die alle Ämter selbst besetzte, sollte sich im Gottesdienst auf Predigt und Gott konzentrieren. Deshalb wurde aller Kirchenschmuck aus reformierten Kirchen entfernt. Calvins Lehre verbreitete sich hauptsächlich in Westeuropa.

Deutscher Orden. Ritterorden, während der Kreuzzüge 1198 im Heiligen Land gegründet. Er unterwarf im 13. Jh. die heidnischen Pruzzen und gründete im späteren Ostpreußen und Baltikum ein großes Herrschaftsgebiet. Sein Hauptsitz war die Marienburg an der Nogat.

Edikt (lat. edictum = Erlass). Kaiserlicher oder königlicher Erlass, der Gesetzeskraft erlangt. Wichtiges Beispiel: das Edikt von Nantes gewährte den → Hugenotten 1598 Glaubensfreiheit.

Fehde. Streit, Feindschaft oder Rache zwischen zwei Parteien im Mittelalter (z. B. Adelige, Städte, Sippen oder Familien), wenn die öffentliche Gerichtsbarkeit versagte. Mit dieser eigenmächtigen Selbsthilfe sollte das wirkliche oder vermeintliche Recht durchgesetzt werden. Im Gegensatz zur Blutrache vollzog sich die Fehde nach bestimmten ritterlichen Formen, wurde mit dem Fehdebrief angekündigt und durch den Sühnevertrag beendet. Durch die Verkündung eines → Landfriedens versuchte der Staat das Fehdewesen einzudämmen (z. B. 1495), doch konnten Fehden erst durch den Rechtsschutz des modernen Staates endgültig überwunden werden.

Frühkapitalismus. Mit dem Aufkommen der Geldwirtschaft entstand auch eine neue Wirtschaftsgesinnung, die die → Zunftordnung sprengte. Einzelne Unternehmerfamilien wie die Medici in Florenz oder die Fugger in Augsburg waren in verschiedenen Bereichen europaweit aktiv: in Handel, Geldverleih, Bergbau, Verlagswesen. Nur sie besaßen die erforderlichen Mittel um Produktion und Handel im großen Stil durchzuführen. Und sie waren bereit ihr Geld zu Erhöhung des Gewinns stets erneut im Unternehmen anzulegen.

Gegenreformation. Die innere Erneuerung der katholischen Kirche, beschlossen auf dem Konzil zu Trient (1545–1563). Gleichzeitig der – oft gewaltsame – Versuch der → Reichsfürsten protestantisch gewordene Gebiete zur katholischen Lehre zurückzuführen. Eine wichtige Rolle spielte dabei der → Jesuitenorden. Die religiösen und damit verbundenen politischen Spannungen führten zum Dreißigjährigen Krieg (1618–1648).

Geißler. 1260 erschienen in Mittelitalien erstmals Menschen auf den Straßen, die sich unter Gebet und kirchlichen Gesängen bei entblößtem Oberkörper öffentlich geißelten. Die Bewegung der Flagellanten (lat. flagellum = Geißel) erfasste rasch Mittel- und Westeuropa, wo Bruderschaften Stadt und Land durchzogen und von Almosen lebten. Frauen vollzogen die Selbstgeißelung in streng verschlossenen Kirchen. Das Phänomen der Flagellanten resultiert aus den sozialen und politischen Unruhen des Spätmittelalters sowie einer aufgewühlten religiösen Stimmung, die den Weltuntergang erwartete. Krankheiten und Pestepidemien wurden als Strafe Gottes empfunden, die nur durch Buße zu sühnen seien. Ihren Höhepunkt erreichte die Flagellantenbewegung im Pestjahr 1348/49. Als sie auch die Kirche als pflichtvergessen angriff, wurden die Flagellanten 1349 vom Papst und schließlich 1417 durch das Konstanzer Konzil verboten.

Geld/Geldwirtschaft. Nach dem Zerfall des römischen Münzwesens war Geld bis ins 12. Jh. kaum gebräuchlich. Das Wirtschaftsleben bestand zumeist im Tausch von Ware gegen Ware. Die Geldwirtschaft blühte seit den Kreuzzügen zuerst in den norditalienischen Städten wieder auf.

Geusen (franz. gueux = Bettler). Der Begriff stammt aus dem Freiheitskampf der Niederlande im 16. Jh. und war zunächst der Spottname der Spanier für die niederländischen Edelleute. Doch bald darauf bezeichneten sich die Niederländer selbst stolz als Geusen.

Goldene Bulle. Von Kaiser Karl IV. 1356 erlassenes Reichsgrundgesetz, dessen Name von der goldenen Siegelkapsel der Urkunde herrührt. Sie legte das Recht der Königswahl fest und bestimmte hierzu allein 7 Kurfürsten: die Erzbischöfe von Köln, Mainz und Trier, den Pfalzgraf bei Rhein, den Markgrafen von Brandenburg, den Herzog von Sachsen und den König von Böhmen. Als Wahlort bestimmte sie Frankfurt am Main, als Krönungsort Aachen. Um einer Zersplitterung der kurfürstlichen Territorien entgegenzuwirken legte die Goldene Bulle die Unteilbarkeit der Kurlande fest. Weiterhin verfügte sie die Primogenitur in den weltlichen Kurfürstentümern, d. h. die Erbfolge allein des Erstgeborenen. Die Goldene Bulle blieb bis zum Ende des Reichs in Kraft.

Graf. Im Fränkischen Reich Stellvertreter des Königs in einem bestimmten Gebiet. Er hatte den Auftrag den Frieden zu sichern und die Finanzen, d. h. die Zölle, zu verwalten. In der Karolingerzeit wuchs seine Bedeutung, da der Graf das Heeresaufgebot befehligte. Außerdem übte er im Namen des Königs die hohe Gerichtsbarkeit aus. Karl der Große hatte das Amt noch an Unfreie gegeben, doch bald wurde es in den vornehmen Familien erblich. Seit dem 12. Jh. machten einige Grafen ihr Herrschaftsgebiet zu selbstständigen Territorien und wurden zu → Landesherren.

Hanse (althochdt. = bewaffnete Schar). Zusammenschluss deutscher Kaufleute (= Gilde) zur Sicherung ihrer Handelsinteressen im Ausland. Die seit 1358 im lockeren Bund organisierten Hansestädte bauten den Nord- und Ostseebereich als Wirtschaftsraum aus und verfügten über eine Vormachtstellung in Nordeuropa. Seit Ende des 15. Jh. wurde die Hanse von den aufkommenden Nationalstaaten und deutschen Landesfürsten entmachtet und wirtschaftlich durch den Atlantikhandel verdrängt.

Hausmacht. Bezeichnung für die politische Macht, über die ein Fürst auf Grund der Bedeutung seines → Territoriums verfügte. Da die → Landesherren ihre Hausmacht durch Krieg und Heirat zu vergrößern suchten, bedrohten sie die zentrale Reichsgewalt. Seit Rudolf von Habsburg (1273–1291) versuchten daher die deutschen Könige, ihre eigene Hausmacht auszubauen, um ihre Vormachtstellung zu sichern.

Heliozentrisches Weltbild. Der Astronom Nikolaus Kopernikus (1473–1543) vertrat die Ansicht, dass die Sonne (griech. = Helios) das Zentrum der Welt bildet und die Planeten um sie kreisen. Bis dahin hatte die Meinung vorgeherrscht, dass die Erde der Mittelpunkt der Welt sei (geozentrisches Weltbild).

Herzog. Bei den Germanen der oberste gewählte Heerführer eines Stammes. Diese Stammesherzöge erlangten eine vom König fast unabhängige erbliche Macht. Sie lenkten ihre Herzogtümer Bayern, Schwaben, Sachsen, Franken und Lothringen als Kriegsherr und Friedenssicherer, als Richter und Gesetzgeber. Die Stammesherzöge wählten 919 den Sachsenherzog Heinrich zum König und gründeten damit das mittelalterliche Deutsche Reich. Seit dem 12. Jh. zerfielen die Stammesherzogtümer in zahlreiche festumrissene Gebiete (→ Territorien), deren Einheit nicht mehr durch einen Stamm, sondern durch die Herrschaft des → Landesherrn gebildet wurde.

Hugenotten (dt.-frz. = Eidgenossen). Bezeichnung der französischen – meist calvinistischen – Protestanten. In Frankreich hatte sich die Reformation bis in hohe Adelsfamilien durchgesetzt und zu blutigen Machtkämpfen geführt. Nach der Ermordung der hugenottischen Führer in der „Bartholomäusnacht" 1572 und weiteren Auseinandersetzungen erließ der neue König 1598 das „Edikt von Nantes". Darin gewährte er den Hugenotten Gewissensfreiheit und politische Gleichberechtigung. Die Aufhebung des Edikts durch Ludwig XIV. im Jahre 1685 führte viele Hugenotten auf ihrer Flucht nach Brandenburg.

Humanismus (lat. humanus = menschlich). Künstler und Gelehrte, Fürsten und Päpste sammelten seit dem 15. Jh. (→ Renaissance) antike Handschriften und Kunstwerke und machten sie anderen zugänglich. Sie nannten sich Humanisten, denn sie waren überzeugt, dass die Menschen durch das Studium der klassischen Vorbilder vollkommener würden.

Inquisition (lat. inquirere = untersuchen). Mittelalterliches Rechtsverfahren, bei dem Anklage, Untersuchung und Urteilsspruch in einer Hand lagen. Papst Gregor IX. gründete 1232 die päpstliche Inquisition und beauftragte den Dominikanerorden → Ketzer aufzuspüren, zu bekehren oder zu bekämpfen. Das Geständnis wurde durch Anwendung der Folter erzwungen, das Opfer danach der weltlichen Macht zum Tod auf dem Scheiterhaufen übergeben.

Interregnum (lat. = Zwischenherrschaft). In Wahlmonarchien die Zeitspanne, die zwischen dem Tod oder auch der Absetzung eines Herrschers und dem Amtsantritt seines Nachfolgers liegt. Im Mittelalter nahmen die Wahlvorbereitungen lange Zeit in Anspruch und bis man sich auf einen neuen Monarchen geeinigt hatte, konnten Monate vergehen. In Deutschland gilt als Interregnum besonders die Zeit zwischen dem Erlöschen der Staufer und dem Beginn des habsburgischen Herrscherhauses (1254–1273). Die Bezeichnung Interregnum ist jedoch nicht ganz zutreffend, da es in dieser Periode drei gewählte Könige gab, die freilich keine allgemeine Anerkennung erlangten.

Investitur (lat. investire = bekleiden). Die Einsetzung eines Bischofs oder Abts in sein geistliches Amt und zugleich die Übertragung von weltlichen Herrschaftsrechten. Als Zeichen der geistlichen Würde übergab der König Ring und Hirtenstab. Diese Mitwirkung eines Laien, selbst des Königs, wollten die Vertreter der → Kirchenreform nicht länger dulden. Es folgte der sogenannte Investiturstreit, der die religiösen und politischen Grundlagen des Mittelalters erschütterte. Papst und König setzten sich im Jahr 1076 gegenseitig ab und bannten sich. Ein Kompromiss konnte erst 1122 mit dem Wormser Konkordat erreicht werden.

Jesuiten. Die wichtigste Kraft der katholischen Kirche gegen die Reformation wurde der Jesuitenorden (societas Jesu = Gesellschaft Jesu, abgek. SJ). Gegründet hat ihn der spanische Adlige Ignatius von Loyola (1491–1556). Die Jesuiten übten als Erzieher und Beichtväter an Fürstenhöfen sowie durch die Einrichtung vieler Schulen und Hochschulen großen Einfluss aus. Das Volk gewannen sie durch Predigten und karitative Tätigkeiten. Sie erhielten vom Papst den Auftrag der weltweiten Mission.

Kaisertum. Die Herrscher des Römischen Reichs führten den Beinamen „Caesar", aus dem das Lehnwort „Kaiser" hervorging. Die Kaiserkrönung Karls des Großen setzte diese Tradition im Abendland fort. Mit ihr verband sich die Idee eines geeinten christlichen Reichs, dessen Herrscher als Beauftragte Gottes regierten. Als Otto I. 962 das Kaisertum erneuerte, ging der Kaisertitel auf die deutschen Könige über. Die Kaiserwürde war lange Zeit mit der Krönung durch den Papst in Rom verbunden. Diese Tradition endete 1508, als die deutschen Könige nach Wahl und Krönung sogleich den Titel „Erwählter Römischer Kaiser" annahmen. Wahl- und Krönungsort wurde seit 1562 allein Frankfurt am Main. 1806 legte der letzte Kaiser des „Heiligen Römischen Reiches Deutscher Nation" unter dem Druck Napoleons die Kaiserkrone nieder.

Ketzer. Menschen, die der amtlichen Kirchenlehre widersprechen. Die → Inquisition verfolgt sie. Der Begriff leitet sich von den Katharern ab, die im 12. Jh. besonders in Südfrankreich die Lehre der römischen Kirche und deren Machtapparat (Hierarchie) bekämpften.

Kirchenbann. Der Bann ist das Recht des Herrschers etwas unter Adrohung von Strafe zu gebieten oder zu verbieten. Der Kirchenbann ist die vom Papst verhängte Kirchenstrafe gegen Ketzerei und schwere Sünden. Er bedeutet Ausschluss von den Sakramenten (Exkommunikation) und damit Ausschluss aus der Gemeinschaft der Gläubigen. Der Bann kann durch Buße des reuigen Sünders aufgehoben werden. Der Kirchenbann war ein wichtiges Mittel im politischen Kampf des Papstes gegen die weltliche Macht (→ Investiturstreit).

Kirchenreform. Um das Jahr 1000 führte der moralische Verfall der Kirche und vieler Klöster zu einer Gegenbewegung, die zur ursprünglichen Reinheit des Glaubens zurückkehren wollte. Diese Reformkräfte waren auch unzufrieden mit dem Einfluss von Laien im religiösen Leben. Von der Benediktinerabtei Cluny in Burgund/Frankreich ging die Kirchenreform aus und gewann durch hervorragende Äbte und zahlreiche Tochterklöster in ganz Europa starken Einfluss.

Kolonie. Ein abhängiges Gebiet in Übersee. Mit den Entdeckungen und Eroberungen der Portugiesen und Spanier begann das Kolonialzeitalter. Europäische Staaten besetzten dank ihrer überlegenen Waffen überseeische Gebiete, unterwarfen die dortige Bevölkerung, besiedelten die Gebiete und beuteten es wirtschaftlich aus. Je nach Schwerpunkt unterscheidet man Wirtschaftskolonien, Siedlungskolonien, Militärkolonien, Strafkolonien.

Konfession (lat. Bekenntnis). Sie umfasst alle Menschen, die das gleiche Glaubensbekenntnis ablegen und damit zur gleichen Glaubensgemeinschaft gehören. Katholiken und → Protestanten bilden die beiden großen Konfessionen in Deutschland.

Konkordat. Vertrag zwischen der katholischen Kirche und einem Staat zur Regelung kirchlicher Angelegenheiten. Ein wichtiges Konkordat des Mittelalters war das Wormser Konkordat von 1122, welches den → Investiturstreit beendete.

Konzil (lat. concilium = Zusammenkunft). Versammlung von Bischöfen und anderen kirchlichen Würdenträgern zur Beratung und Entscheidung von kirchlichen Angelegenheiten und Fragen des Glaubens. Konzile konnten auch vom Kaiser als obersten Schutzherrn der Kirche einberufen werden. Kirchenversammlungen für ein begrenztes Gebiet nennt man Synoden.

Kreuzzüge. Kriegszüge der abendländischen Christenheit zwischen 1096 und 1291 zur Befreiung des Heiligen Landes von der Herrschaft des Islam. Die Kreuzritter haben ihr Ziel nicht erreicht. Der Kontakt mit der islamischen Welt brachte aber neue Kenntnisse und Gedanken nach Europa. Der Begriff umfasst auch die Kriege, zu denen die Kirche im Mittelalter gegen Heiden oder → Ketzer aufrief.

Kurfürst (althochdt. kuri = Wahl). Ein Fürst, der das Recht hat den Herrscher zu wählen. Allmählich erlangte im Deutschen

Reich eine Gruppe von 7 Fürsten dieses Privileg und bildete so die Spitze des Hochadels. Es waren die Erzbischöfe von Mainz, Köln und Trier, der Pfalzgraf bei Rhein, der Herzog von Sachsen, der Markgraf von Brandenburg und der König von Böhmen. Die →Goldene Bulle von 1356 bestimmte endgültig allein diese Kurfürsten zur Königswahl und legte ein Mehrheitswahlrecht fest. Weiterhin bestimmte sie die Unteilbarkeit der Kurländer sowie das Erstgeburtsrecht bei der Erbfolge.

Landesherr. Inhaber der obersten Gewalt in einem fest umrissenen Gebiet (Territorium). Ursprünglich waren im Mittelalter die Besitzrechte des Adels zersplittert und seine Besitzungen weit zerstreut. Seit dem 12. Jh. versuchte der Adel jedoch Besitzungen und Herrschaftsrechte zusammenzufassen, andere Herren zu verdrängen oder zu unterwerfen und ein geschlossenes Territorium aufzubauen. In diesem Territorium unterstanden nun alle Einwohner allein der Gewalt des Landesherrn (z. B. Herzog, Graf), der seine Regierung durch eine einheitliche Verwaltungs- und Gerichtsorganisation wirksam verstärkte. Die Bildung der Landesherrschaften führte allerdings zur Schwächung des Königtums.

Landeskirche. Luther selbst setzte nach den Bauernkriegen die Fürsten als „Notbischöfe" zur Leitung der Kirche ein. Die Ämterbesetzung erfolgte nicht durch die Gemeindemitglieder, sondern wurde wieder von der Obrigkeit bestimmt. Die protestantischen Landesherren erweiterten dadurch ihre Macht.

Landfrieden. Bezeichnung für Gesetze vom 11. Jh. bis 1806, die dem Schutz des öffentlichen Friedens im Reich dienten. Sie enthielten vor allem Bestimmungen zur Eindämmung des →Fehdewesens und bedrohten Rechtsbrecher mit harten Strafen. Unter besonderem Schutz standen bestimmte Personen wie Geistliche, Frauen oder reisende Kaufleute, daneben Bauern in Ausübung ihres Berufs. Weiterhin auch Kirchen, Klöster, Mühlen und Reichsstraßen. Den ersten Reichslandfrieden verkündete Kaiser Heinrich IV. 1103 in Mainz; 1495 rief Kaiser Maximilian I. in Worms einen Ewigen Landfrieden aus, der das Fehderecht generell verbot und bis zum Ende des Reichs in Kraft blieb.

Markt (von lat. mercatus). Im frühen Mittelalter entstanden Märkte oft an günstig gelegenen Plätzen, wo Käufer und Verkäufer Waren tauschen konnten. So z. B. am Schnittpunkt wichtiger Straßen, an Flussübergängen, im Schutz von Burgen oder in der Nähe von Klöstern. Markttage zogen Händler, Handwerker und Bauern an, sodass sich aus Marktplätzen oft Städte entwickelten. Ein Markt konnte nur mit Einwilligung des Königs abgehalten werden, der dazu das Marktrecht verlieh. Später wurde dieses Recht auch von anderen Marktherren wie Fürsten oder Bischöfen gewährt. Der Ort und seine Besucher standen unter dem Gebot des Marktfriedens, woran häufig ein auf dem Platz errichtetes Marktkreuz gemahnte. Streitfälle wurden vor dem Marktgericht verhandelt. Da der Marktherr freien Handelsverkehr und die Sicherheit der Wege garantierte, erhob er dafür einen Marktzoll als Entgelt. Im Laufe des Mittelalters gelangten die mit dem Markt verbundenen Vorrechte meist an die Städte, was eine wesentliche Grundlage ihrer unabhängigen Stellung bildete.

Mauren. Mauri nannten einst die Römer die Berberstämme Nordafrikas, eine Bezeichnung, die später auf alle Moslems im Maghreb überging. Auch die Araber, die 711 die Iberische Halbinsel eroberten und ein blühendes Reich gründeten, wurden als Mauren bezeichnet. die christliche →Reconquista setzte der islamischen Herrschaft Anfang des 13. Jh. ein Ende. Lediglich das muslimische Königreich Granada bestand bis zu seiner Eroberung 1492 fort. Die meisten Mauren wurden aus Spanien vertrieben, der verbleibende Rest zwangschristianisiert. Die zwangsbekehrten spanischen Mauren bezeichnete man als Moriskos.

Ministeriale (= Dienstleute). Weltliche oder geistliche Herren beauftragten Ministeriale mit Hof- und Kriegsdienst oder mit der Verwaltung ihrer Besitzungen. Die Könige nahmen für solche Aufgaben oft Unfreie, da sie ihnen treuer ergeben waren als die selbstbewussten großen Adligen. Die Stauferherrscher versuchten sogar – allerdings erfolglos – mit Hilfe der Ministerialen eine Reichsverwaltung aufzubauen und die Macht des hohen Adels zu brechen. Die Ministerialen glichen sich allmählich dem Adel an und stiegen in den Ritterstand auf.

Nation (lat. natio = Geburt, Volk). Als Merkmal einer Nation gelten Abstammung und Sprache, Sitten und Gebräuche sowie das Zusammengehörigkeitsgefühl der in einem Gebiet zusammenlebenden Menschen.

Patrizier. Die Angehörigen der Oberschicht einer mittelalterlichen Stadt. Sie sahen sich in der Nachfolge der römischen Adelsgeschlechter, die allein zur Regierung und Verwaltung der Republik berechtigt waren. Zu den Patriziern zählten reiche Kaufleute, Dienstleute des Stadtherrn und Adelige, die sich in der Stadt niedergelassen hatten. Konnte sich eine Stadt von ihrem Stadtherrn unabhängig machen, so übernahmen diese gesellschaftlichen Gruppen die politische Führung. Sie allein waren ratsfähig, d. h. nur sie besetzten die städtischen Ämter. Seit dem 13. Jh. kämpften in vielen Städten die →Zünfte gegen die Vorherrschaft des Patriziats und erlangten politische Mitsprache.

Protestanten. Bezeichnung für alle Christen, die nicht zur römisch-katholischen Kirche oder zur orthodoxen Ostkirche gehören. Nach einem Reichstagsbeschluss von 1529 sollten alle kirchlichen Reformen verboten werden und die Anhänger Luthers der →Reichsacht verfallen. Dagegen protestierten die reformierten Fürsten und Städte aus Gewissensgründen. Von dieser „Protestation" leitet sich der Begriff her. Die von Luther gebrauchte Bezeichnung „evangelisch" setzte sich nur langsam durch.

Puritaner (lat. purus = rein). Bezeichnung für Anhänger des →Calvinismus in England. Sie glaubten die reine Lehre des Evangeliums zu vertreten und lehnten alles ab, was nicht in der Bibel begründet war. Radikale Puritaner forderten ein demokratisches Gemeindeleben und die Abschaffung des Bischofsamtes. Aufgrund der andauernden Verfolgungen wanderten etliche Puritaner nach Nordamerika aus (Pilgerväter 1620), wo sie die Entwicklung der späteren USA stark beeinflussten.

Reconquista (span. Wiedereroberung). Die Araber hatten nach ihrem Sieg im Jahre 711 über die Westgoten die Iberische Halbinsel erobert. Nur im Norden konnten sich noch kleinere christliche Herrschaftsgebiete halten. Von dort aus begann der Jahrhunderte dauernde Kampf gegen die Muslime (auch Mauren oder Sarazenen genannt). 1492 fiel Granada, der letzte maurische Stützpunkt auf spanischem Boden.

Reformation. Der religiöse Umbruch Europas im 16. Jh., der zur Auflösung der kirchlichen Einheit des Abendlandes führte. Zu seinen Ursachen zählten kirchliche Missstände wie der Lebenswandel vieler Geistlicher, Simonie und →Ablasshandel. Eingeleitet wurde die Reformation durch die Thesen Martin Luthers (1517) und sie erfasste gegen den Widerstand der römischen Kirche sehr rasch breite Bevölkerungsschichten. Da sich auch viele →Reichsstände der Reformation anschlossen, wurde die Reformbewegung zu einem politischen Machtfaktor. Die Reformation setzte sich vor allem in Mittel- und Nordeuropa durch. Der römischen Kirche gelang es durch die Reformen des Konzils von Trient (1545-63) sowie die Tätigkeit der →Jesuiten erneut an Boden zu gewinnen (→Gegenreformation).

Regalien (lat. iura regalia = königliches Recht). Im Mittelalter verfügte ursprünglich allein der König über alle Hoheitsrechte im Reich, so vor allem das Zoll-, Münz-, Markt-, Berg- und Stromrecht. Sie waren wesentlicher Bestandteil der königlichen Einkünfte und ihre Verleihung ein Mittel der Politik. Als das Reich im späten Mittelalter in Territorialstaaten zerfiel, gelang es den →Landesherren die meisten Regalien an sich zu reißen. Dies führte zu einer Schwächung des Königtums.

Reichsacht (althochdt. acht = Verfolgung). Im Falle eines schweren Verbrechens konnte der Herrscher den Täter ächten. Der Geächtete wurde damit aus der Gemeinschaft ausgestoßen, verlor sein Eigentum und jeden Rechtsschutz – er war „vogelfrei". Wer ihm half, verfiel selbst der Acht. Wenn der Geächtete Gehorsam gegen Kaiser und Reich versprach, konnte er durch ein kaiserliches Gericht aus der Acht gelöst werden. Oft wurde die Reichsacht zusammen mit dem →Kirchenbann ausgesprochen.

Reichsfürst (ahd. furisto = der Vorderste). Zu den Fürsten des Reichs zählten ursprünglich alle Adligen, die Inhaber hoher Reichsämter oder königliche Beamte waren. Im 12. Jahrhundert engte sich der Kreis der Großen jedoch ein und es bildete sich ein neuer Reichsfürstenstand heraus. Nur wer sein Lehen unmittelbar vom König erhielt (Fürstenlehen) war jetzt noch „Erster am Reich" und somit Reichsfürst (princeps imperii). Hierzu zählten nicht nur weltliche, sondern auch zahlreiche geistliche Fürsten, sofern sie als Bischöfe oder Äbte Träger königlicher Lehen waren. Auf dem Reichstag bildeten die Fürsten den Reichsfürstenrat (→ Reichsstände). Von diesem Kreis hob sich allmählich die Gruppe der 7 → Kurfürsten ab, die das Vorrecht der Königswahl besaßen.

Reichsstädte. Städte, die auf Königs- oder Reichsgut lagen und dem König oder Kaiser unmittelbar unterstanden (reichsunmittelbare Städte). Sie waren nur ihm zu Abgaben und Diensten verpflichtet und hatten keinen anderen Landesherrn über sich. Später erlangten weitere Städte ihre Reichsunmittelbarkeit, entweder durch Vertrag oder kaiserliche Verleihung, manche auch durch gewaltsame Verselbstständigung. Seit dem 13. Jahrhundert durften Reichsstädte an Reichstagen teilnehmen und konstituierten sich dort Ende des 15. Jh. als 3. Kollegium (schwäbische und rheinische Städtebank). Den durch Napoleon ausgelösten Untergang des alten Reiches überstanden nur Bremen, Hamburg, Lübeck und Frankfurt als Freie Städte.

Reichsstände. Politische Mächte im Deutschen Reich, die Sitz und Stimme im Reichstag besaßen. Hierzu zählten die geistlichen Reichsstände (z. B. Bischöfe, Äbte), die weltlichen Reichsstände (z. B. Herzöge, Grafen) sowie die Reichsstädte. Im Reichstag, den der König einberief, gliederten sich diese Reichsstände seit 1489 in 3 Gruppen (Kurien) auf: Kurfürstenrat, Fürstenrat und Reichsstädte. Das Stimmrecht dieser Kurien war unterschiedlich geregelt.

Renaissance (franz. Wiedergeburt). Im 15. Jh. wandten sich viele Menschen in den norditalienischen Städten der römisch-griechischen Vergangenheit zu. Dort suchten sie Vorbilder für ihr Leben und trennten sich von der kirchlich-religiösen Bevormundung des Mittelalters, das ihnen als finster und barbarisch erschien. Der einzelne Mensch rückte in den Mittelpunkt des Interesses; er sollte seine Fähigkeiten entfalten und durch eigenständiges Denken und Beobachten die Natur erkennen. Maler, Bildhauer, Dichter, Philosophen, Wissenschaftler und Forscher verbreiteten diese neuen Gedanken in Europa. Unterstützung fanden sie bei Fürsten und auch bei Päpsten.

Schisma (griech. = Spaltung). Bezeichnung für die Auflösung der Einheit der katholischen Kirche, die vor allem zwei Ereignisse betrifft. Zum einen das griechische (morgenländische) Schisma. Es führte auf Grund unterschiedlicher Auffassungen vom Wesen Christi und der Stellung des Papstes 1054 zur Spaltung in eine westlich-lateinische und östlich-griechische Kirche (orthodoxe Kirche). Zum anderen das große Abendländische Schisma (1378–1417), das durch die Wahl mehrerer Gegenpäpste hervorgerufen wurde und erst durch das Konstanzer Konzil 1418 ein Ende fand.

Simonie. Bezeichnung für den Handel mit geistlichen Würden und allgemein die Gewalt von Laien über geistliche Ämter. Der Name rührt von einer Erzählung im Neuen Testament her, nach der sich der Jude Simon Magus die Gabe der Wundertäterei zu erkaufen suchte.

Spiritualien (lat. res spirituales = heilige Dinge). Die geistlichen Befugnisse und Aufgaben eines kirchlichen Amtes. Davon unterschieden sind die „Temporalien" (zeitliche Dinge), welche sich auf den Kirchenbesitz und die weltlichen Hoheitsrechte der Kirche beziehen. Im Wormser Konkordat gab der Kaiser 1122 seinen Anspruch auf unumschränkte Kirchenhoheit auf und es kam zu einer Scheidung von Spiritualien und Temporalien. Die Einsetzung der Bischöfe in ihr kirchliches Amt (Investitur) lag nunmehr allein bei der Kirche, die Belehnung mit den Hoheitsrechten beim Kaiser.

Stadtrecht. Als die Städte des Mittelalters entstanden, entwickelte sich eine Vielzahl von Rechtsvorschriften, die das Leben der Bürger untereinander sowie ihre Beziehungen zum Stadtherrn regelten. Diese Summe von Rechten und Freiheiten bezeichnet man als Stadtrecht. Seine Grundlage bildete das vom Stadtherrn verliehene Marktrecht sowie die von ihm gewährten Privilegien. Oftmals übernahmen auch jüngere Städte das Recht einer älteren Stadt, sodass sich Stadtrechtsfamilien bildeten. So fand z. B. das Lübecker und Magdeburger Stadtrecht große Verbreitung bei den neu gegründeten Städten, die im Rahmen der Ostsiedlung entstanden. In vielen Städten galt der Rechtssatz „Stadtluft macht frei". Danach erlangte ein Leibeigener oder Höriger die persönliche Freiheit, wenn er seit „Jahr und Tag" in der Stadt lebte, ohne dass sein Herr ihn zurückgefordert hatte.

Territorium (lat. terra = Land). Die Herrschaft des Königs und der Großen im Reich erstreckte sich ursprünglich nicht auf das Land, sondern auf die Leute, die dort lebten. Im 12. und 13. Jh. änderte sich diese Herrschaftsauffassung. Der Adel strebte danach seine zersplitterten Besitzungen und Rechte zusammenzufassen, schwächere Nachbarn zu verdrängen und ein geschlossenes Herrschaftsgebiet zu bilden. So entstanden zahlreiche Territorien im Reich, über die Herzöge, Grafen, Bischöfe und Äbte die Landeshoheit ausübten. Zugunsten dieser → Landesherren verzichteten die Kaiser in verschiedenen Gesetzen auf wichtige Reichsrechte.

Union. 1608 geschlossenes Verteidigungsbündnis protestantischer Fürsten zur Abwehr von Übergriffen katholischer → Reichsstände. Als Gegenbündnis formierte sich 1609 die katholische Liga, die als Defensivpakt der Verteidigung des Landfriedens und der katholischen Religion dienen sollte. Angesichts der militärischen Überlegenheit von Kaiser und Liga löste sich die Union bereits 1621, kurz nach Ausbruch des 30-jährigen Krieges, auf. Die Liga bestand bis 1635.

Verleger. Ein reicher Kaufmann, der einem Handwerker die Rohstoffe vorlegt (= vorstreckt), dieser dann zu Hause bearbeitet. Er bekommt dafür einen Lohn, ist also nicht mehr selbstständig. Der Verleger sorgt für Arbeit, Rohstoff, oft auch für das Werkzeug und den Verkauf.

Westfälischer Friede. Bezeichnung für die 1648 in Münster und Osnabrück abgeschlossenen Friedensverträge, die den Dreißigjährigen Krieg beendeten. Vertragsparteien waren der Kaiser und die deutschen → Reichsstände sowie Frankreich und Schweden. Die Friedensbestimmungen lockerten die Reichseinheit beträchtlich, da die Fürsten volle Landeshoheit erhielten und sogar Bündnisse mit auswärtigen Mächten abschließen durften. Auch territorial erlitt das Reich schwere Einbußen. Schweden erhielt Vorpommern, das Erzbistum Bremen und das Bistum Verden als Reichslehen, Frankreich wurde im Besitz von Metz, Toul und Verdun bestätigt, die Niederlande und die Schweiz schieden endgültig aus dem Reichsverband aus. Auf konfessionellem Gebiet wurde der → Augsburger Religionsfriede von 1555 bestätigt und auf die Calvinisten als dritte Konfession ausgedehnt. Gültig blieb auch der Grundsatz „Cuius regio, eius religio" (Wes das Land, des der Glaube) und der Gebietsstand im Jahr 1624 für die Konfessionszugehörigkeit festgesetzt. Der Westfälische Friede markiert das Ende einer Epoche, nach der die Bedeutung des Reichs durch die aufsteigenden → Territorien überflügelt wurde.

Zunft. In den mittelalterlichen Städten schlossen sich die Handwerker des gleichen Berufs zu einer Zunft zusammen um sich gegenseitig im Alter und bei Krankheit zu unterstützen. Später musste jeder Handwerksmeister einer Zunft beitreten, die – im Einverständnis mit der städtischen Obrigkeit – das Wirtschaftsleben lenkte und kontrollierte um ein angemessenes und gerechtes Auskommen zu sichern. Sie regelte Qualitätsmerkmale und Preise, Ausbildung und Arbeitszeiten, Höchstzahl von Lehrlingen und Gesellen, Herstellungsmengen und Produktionsmethoden. Jeder Verstoß wurde hart bestraft. Aus Angst vor Konkurrenz durften die Handwerker nicht auf Vorrat arbeiten, sondern nur auf Bestellung. Diese strengen Regeln hemmten technische Neuerungen und die freie Entfaltung tüchtiger Handwerker. Seit dem 13. Jh. kämpften die Zünfte gegen die Stadtherrschaft der → Patrizier.

Register

Aachen 66
Abendland 8, 35
Abgaben 9, 80 f., 147 f.
Ablass(handel) 136, 138, 140 ff., 157 ff.
Adalbert I., Erzbf. v. Bremen 13
Adel 12, 31, 40, 84, 91, 122, 138, 142, 146, 169, 171, 173 f.
Adelsrepublik (Polen) 91
Äbte 12
Afrika 110, 120, 122
Agnes, dt. Ksn. 10, 12 f., 15
Agricola, Georg 82 f.
Alba, Fernando 171
Albertiner 79
Albrecht I., dt. Kg. 78
Albrecht der Beherzte, Hg. v. Sachsen 79, 82, 84
Alexander II., Papst 12
Alexander III., Papst 26, 28
Allmende 148
Altenburg 84
Amerika(ner) 101 f., 112, 114, 117 ff., 124, 128, 153, 163, 170
Anglikaner 169
Annaberg 82
Anno II., Erzbf. v. Köln 13
Araber 64, 88, 95, 110 f.
Armada 124, 170
Asien 101, 110, 112, 163
Askanier 27, 68
Augsburg 15, 46 f., 54, 128
– Reichstag von 154 f., 157
– Religionsfrieden von 136, 156, 161, 173, 178
Augsburger Bekenntnis 154
Autokrator 93
Azteken(reich) 116

Bankwesen 105, 124 f., 127, 129
Bartholomäusnacht 172
Basken 99
Bauern 40, 52, 80, 87, 90, 96, 137, 147 ff., 177
Bauernkrieg (1524/25) 148 ff., 157
Bayern 13 f., 24, 26 f., 66, 175
Beamte 31, 86, 117
Behaim, Martin 101, 112
Bergbau 82 f., 107, 119, 126, 128 f.
Berlin 68 f.
Bernhard von Clairveaux 21
Bevölkerung, Bevölkerungsentwicklung 40, 44, 46, 73, 94, 108, 120, 125, 147, 176 f.
Bildung(swesen) 64, 95, 101, 105, 108
Bischöfe 7 f., 10, 12 ff., 17 ff., 24 f., 32, 35, 41, 53, 70, 120, 125, 138 f., 152, 163, 165, 170
Böhmen 65 f., 70 f., 73, 168, 173 f.
Boleslaw I. Chrobry, Kg. v. Polen 91
Brandenburg 68 f., 168, 178 f.
Brunelleschi, Filippo 104
Buchdruck 84, 102, 108, 129
Bürger 7, 19, 39 ff., 43 ff., 47, 51 ff., 59, 64, 84, 86 f., 105, 108, 122, 125, 149, 151, 167, 169
Burg(en) 20, 24, 44, 76, 82
Burgund 8, 10, 12, 15, 35, 71, 96, 143
Byzanz 64, 92 f., 97, 110

Calvin, Johannes 162, 166 ff., 179
Calvinismus, Calvinisten 162, 167 f., 170 ff., 178 f.
Canossa 16
Chemnitz 41, 77, 83 ff.
China 110, 114

Christen(tum) 7 ff., 17 ff., 22, 31, 52, 64, 67, 70, 75 f., 81, 88 f., 92, 111, 114, 136, 138, 144, 149, 153, 181
Christian IV., Kg. v. Dänemark 174
Cid, el 88
Clermont, Konzil von 18
Cluniazenser 12
Cluny 10, 12, 16
Coligny, Gaspard de 172
Comenius, Johann Amos 180 f.
Cortez, Hernando 115 f., 118 f., 121

Deutscher Orden 75, 91 f.
Diaz, Bartolomäus 110
Dictatus Papae 13
Dominikaner 7, 89, 120, 141
Dreifelderwirtschaft 74
Dreißigjähriger Krieg 161 f., 173 ff., 178 ff.
Dresden 84

Eck, Johannes 142
Edikt von Nantes 170
Edward III., Kg. v. England 86
Elisabeth I., Kgn. v. England 169
England 9, 27, 29, 47, 58, 63, 73, 86 f., 98, 124, 162, 168 ff., 173 f., 179
Entdeckungen 101 f., 110 ff., 121
Erbrecht 29, 66, 69
Ernestiner 79
Ernst, Kf. v. Sachsen 79
Evangelische 135 f., 162, 164, 173, 179
Exulanten 180

Familie 43, 48, 54, 94, 105, 125, 128, 147
Fehdewesen 44, 65
Ferdinand I., dt. Ks. 156
Ferdinand II., dt. Ks. 173 ff, 179
Ferdinand II., Kg. v. Aragon 88 f., 111
Florenz 7, 103 ff., 131 ff.
Franken(reich) 10, 18, 21 ff., 36, 73, 80
Frankreich 8 f., 19, 32, 58, 63, 71 ff., 94, 98 f., 124, 154 ff., 162, 168, 172, 175, 178 f.
Franz I., Kg. v. Frankreich 71, 127, 153
Frauen 25, 40, 45, 50, 55, 117, 139, 181
Freiberg 41, 82, 84 f.
Friedrich I. Barbarossa, dt. Ks. 8, 20 f., 24 ff., 34, 84
Friedrich II., dt. Ks. 8, 29 ff., 35, 65, 77
Friedrich I., Kf. v. Brandenburg 68 f.
Friedrich II., Kf. v. Brandenburg 69
Friedrich I., der Freidige, Markgf. v. Meißen 78
Friedrich V., pfälz. Kf. 173
Friedrich I., der Streitbare, Kf. v. Sachsen 78 f.
Friedrich II., der Sanftmütige, Kf. v. Sachsen 79
Friedrich III., der Weise, Kf. v. Sachsen 143, 145
Frondienst 80, 147 f.
Frühkapitalismus 128
Fugger 125 ff.

Galilei, Galileo 107, 109, 129 ff.
Gama, Vasco da 111
Gegenreformation 164, 173, 179
Geistliche 12, 25, 28, 32, 70, 86, 139 f., 165, 168 ff.
Geld(wirtschaft) 31, 44, 52, 68, 73, 88, 105, 117, 125 f., 128
Genf 162, 166 ff.
Georg der Bärtige, Hg. v. Sachsen 85
Gerichtsbarkeit 44 f., 47, 53, 69, 86 f., 89, 147 f.

Geusen 171
Gilde 47
Glaubens
– fragen 136, 139 ff., 144, 154, 156, 163, 165, 167, 173 f., 179 f.
– kämpfe 136, 155, 161 f., 172, 174 f., 180
– spaltung 136, 156 f., 161, 165
Görlitz 41
Goldene Bulle 66 f., 97
Gotik 36 f.
Grafen 10, 65, 68, 76 ff.
Gregor VII., Papst 12 ff., 16
Griechen(land) 104, 107
Grundherr(schaft) 73 f., 80 f., 86, 147
Gustav II. Adolf, Kg. v. Schweden 161, 175 f.
Gutenberg, Johannes 108

Habsburger 65 f., 71, 97, 126 f., 173, 179 f.
Handel 31, 40, 44, 47, 52, 56 ff., 68, 75, 84, 92, 105, 110, 112, 117, 122 ff., 128 f., 167
Handwerk(er) 40, 43 f., 47 ff., 54, 88, 125, 167
Hanse 56 ff., 69, 75
Hans Sachs 159
Hausmacht 65, 71, 97
Heiliges Römisches Reich Deutscher Nation, s. Reich
Heinrich I., dt. Kg. 76
Heinrich II., dt. Ks. 10
Heinrich III., dt. Ks. 10 ff.
Heinrich IV., dt. Ks. 10, 13 ff.
Heinrich V., dt. Ks. 10, 17, 24, 27
Heinrich VI., dt. Ks. 8, 28 f.
Heinrich VII., Kg. v. England 87
Heinrich VIII., Kg. v. England 169
Heinrich IV., Kg. v. Frankreich 172
Heinrich I., Markgf. v. Meißen, Gf. v. Eilenburg 77
Heinrich III., der Erlauchte, Markgf. v. Meißen 77 f.
Heinrich der Löwe, Hg. v. Sachsen 26 ff., 30
Heinrich der Stolze, Hg. v. Sachsen 24, 27
Herzöge 27, 53, 96
Hexen(verfolgung) 139
Hörige 81
Hof(staat) 70, 93, 96, 138, 140
Hohenzollern 68 f., 168
Hufe 73, 80
Hugenotten 172
Humanismus 104
Hundertjähriger Krieg 63, 86
Hungersnöte 129, 161 f., 177
Hus, Jan 70, 137, 143
Hussiten 70
Hutten, Ulrich von 146

Ignatius von Loyola 163
Indianer (Indios) 113, 116, 118 ff.
Indien 101, 110 ff., 114, 124, 129
Inkareich 119
Innozenz III., Papst 30
Innozenz IV., Papst 32
Inquisition 89, 130 f., 133, 163
Interregnum 65
Investitur(streit) 8, 13, 15, 17, 24, 26, 35
Isabella I., Kgn. v. Kastilien 88 f., 111, 119
Islam 21, 35, 64, 88
Italien 8 ff., 12 f., 16 f., 26, 29 f., 32, 35, 47, 71, 94, 101 f., 104 f., 122, 125, 129 f., 138, 154, 162
Iwan III., Zar v. Russland 93

Register

Jeanne d'Arc 87, 98
Jerusalem 18 ff., 29, 31, 35
Jesuiten 133, 163 f., 173, 179
Johann der Beständige, Kf. v. Sachsen 149, 152
Johann Friedrich I., Kf. v. Sachsen 155
Johanngeorgenstadt 180
Juden 19, 25, 52, 88 f., 94, 125, 181
Jugoslawien 99

Kaiser(tum) 7 ff., 16 f., 19, 26, 29 f., 32 f., 35, 63, 67, 71, 97, 127, 136, 143 f., 153, 174 f., 178
Karl der Große, Ks. 18, 45
Karl IV., dt. Ks. 63, 66, 78
Karl V., dt. Ks. 71, 127 f., 135 f., 143 f., 153 ff., 157, 163, 165
Karl VII., Kg. v. Frankreich 87
Katholiken, Katholizismus 90, 136, 144, 154, 156, 162 ff., 169, 171 ff., 178, 180
Kaufleute 44 f., 47, 50, 52 f., 55 ff., 84, 90, 105, 122, 124 f., 129, 167
Ketzer 70, 87, 89, 130, 132 f., 135, 137, 142 ff., 163
Kiewer Reich 92
Kinder, Kindheit 51, 117, 163
Kirche(n) 7, 12, 14, 17 f., 35, 37, 63 f., 70 f., 89 f., 92 f., 97, 109, 129, 132 f., 136 f., 140 f., 144, 152 f., 157, 163, 165 ff.
Kirchenbann 13 ff., 31 f., 142 f., 157
Kirchenreform 12, 15, 17, 70, 97, 137, 142, 163, 179
Kirchenstaat 138
Kloster 12, 44, 47, 68, 72 f., 137, 147, 152
Klosterreform 12
Knox, John 170
König(tum) 7 ff., 13 f., 16, 24, 29 ff., 35, 44, 52 f., 64 ff., 78, 86 f., 91
Kolonie(n) 120, 122, 124, 128, 153, 179
Kolumbus, Christoph 101 f., 111 ff.
Konfession 135 f., 156, 162, 168, 173, 179 f.
Konrad II., dt. Ks. 10
Konrad III., dt. Kg. 24
Konrad IV., dt. Kg. 33, 65
Konrad der Rote, Hg. v. Lothringen 10
Konrad I. von Wettin, Markgf. v. Meißen 77
Konradin, Kg. v. Sizilien 33
Konstantinopel 18, 64
Konstanze, dt. Ksn. 29 f.
Konzil 70, 97, 142, 144, 154, 165
– von Lyon 32
– von Konstanz 70, 137
– von Trient 155, 165
Kopernikus, Nikolaus 101, 109, 129 ff., 133
Kreuzfahrerstaaten 20 f., 35
Kreuzzüge 8, 18 ff., 29, 31 f., 35, 75, 88, 110
Kurfürsten 66 f., 71, 78 f., 97, 127, 143

Landesausbau 72 ff., 80 f.
Landesfürsten(tum) 58, 64, 69, 71, 136, 147, 157, 178
Landesherr(schaft) 58, 65, 68 f., 84, 97, 125, 147, 152, 157, 162
Landeskirchen 136, 152, 157, 168
Landfrieden 65, 68
Landwirtschaft 73 f., 80, 120
Las Casas, Bartholomé 120
Lehen, Lehnswesen 9, 12, 25 f., 29 f., 32, 65, 68, 75, 77
Leibeigene 45, 148
Leipzig 41, 83 ff., 98, 158 f.
Leipziger Teilung 79, 84
Leo IX., Papst 12

Leo X., Papst 105, 138, 140 f.
Leonardo da Vinci 106 f.
Liga (katholische) 173 ff.
Lombardei 16, 26, 28
London 57, 105, 169, 180
Lothar III., dt. Ks. 24, 27
Lothringen 12, 19, 87, 156
Lübeck 55, 57 f., 74
Luther, Martin 135 f., 139 ff., 148 ff., 157 ff., 165 ff., 169
Luxemburger 66, 68

Magellan, Fernando 102
Mailand 13, 26, 71, 105 f.
Maria I., die Katholische, Kgn. v. England 169
Maria von Burgund 71
Maria Stuart, Kgn. v. Schottland 170
Markt 44 ff., 50, 53 f., 74, 117
Marktfrieden 44 f.
Marktrecht 44 f.
Mathilde von Tuszien 16
Mauren 18, 88 f.
Maximilian I., dt. Ks. 71, 84, 142
Maximilian I., Hg. v. Bayern 173
Medici
– Cosimo 105
– Lorenzo di 106
– Katharina di 124
Mehmed II., türk. Sultan 93
Meißen 41, 82
– Bistum 76, 80
– Mark 76 f., 79
Melanchthon, Philipp 135, 142, 152 f.
Mexiko 115, 118
Ministeriale 25
Mission(ierung) 72, 119 f., 163
Mönch(tum) 7, 12, 32, 72, 75 f., 108, 137, 140 f., 164
Monarchie 66 f., 86
Mongolen 92
Monopol 125 f.
Montezuma II., Aztekenfürst 116, 118
Moritz, Kf. v. Sachsen 82, 155 f.
Moskau 92 f.
Müntzer, Thomas 149, 157
Muslime (Moslems) 20, 22 f., 75, 88, 181

Nation(alstaat) 64, 70, 86 f., 90, 97 ff.
Nationalismus 99
Niederlande 58, 71, 124, 162, 168, 170 f., 173 f., 178 f.
Nikolaus II., Papst 12
Normandie 9
Normannen 9, 12, 16, 18, 31, 87, 92
Nürnberg 40, 159

Österreich 27, 65, 70 f., 127, 179
Orden 51, 75, 89 f., 140, 163 f.
Orthodoxe Kirche 92 f.
Ostsiedlung 72 ff., 80 f., 97
Otto I., dt. Ks. 10, 35
Otto III., dt. Ks. 10
Otto IV., dt. Ks. 30
Otto der Reiche, Markgf. v. Meißen 77, 82, 84
Ottokar II., Kg. v. Böhmen 65

Papst(tum) 7 ff., 12 ff., 16 f., 26, 28 ff., 32, 35, 65 f., 70, 89, 97, 104, 106, 114, 119, 131, 138 ff., 142 ff., 152, 155, 157, 159, 163 ff., 169, 173

Paris 87, 167, 172
Patrizier 40, 47, 54 f., 125
Pest 64, 94, 97, 138
Pfalz 10, 44, 168, 173 f., 177
Philipp von Schwaben, dt. Kg. 30
Philipp II. August, Kg. v. Frankreich 21, 29
Philipp VI., Kg. v. Frankreich 86
Philipp der Schöne, Erzhg. v. Österr. 71
Philipp II., Kg. v. Spanien 124, 163, 165, 170 f.
Philosophie 101, 104
Pilger 75
Pizarro, Francisco 119
Pleißenland 77, 84
Polen 68, 73, 75 ff., 168, 180
Polo, Marco 110
Portugal 102, 110 f., 114, 122, 124
Prager Fenstersturz 173
Preußen 178
Priestertum 12, 45, 70, 117 f., 137 f., 140, 142, 165
Privilegien 44, 65, 128
Protestanten 154 ff., 162, 165 f., 173 ff., 179
Puritaner 170

Reconquista 88
Reformation 97, 135 f., 142, 145 f., 148, 154, 157, 162, 168, 170, 179
Reformierte Kirche 168
Regalien 17, 26, 28
Reich 8, 10, 13 f., 17, 26, 28 f., 33, 35, 40, 65 ff., 71 f., 75 f., 96 f., 143, 153, 174 f., 178 f.
Reichs
– acht 27, 142 f., 145, 157, 173
– fürsten 7, 17, 24, 27 ff., 35, 44, 65 f., 73 f., 77 f., 97, 125, 138, 143, 153, 155, 175
– insignien 13, 17
– rat 66
– ritter 146 f.
– städte 39, 42, 45, 53, 65, 84, 154 ff.
– stände 144, 154 ff., 178
Religion 52, 88, 102, 118 f., 131, 133, 136, 138, 146, 154 f., 173, 178, 180
Renaissance 103 f., 129, 138
Richard I. Löwenherz, Kg. v. England 21, 29
Richelieu, Armand 168
Ritter 8, 18, 20, 22 f., 25, 28, 35, 52, 63 f., 68 f., 86, 88, 146
Ritterorden 88
Robert Guiscard, Hg. v. Apulien 9
Roger II., Kg. v. Sizilien 9
Rom, Römer 7 f., 10, 12, 14 ff., 35, 44, 93, 104 f., 125, 130, 133, 138, 140, 142, 152, 169
Rudolf I. von Habsburg, dt. Kg. 65 f., 78
Rurik, Fürst von Nowgorod 92
Russland 47, 90, 92 f., 97, 99

Sachsen
– Herzogtum (Niedersachsen) 13, 24, 26 f., 80
– Kurfürstentum, Herzogtum 66 f., 70, 76, 78 f., 81 ff., 152, 158, 180
Sachsenspiegel 80 f.
Saladin, Sultan v. Ägypten 21, 29
Salier 8, 10 f., 24
Sarazenen 31 f., 35
Schisma 17, 70
Schlacht
– bei Bouvines 30
– bei Crécy 63, 86
– bei Frankenhausen 149
– bei Hastings 9, 86 f.

Register

– bei Lucka 78
– bei Lützen 161
– bei Mühlberg 155
– bei Tannenberg 75
– am Weißen Berge 174
Schlesien 70, 97
Schmalkaldischer Bund 155
Schmalkaldischer Krieg 155
Schneeberg 82
Schottland 168, 170
Schule 47, 95, 108, 117, 152
Schwaben 14, 24, 128
Schweden 92, 161, 174 f., 178 ff.
Schweiz (Eidgenossenschaft) 71, 99, 162, 168, 178
Seuchen (Epidemien) 43, 51, 94, 119, 129, 161 f.
Sickingen, Franz von 146
Sigismund, dt. Ks. 68, 70, 78
Simonie 12
Sizilien 8 f., 12, 18, 28 ff., 35, 65
Sklaven 117, 119 ff.
Slawen 26 f., 68, 72, 74, 76, 81, 92
Söldner 125, 174, 177
Sorben 81
Spanien 18, 35, 64, 71, 88, 102, 110 f., 114 ff., 124, 126 f., 143, 162 f., 170 f., 173
Speyer
– Reichstag von (1526, 1529) 154
Spiritualien 17
Staat 17, 20, 31, 35, 69, 75, 92, 98 f., 163
Staatskirche 169
Städte 26, 28, 31 f., 35, 39 ff., 52 ff., 60 f., 64, 68 f., 72, 74, 82, 84 f., 102, 105, 108, 117, 120, 129, 147, 151, 177

Stadtgründung 41, 44 f., 53, 72, 74
Stadtrat 53 ff., 85, 105, 125
Stadtrecht 44 f., 47, 53 f., 72, 74
Stand (Stände) 44, 65, 68 f., 86, 146
Staufer 8, 24, 26 f., 30, 33, 35
Steuern 9, 52, 54, 58, 69, 80, 86, 88, 147, 170
Suleiman II., türk. Sultan 153
Synode 12
– von Sutri 10
– von Brixen 16

Tataren 92 f., 97
Tenochtitlan 116 f., 118
Territorium 68 f., 71 f., 97, 178
Tetzel, Johannes 141
Thüringen 77, 80
Tilly, Johann 174 ff.
Toleranz 89, 180 f.
Türken 64, 97, 110, 153 ff.

Ungarn 71, 73, 153 f., 168
Uniformitätsakte 169
Union (protestantische) 173 f.
Universitäten 31, 69, 84 f., 95, 98, 101
Unternehmer 125, 128 f.
Unterschicht 40, 51, 55
Urban II., Papst 18

Venedig 110, 125, 131
Vereinigte Staaten (USA) 121
Verfassung 91
Verleger(system) 125, 128 f.
Vertrag
– von Pirna 78
– von Tordesillas 114

Vespucci, Amerigo 114
Vogtland 81

Wahl(en) 10, 12, 14 ff., 24, 26, 30, 65 ff., 71, 91, 127
Waldemar IV., Kg. v. Dänemark 58
Wallenstein, Albrecht von 174 f.
Waräger 92
Welfen 24, 26 f., 29 f., 35, 44
Weltbild 101, 109, 129 ff.
Westfälischer Frieden 178 ff.
Westgoten 88
Wettiner 77 ff.
Wien 98, 153 f.
Wikinger 9
Wilhelm I., der Eroberer, Kg. v. England 9, 12, 86
Wiprecht von Groitzsch, Markgf. v. Meißen 77
Wirtschaft 57, 75, 89, 96, 102, 105
Wissenschaft 22, 31, 95, 104 ff., 129, 131, 133
Wittelsbacher 27, 66, 68
Worms(er)
– Konkordat (1122) 17
– Reichstag (1521) 143 f., 154, 157
– Edikt (1521) 145, 154 f.

Ziska, Jan 70 f.
Zisterzienser 72 f.
Zölle 44 f., 54, 56 f.
Zunft 48 ff., 54 f., 125
Zwickau 77, 84

Bildnachweis

Agence Photographique de la Réunion des Musées Nationaux, Paris: 18, 30
Archiv der Hansestadt Lübeck, Lübeck: 57
Archiv für Kunst und Geschichte, Berlin: 32, 52, 74, 77 r, 87, 94 o, 109 o, 138, 143, 146, 147, 148, 151 u, 152, 155, 165, 173, 176
Archives Prehistoric Europe, H. Meyer, Tapfheim: 42 o
Askani, Dr. B.; Schwetzingen: 9 o, 36 u, 37 l o, 56, 84/85 u, 108 o
Batchelor, John: 111 u
Bavaria, Gauting: 31 o (Foto: H. Hartmann), 169 (Foto: A. Williams)
Bayerische Staatsbibliothek, München: 15
Bayerisches Nationalmuseum, München: 54
Beyer, Constantin; Weimar: 78 u
Biblioteca del Archivo General de la Nacion, Mexiko: 116 o
Biblioteca Nacional, Madrid: 116 u
Biblioteca Vaticana: 16 o
Biblioteka nazionale, Florenz: 130 l
Bibliothek der New York Akademy of Medicine, New York: 107 o
Bibliothèque des arts décoratifs, Paris: 120
Bibliothèque Nationale, Paris: 19, 21 u, 22 u r, 23 r, 46, 62/63, 96 o, 177
Bibliothèque publique et universitaire, Genf: 171 o
Bibliothèque Royal Albert, Brüssel: 52 u
Bildagentur Schuster GmbH, Oberursel: 76 (Foto: Jogsihies)
Bildarchiv Preußischer Kulturbesitz, Berlin: 21 o, 50, 69 u, 70 u, 75 o, 89 o, 91, 95, 105 o, 109 o, 111 o, 115 u, 118 u, 121 o, 124 o, 131 o, 133 o, 149 o, 150 o, 156
Blase, D.; Steinfurt: 45, 73, 145 l u
British Library, London: 55
Brüdern, Jutta; Braunschweig: 27 l
Bundschuh-Genossenschaft, Schwabhausen: 151 o
Burgerbibliothek, Bern: 12 u, 20, 29 u, 70 o
Collection Musée des Beaux Arts, Lausanne: 172 (Foto: MCBA-JC Ducret)
Comenius Museum, Naarden: 180 u
Cox, Wim; Köln: 98
Dagliorti, Paris: 117 o
Derenne, A.; Paris: 37 r
Det kongelige Bibliothek, Kopenhagen: 119, 167
Deutsches Historisches Museum, Berlin: 38/39
Deutsches Hugenottenmuseum, Bad Karlshafen: 166
DLR Weßling, Oberpfaffenhofen: 130 r
Eulenspiegel Verlagsgesellschaft, Berlin: 137, 142
Gallimard Jeunesse, Paris: 132
Georg Agricola: Zwölf Bücher vom Berg- und Hüttenwesen, Berlin: 83
Georgi, Chr.; Schneeberg: 126
Germanisches Nationalmuseum, Nürnberg: 60 l u. m, 66/67, 100/101, 140, 158 (Bibl Post-Inc. RI 2773)
Giraudon, Vanves: 96 u
Hansestadt Lübeck, Amt für Archäologische Denkmalpflege, Lübeck: 61 u l u. r
Herzog Anton Ulrich Museum, Braunschweig: 125, 160/161 (Foto: B. P. Kaiser)
Herzog August Bibliothek, Wolfenbüttel: 27 r, 145 r
Hessische Landes- und Hochschulbibliothek, Darmstadt: 13
Hessische Landesbibliothek, Fulda: 29 o

(Handschrift D 11, fol. 14v)
Historisches Museum der Pfalz, Speyer: 17 o, 65 (Foto: Diehl)
Historisches Museum, Frankfurt am Main: 51 l
Hochstift Meissen, Meissen: 79 l
Interfoto, München: 41 (Foto: Karl-Heinz Hänel)
Jeiter, Michael; Morschenich: 26
Jung, A.; Hilchenbach: 94 u r
Jürgens, Ost und Europa Photos, Köln: 58 o, 75 u, 92, 93 u, 134/135, 141 u, 144, 145 l o, 149 u, 154
Kestner Museum, Hannover: 24 o l
Kiedrowski, R.; Ratingen: 36 o
Klammet, G.; Ohlstadt: 37 u l
Klöckner, Jürgen; Köln: 99
Kunstsammlungen der Veste Coburg, Coburg: 174
Kyffhäuser Fremdenverkehrsverband e.V., Frankenhausen: 34 (Foto: Görtz)
Loose, Helmuth Nils; Buggingen: 139 u, 141 o
Mauritius, Mittenwald: Titelbild (Foto: Thonig)
Mittelalterliches Kriminalmuseum, Rothenburg o. d. T.: 133 u
Mix, Miguel Rojas, Paris: 113
Musée de l'Assistance Publique – Hòpitaux de Paris, Paris: 51 r
Museo di Storia della Scienza, Florenz: 131 u
Museum für Kunst- und Kulturgeschichte, Lübeck: 58 u, 60 r (Foto: H. Jäger, Badendorf)
Neef, Gisela; Brühl: 43
Niedersächsische Staats- und Unibibliothek, Göttingen: 71 o
Österreichische Nationalbibliothek, Wien: 25 (E 821 – C Cod. 601, fol. 1verso), 68
Rijksmuseum, Amsterdam: 124 u
Sächsisches Hauptstaatsarchiv, Dresden: 180 o
Scala, Antella. 6/7, 28, 103 r, 104/105, 106 o, 163
Schneiders, Toni; Lindau: 128 u
Seltmann, Dr. Thomas; Erlangen: 40
SPIEGEL Verlag, Hamburg: 139 o
Staatliche Kunstsammlungen Dresden, Rüstkammer, Dresden: 78 o (Foto: Jürgen Karpinski)
Staatliche Kunstsammlungen, Dresden: 79 r
Staatliche Münzabteilung, München: 24 (4 Münzen), 128 o
Staatliche Museen zu Berlin, Preußischer Kulturbesitz, Kupferstichkabinett, Berlin: 159 u (Foto: Jörg P. Anders)
Staatliche Mussen Kassel, Gemäldegalerie Alte Meister, Kassel: 175
Staats- und Univ.-Bibliothek, Sächsische Landesbibliothek, Abt. Deutsche Fotothek, Dresden: 77 u l, 81 (Foto: W. Hahn)
Staatsarchiv, Dresden: 77 o
Staatsbibliothek zu Berlin, Preußischer Kulturbesitz, Berlin: 10 (Ms. lat. fol. 295 Bl. 81 v.), 17 (Ms. lat. fol. 295, Bl. 99 u)
Städelsches Kunstinstitut, Frankfurt am Main: 47 (Foto: K. Edelmann)
Stadt Augsburg Kunstsammlungen, Augsburg: 164 r, 178
Stadtarchiv, Braunschweig: 44 (Foto: D. Rixe)
Stadtarchiv, Freiberg: 84 u
Stadtarchiv, Leipzig: 84 o

Stadtarchiv, Worms: 14
Stadtbibliothek, Nürnberg: 48 u, 49
Stamm, Gießen: 115 l
Tappisserie de Bayeux, Bayeux (The Bayeux Tapestry – 11th Century, by special permission of the City of Bayeux): 9 u
The Bodleian Library, Oxford: 117 u
Thüringer Universitäts- und Landesbibliothek, Abt. Handschriften und Sonderausstellungen, Jena: 16 u
Universitätsbibliothek Jagiellonskii, Krakau: 48 o
Universitätsbibliothek, Heidelberg: 80
Uwe Baumbusch, Heidelberg: 22 u l, 23 l
Verkehrsamt der Stadt Nördlingen: 42
Wallraf-Richartz-Museum, Köln: 103 l (Foto: Rheinisches Bildarchiv)
Wolff-Seybold, Hella; Konstanz: 33
alle übrigen Schaubilder und Karten: Westermann Kartographie / Technisch Graphische Abteilung, Braunschweig.